暗闇への探究

―循環する闇と光の心理臨床学的研究―

竹中菜苗

大阪大学出版会

はじめに

『暗闇への探究』と題された本書は、心理臨床学的な立場から暗闇の論理を解き明かそうとするものである。心理臨床の実践現場でセラピストはクライエントの語りに対し、たとえそれがどれほど非現実的であったり反社会的であったり、あるいは非言語的なものであったとしても、まずは一切の価値判断を留保して耳を傾け、クライエントに寄り添い、クライエントの視点からその人が生きる現実を見、共に感じることに注力する。それと同じ姿勢で、本書は暗闇に相対する。暗闇の語りに耳を澄まし、その動きに寄り添い、その内側に入り、そちらから逆に世界を眺めて暗闇を主語とした語りを紡ぎだすこと、それが本書の目指すところである。

心理臨床学というと、一般には人の心についての学問であり、その学問的関心と不可分のものとしてカウンセリングという実践の場があると理解されているだろう。そのため心理臨床学と暗闇という言葉が結びつくと、たとえば人には言えずに胸のうちに抱え込んでいる想念や悩み事、それに伴う苦しみが連想されるかもしれない。本書のタイトルである『暗闇への探究』という表現も、人間の心の深層を探ろうとすることのメタファーとして想像されるかもしれない。しかしながら、本書はそのような個人的な闇を扱おうとするものではまったくない。本書は闇についての語りではなく、暗闇の語りを聴こうとするものである。この点については第一章で詳しく述べることになるが、本書への導入として、ここでもあらかじめ少し説明を加えておきたい。

ここから展開していく暗闇への探究の理論的背景には、二〇世紀前半に活躍し、イメージやファンタジーを重視する深層心理学の礎を築いたユング（C. G. Jung）の分析心理学——特にユングが錬金術の重要性を見出した後に展開した、その後期の思想——、さらにはヘーゲル哲学を援用しながらユングの心理学を批判的に再構築しているユング派分析家ギーゲリッヒ（W. Giegerich）の理論がある。ユングの心理学の特徴を端的に表すものとして、ここでユングが一九四六年に発表した『転移の心理学』(1)という著作を取り上げて簡単に説明したい。転移とは心理療法の場でクライエントがセラピストに向ける感情を指す用語として広く用いられるものであるが(2)、その著作の中でユングが素材として選んでいるものは、「哲学者の薔薇園」と呼ばれる錬金術の挿画シリーズである。ここで彼が、たとえば彼とクライエントの間で分析中に起こったエピソードなどを取り上げていない点は何より注目に値する。その著書の中で、ユングは「転移」ということばを用いることもほとんどないまま、ひたすらにそれら一連のイメージの理解を深めていく。この著書からわかることは、一つにはユングがセラピストやクライエントという個人的な次元で生じる出来事としてではなく、挿画が描く王と王妃の融解、腐敗、再生といった象徴的な次元で起こる現象として転移を捉えていたということ、もう一つには、彼にとってはその現象を読み解く作業こそが「心理学」と呼ぶにふさわしいものであったということである。臨床の場面で見出される転移という現象をいかに扱うか、その転移現象からクライエントのいかなる問題を明らかにするかということを、ユングの心理学はその中心課題とはしない。治療場面で観察される転移についての検討ではなく、転移という現象それ自体を解き明かすこと、それをユングは心理学と呼んだ。それは、一見したところ不可解なイメージ表現を真摯に受け止め、象徴性という深みにおいてそれを理解し、そこに息を吹き込む作業なのである。

ユングが錬金術のイメージに没頭しながらエネルギーの流れとして転移を論じたように、本書は調査や心理臨床事例、物語を素材としながらそこに現れる「暗闇」に着目し、そこでおのずと開示される暗闇の本性を解き明かしていこうとするものである。

本書は六つの章と結びとなる終章、そして補章から構成され、その試みが成功するならば、これから暗闇の奥へ奥へと読者を誘っていくことになる。何も見えない闇の中で読者が何かにぶつかったり転んだりしてしまわないよう、ひいてはもと来た道をたどって引き返してしまうことのないよう、闇を歩く際の道標を提供すべく、ここで各章の構成について述べておきたい。

第一章として、まずは暗闇のモチーフが現れる創造神話を検討しながら筆者がいかに暗闇を捉え、いかにそこに関わっていこうとしているのかという点を明確にする。そこでは心理学がいかなる学問であるべきかという点についてさらに詳しく論じ、本書に一貫する「心理臨床学的な」姿勢を提示している。

第二章より本格的な暗闇への探究が開始される。その端緒として、まずは暗闇とは何かという問いを立て、イメージとしての暗闇と現実状況としての暗闇という両方から暗闇体験に関する調査を実施し、暗闇の特徴を記述する。続く第三章では暗闇の絵を描いた少女の事例を検討し、個別の事例から暗闇体験についての考察を得る。これら第二章、第三章からは、暗闇への探究に際して「私」という意識がまずは検討されるべき課題であるということが明らかにされる。それを受けて第四章では、「私」という意識に焦点を当てた調査を実施し、特に「『私』の喪失」という事態について検討を加える。この章は、直接的な、字義通りの暗闇体験の記述から、より抽象的な体験としての暗闇に関心を移し、その暗闇への内側へと参入してゆくための重要な布石として位置づけられる。

第五章から第六章にかけて、本書の関心は自閉症(3)に向けられる。その妥当性についての詳細な検討は各章の中で行なうためここで詳しく述べることはしないが、第四章ではカナー型の自閉症と診断された女児とのプレイセラピー、第五章では高機能自閉症の診断を受けた女児とのプレイセラピーを取り上げ、「静止状態にある暗闇」が心理療法場面でいかなる動きを繰り広げるかという点について、事例に沿って論じている。そこでは暗闇に内在するダイナミズムを解き明かし、さらには暗闇が、その内に光を灯す過程が描き出される。

終章ではここまで各章で進められた検討を一つの流れとして振り返り、本書を通じて展開された「暗闇への探究」の軌跡をよりメタな次元から捉え直し、総括としている。さらに本書の最後には、補章として神話「アモールとプシケー」を、暗闇のダイナミズムという観点から解釈した論考が収められている。

第四章から第六章および補章では、前半に思索的あるいは理論的な検討を行ない、その後に臨床事例や調査事例、および物語が提示され、その解釈へと進んでいる。前半部、理論的な検討の部分も、本書の議論を心理臨床学の理論や思想史の中に位置づけるものであり、その後の事例の解釈の基盤にもなる部分として重要ではあるのだが、暗闇に軸足を置いて既存の枠組みを捉えなおそうとする試みはあまりにユニークで、決して読みやすいものではないだろうと想像する。それを思えば、第三章や第五章、第六章で提示される臨床心理事例、あるいは補章の物語の解釈を先にお読みいただいた方が、いくらか本書へのアクセスを容易にするかもしれない。事例でもオーソドックスとは言い難いエピソードばかりが紹介されているとは思うが、やはり臨床の場で生起する事実が直接的に語り、伝えてくれるものは大きいだろうと期待する。

ギーゲリッヒの論文のタイトルに "The leap into the solid stone"(4) という表現がある。硬い石の内への跳躍、硬い石の内側へと飛び込むこと。謎かけのような不思議なことばだが、臨床の場でも研究の場でも、心理臨床学を実践する際に必要な態度がそこには表現されていると筆者には思える。

たとえば近代医学の感覚で言えば、症状の解消は絶対命題である。症状は、その症状をもつ私からすれば厄介なものに他ならない。それが除去されれば、私は再び元の状態に戻ることができるだろう。非常に合理的な考え方である。しかし、症状もまた私の一部であることを受け入れるならば、それを除去してしまうことは私の重要な一部を失う危険を冒すことにもなりかねないということに気づく。心理臨床学においては——特に分析心理学的な立場に立てば——何かしらの必然性があって、その症状は私のもとにやってきたのだという視点が存在する。そのため、私のものでありながらも私にはいかんともしがたいその症状をめぐってクライエントとセラピストが必死に考え、また、その苦しみを徹底的に体験することが、カウンセリングという営みにおいては重要だと考えられる。病に身を晒した後にしか、治癒は起こりえないという考えである。冒頭で述べたようにセラピストがみずからの考えや常識を留保してクライエントの立場に身を置こうとするのと同じく、セラピストとクライエントの両者がともに彼らの日常性を留保して、症状を中心とするものの見方へとみずからを投げ出すのである。

この日常性の放棄と自己の投擲が、硬い石の内側への跳躍にはまず必要になる。心理学は既にそこにある現象を読み解く作業である。あらかじめ前方に措定されるゴールは、そこには存在しえない。今ここにないゴールをどこかに想定し、そこに向けて進むのではなく、心理学は目の前に厳然と立ちはだかるもの、到底通過できそうもないもの、先を見通すことのできないものの内側へと飛び込み、飛び込むというまさにその行為によって、新しい現実を生み出さなくてはならない。解釈の学であるそれは、決して実体として何かを創造するものではないにもかかわらず、極めて創造的な活動でなくてはならないのである。その矛盾が、硬い石の内への跳躍ということばには表現されている。そこでは当然ながら「飛び込む」ということを文字通りにイメージすることはできない。私が私の確固たる目論見をもって飛び込もうとするならば、その私の自明性によって構築された世界において石は石であり続け、私を容赦なくはじき返し続けるであろう。意識の転換が必要である。しかしどうやって？　日常性の放棄と自己の投擲など、果たしてできるのだろうか。そのような跳躍は、結局のところ机上の空論に過ぎないのではないか。

この問いへの答えは、本書において筆者が試行錯誤しながらも暗闇へと探究を進めるに従って、おのずと明らかになっていくであろう。本書の試み自体が、まさに「暗闇の内側への跳躍」という、ともすれば不可能な跳躍の実践なのである。

前置きはこのくらいにとどめておこう。少しずつ暗闇へと足を踏み入れ、暗闇の論理を解き明かす作業を始めていきたい。

暗闇への探究

――循環する闇と光の心理臨床学的研究――

目次

第一章　暗闇へ

一．創造神話が語る暗闇

暗闇へと探究を進めるに先立って、まずは筆者が暗闇をいかに位置づけ、いかにそれに取り組んでいこうとしているかを明確にしておきたい。

暗闇は多くの創造神話において、原初的な状態、あるいは原初に非常に近い状態を表すモチーフとして用いられる。リーミングら（D. A. Leeming et al.）は創造神話の原型を、「一言で言えば、この世に潜むもう一つ別の見えない力——無から有を生み出す力、この宇宙のあらゆるものに潜む力について語るものである」[1]と述べ、その基本類型として次の五つを挙げる。（一）混沌（カオス）または無からの創造、（二）宇宙卵または原初の母なる盛り土からの創造、（三）男女二性に分かれた世界両親からの創造、（四）潜水して水底から泥土を取って来る行為からの創造、（五）他の異世界から出現するという手続きを経てからの創造。そしてその五つの類型のうち主に（一）として分類される創造神話の中に、暗闇は登場する。ここで暗闇のモチーフが現れる創造神話をいくつか取り上げ、暗闇がそこで果たしている役割について検討を加えてみよう。

まずは一般的にも良く知られるギリシャ神話から、世界の創造にまつわる物語を取り上げる。ギリシャ神話の創造には様々な物語があるが、詩人ヘシオドス（Hesiod）は『神統記』の中で、原初の生成としてカオス（混沌）とガイア（大地）、そしてタルタロス（冥界）、エロス（愛）の誕生を歌った後、「カオスの子」として次のように続ける。

一．創造神話が語る暗闇

カオスから　幽冥《エレボス》と暗い夜《ニュクス》が生じた
つぎに夜から　澄明《アイテル》と昼日《ヘメレ》が生じた
夜が幽冥と情愛の契りして身重となり　生みたもうたのである。(2)

続けて、先にも引用したリーミングらによって取り上げられているハワイの創世歌「クムリポ」を見てみたい。クムリポにおいては長い暗闇の世界が次第に明け、やがて昼が訪れて「我々の世界」が創造される過程がうたわれる。

初め、暗闇しかなかった。その暗闇、すなわち無から、夜であるクムリポという男（暗闇の精）と、同じく暗闇のポエレという女が生まれた。この男女は、暗闇の子ども達—深いところに住む貝、暗い土から育つ植物、土に住む地虫—の両親であった。

クムリポとポエレはさまざまな動植物を生んでゆき、世界は以前より明るくなってはきた。しかしまだ人間は存在しなかった。唯一カネ・イ・カ・ワイ・オラ神が存在し、薄くなりつつある闇の中で植物に水をやっていた。

やがて「深い闇」という意味の名を持つポウリウリという男と「少し明るい闇」という意味の名を持つポウェヒウェヒという女が、海に住む魚たちを生んだ。次に「暗い夜」を意味する男ポエルエレと「明けゆく夜」を意味する女ポハハが夜飛ぶ昆虫などの両親になり、卵からは鳥も生まれた。ほぼ夜明け間近だったが、実際はまだ暗かった。

ポパノパノとポラロウェヒという男女が海から陸に上がってきた動物を生んだが、それでもまだ完全に明るくはなかった。

ポ・カノカノとポ・ラロ・ウリという男女は黒くて美しい豚を生んだ。

そして「夜が終わる」という意味の名を持つポ・ヒオロとポ・ネアア・アクという男女が生まれた後、「夜が去る」、「夜の妊娠」を意味する名をもつポ・ネエ・アクとポネイエマイという男女が誕生し、彼らは夜明けと犬と風を生んだ。このときはほとんど明るかったが、まだ夜明けではなかった。

　さらにポ・キニキニとポ・ヘエナルを経て、ついに黒いライラアという女と黒いキイという男が生まれた。彼らは赤い顔をした神カネを知っていた。こうして、昼間と我々の世界ができた。(3)

　ここで注目したい点は、ヘシオドスによるギリシャの創造神話において闇から昼が生まれており、ハワイの創世歌「クムリポ」においても、昼は「夜の妊娠」とみなされているという共通性である。すなわち、いずれの場合にも光は闇の内側から誕生している。またクムリポにおいて、「黒」が「赤い顔をした神」を知ることが夜明けを意味することになるという点も興味深い。これら二点については後で再び触れることとして、引き続き、暗闇が登場する創造神話を見てみよう。

　ユング派分析家のフォン・フランツ（M. -L. von Franz）は、多くの創造神話に「原両親」が隙間なく抱き合っている状態から「他の創造を行なう隙間を創るために、この神聖な夫婦をすっかり引き離す」という「分割」のモチーフが存在していることを指摘する。(4)これに関連してフォン・フランツはニュー・ヘブリデス諸島（メラネシア）のある島の創造神話やマオリ族に伝わる「天と地の息子たち」という、いずれもが暗闇を引き裂いて光がもたらされる創造神話を紹介している。まずは前者のニュー・ヘブリデス諸島の一つの島に伝わる創造神話をフォン・フランツの同書から要約して紹介する。

　大ナーローは〈すべてのものの最初の人〉だった。どんな人間もどんな獣も、どんな魚もどんな物も、彼以前には存在しなかった。彼は眠らなかった。なぜなら眠りというものがなかったから。彼は食べなかった。なぜなら飢えというものがなかったから。彼だけが、長い間空虚の中に座っていた。

やがてナーローは空虚の中に男と女を生じさせ、その子ども小ナーローが生まれた。

大ナーローは小ナーローに「すべての知はおまえの内にある。私はおまえのために、おまえが働きかけるべきものを作ろう」と言い、「空虚」の中に「暗闇」と「接合」を創り出して去った。このとき、空と大地と海は結びついており、その間に暗闇があった。

小ナーローは大地に横たわる空の上を歩いた。空は岩で、ところどころ地面に根をはっていたが、その他の所は間が空洞になっていた。やがて小ナーローは「その下に入ってみよう」と思い立ち、入るべき裂け目を探すが見つからなかった。彼は呪文を唱えて空に隙間を創り出した。

その空隙の内側は真っ暗な暗闇で、彼はその闇の内側に息遣いと鼾の音を聞いた。小ナーローが立ちあがって指を擦り合わせると、そこに最初の創造物、ティク・ティク・トゥムマと呼ばれたコウモリが現れた。すなわち、それは暗闇の中でも目が見えるものであり、小ナーローを暗闇の内側へと導いた。このコウモリの導きによって小ナーローは暗闇へと参入し、闇の内側において「空の根」を「大地から引き離す」作業を敢行した。(5)


先にも指摘した、暗闇から光が生み出される際の「知る」という行為の重要性が、この神話においても大ナーローから小ナーローに向けられた言葉や、闇の中でも「見る」ことのできるコウモリというイメージによって示されていることは注目されるべきである。

本章の冒頭で筆者は暗闇を原初の状態に近いものと述べたが、ここまで見てきた創造神話を踏まえ、もう一歩踏み込んだ理解ができそうである。すなわち、暗闇というイメージそれ自体が「原初」あるいは「混沌」であるというよりも、それは光との分離の直前の状態を表すイメージとして用いられているということである。創造神話の中で暗闇という言葉が用いられる際、その背後には光の誕生という契機が見え隠れしている。そして暗闇を照らし出す光のイメージは、「知る」という私たちの行為につながっている。

ところで、二〇世紀前半にスイスで分析心理学を創始したユング（C. G. Jung）は私たちの心を「意識」、「個人的無意識」、そして「普遍的無意識（collective unconscious）」という多層性によって捉えた。ユングが普遍的無意識という着想を得るきっかけには、彼が、ある分裂病患者が報告した幻覚内容が、その患者の知るはずもない古代ミトラ教の儀式に現れるイメージと驚くべき共通性を有していると気づいたことがある。(6) 私たちの心には個人や時代、文化といった差異を超える壮大なイメージが生き生きと躍動する層、すなわち普遍的無意識が存在し、神話や物語、さらには私たちが見る夢に、そのイメージは姿を現すとユングは考えたのである。ユングから直接の薫陶を受け、様々な神話や物語のモチーフの研究に取り組んだユング派分析家として、先に取り上げたフォン・フランツやノイマン（E. Neumann）の名を挙げることができる。彼らの立場においては、フォン・フランツの「意識の成長が大きな前進を遂げるときには、必ず創造神話のモチーフを含む予期的な夢が見られる」(7) ということばが端的に示しているように、普遍的無意識という集合的な状態から個性化された意識への発達というプロセスのアナロジーとして、神話や物語のイメージは理解される。後で再び取り上げるが、フォン・フランツによっても闇に光が生成するというタイプの神話として紹介されたマオリ族の創造神話を解釈する際、ノイマンは次のように述べる。

> 人間は無意識から世界へ、世界から無意識へと循環するこの流れに呑み込まれていた。そして滞っては逆るこの流れは、生の対立―リズムの中で人間を翻弄したが、人間はその正体を知らぬままそれに身を委ねていたのである。人間は自我を際立たせることによって、すなわち原両親を引き裂き、原竜を切り刻むことによって、初めて息子として自由になり、光の中へ歩み入り、初めて自我を備えた人格として誕生するのである。(8)

このノイマンのことばは、無意識的な世界を闇、世界を照らし、認識する私たちの意識や自我を光とみなすことで、意識の発生を語るものとして創造神話を読み解く姿勢を明確にしている。「意識的である」、あるいは自我を確立することや「知る」ということに肯定的な価値を置き、その発達を重視するならば、確かに暗闇から光へ至ることこそ重要であり、それは発達や成長という言葉によって、人間の望ましい変化として捉えることが可能であろう。

しかしながらそのような捉え方が、創造神話が描き出している世界を適切に理解して導き出されたものだと果たして言えるだろうか。闇を無意識、光を意識にあてはめ、闇から光への移行を意識の発達として捉えることが、暗闇や光の本性に対して適切だと言えるだろうか。闇を無知の状態と捉え、闇を照らす光を意識のメタファーとして用いることは、「認識する」「分かる」といった意識の特性から言ってても理に適ってはいる。筆者が今、問題としているのは、創造神話によってそのことを証明しようとする思考法である。その思考法は大きな過ちを犯す危険をはらんではいないか。すなわち、光の偏重、そして暗闇の矮小化という過ちである。

ここで、先に取り上げたナーローの神話と同じニュー・ヘブリデス諸島においてリーミングらによって採取された、次のような創造神話を紹介したい。興味深いことにここでは、太陽神クァットによって光に満ちた世界に暗闇がもたらされることが、世界の創造として語られる。

かつて、四六時中あらゆるところに光があった。光は母なる石、クァットゴロを照らした。ある日、クァットゴロは裂けて、クァットと彼の十一人の兄弟を生んだ。兄弟は全員タンガロと名付けられ、それぞれが一つの特性、もしくは一つの植物を表した。兄弟たちはすぐに成長した。

クァットは人間、カヌー、植物、動物、川など、あらゆるものを創った。

やがて兄弟たちが光のことで文句を言い始めたので、クァットはカヌーに乗って、世界の端ウーング（夜）まで漕いで行った。ウーングは完全な闇で、光がなかった。それはクァットに眠ることを教え、彼の顔に濃い眉毛を与えた。また、彼の世界へ持って行けるようにと一筋の闇も与えた。

クァットは夜を持ち帰り、家で待ちかねていた兄弟たちに眠ることを教えた。クァットが夜を少し出すと、太陽が消え始め、すぐに兄弟たちはうつらうつらし始めた。兄弟たちはそれを怖がった。死ぬのだと思ったらしい。クァットが再び彼らを安心させようと、「眠るだけだよ」と言ったら、彼らは静かになった。タンガロが眠っている間、クァットは赤い鋭い石で夜に小さな穴を開けた。鳥が光を迎え、兄弟たちを起こすと、彼らは初めて赤い日の出というのを見て、とても喜んだ。そして一日の仕事に取りかかった。そう、これは今なお続く。[9]

カッシーラー（E. Cassirer）が述べるとおり、多くの神話で暗闇から光へと至る過程が世界の創造として語られる。[10]しかし光から暗闇へと至ることを世界の創造として語るこの神話は、創造神話における暗闇と光を、より相対的に捉える可能性を示唆しているという意味で重要である。世界の創造のときには、必ずしも暗闇から光への移行が求められるわけではない。逆に光に暗闇がもたらされることも、世界の創造でありうるのだ。そうであるならば、暗闇と光の区別が生成すること、眠りと覚醒の区別が生成すること、そうした区別の生成こそ、世界の始まりとして創造神話が語っていることだと考えられるのではないだろうか。

暗闇を引き裂く意識あるいは自我の誕生を語る根拠として、フォン・フランツ[11]やノイマン[12]が共通して取り上げている神話が、先にも少し触れたマオリ族の創造神話「天と地の息子たち」である。そこではそれまで隙間なくぴったりと抱き合っていた天ランギと地パパが、その息子によって容赦なく上と下に引き離され、そこに世界が生成する様子が描かれる。その神話の中でフォン・フランツやノイマンが着目するのは、その分離を徹底した息子によって象徴される意識や自我の誕生である。しかし、意識の発達が普遍的に重要なことだと言えるだろうか。そのような価値基準を手放したときにも、この創造神話は同じように息子の偉業を語るものとしてこちらに訴えかけてくるだろうか。

「天と地の息子たち」において、天と地に引き裂かれながら原両親は悲痛な声で問いかける。

いったい何のためにこんな殺人を？　なぜこんな大罪を？　なぜ私たちを破壊するのだ、なぜ私たちを引き裂くのだ！(13)

この神話の中で筆者に最も強烈に迫ってくるものは、他でもないこの叫び声である。それは大地が大きく揺れ、ひび割れる音であり、また、身を切られるほどに鋭く、巨大な落雷の音なのであろう。この神話が語っているのはまさにこの叫び声であり、区別の生成という動きのもつ激しさそれ自体なのではないかと筆者には思えるのである。

息子のイメージに着目し、その分離を彼の偉業だと捉えるとき、そこには意識の発達を重んじるこちらのフレームが先行して存在している。それは非常に近代的で、文明的な感覚である。創造神話にそうした感覚をあてはめる態度はこちらの意図のために神話を使うことであって、神話そのものの内にある真理を解き明かすことにはならない。心理臨床学的な態度で神話を読み解こうとするならば、現代的で文明的な感覚からみずからを解放し、その神話に対峙しなくてはならず、そうしたとき、このマオリ族の創造神話を息子という存在だけに着目して読み解くことはできないであろう。そこで圧倒的な迫力で語られる区別の生成という不可逆的な動き、その痛み、その叫びが聴かれなくてはならない。息子が先にあり、天と地の分離がその後に達成されたのではない。ぴったりと抱き合っていた天と地の内に息子は誕生し、天と地が分離するのと息子の行為は同時である。暗闇ということばを用いて述べるならば、光が闇に亀裂を入れたわけではない。闇の内側から、最初は細く、やがてしっかりと光が生成し、そして世界が始まるのである。

闇と光というイメージを用いて創造神話が語っていることは、世界のはじまりにある徹底的な分離の作業だと筆者は理解する。そのような分離を可能にするためには、それに先立って、ある一方への徹底した偏りが必要とされることになる。それこそが、創造神話が暗闇を、あるいは光を、必要とした理由なのではないか。一つの極へと圧倒的に偏った状態を示しうるものとして、創造神話には暗闇が描かれる必要があったのではないだろうか。暗闇に光が生じることを意識や自我の発達を示すものとして重視する観点との対比を明確にするために述べるならば、筆者がこれから探究を進めようと思う暗闇は、そして当然ながら光もまた、一方の極に置かれるに足る、極限的な状況に過ぎないとさえ言って良い。本書を通じて試みようとしている暗闇への探究が、闇を否定的に、光を肯定的に捉え、闇から光へという移行を好ましい発達として捉えることもなければ、そもそも闇と光を直線的な移行において捉えようとすることもないということは、あらかじめ強調しておく必要がある。

二．暗闇の内側へ

それでは次に、本書がいかに暗闇に取り組んでいこうとしているのかについて述べる。

先に筆者が「光の偏重」と述べたことは、なにも分析心理学的な神話解釈においてのみ現れることではない。光を善とし、それに対する闇を否定的に捉える思考法は、現代に生きる私たちにとってまったく日常的なものである。そのことは次に挙げる『ヨハネによる福音書』の有名な一節においても明らかだと思われる。よく知られるように、それは「初めに言（ことば）があった。言は神と共にあった。言は神であった」という節から始まり、「万物が言によって成った」と語った後、次のように続く。


言の内に命があった。命は人間を照らす光であった。

光は暗闇《くらやみ》の中で輝いている。暗闇は光を理解しなかった。

神から遣わされた一人の人がいた。その名はヨハネである。

彼は証《あかし》をするために来た。光について証をするため、また、すべての人が彼によって信じるようになるためである。

彼は光ではなく、光について証をするために来た。

その光は、まことの光で、世に来てすべての人を照らすのである。

言は世にあった。世は言によって成ったが、世は言を認めなかった。(14)


ここで光は神の内にあり、絶対的に光り輝く。そして暗闇は、その光によって照らされることのない、無理解の状態として用いられる。フランシスコ会聖書研究所の訳注による新約聖書の中では、先に引用した「暗闇は光を理解しなかった」という一節が「暗闇は光に打ち勝たなかった」と訳され、暗闇は「キリストを故意に受け入れない人々を指している」と註解される。(15) このことが示すように、ここで光と暗闇という言葉は優劣や勝敗という対極の価値判断が付与された形で用いられている。結果、暗闇と光は「暗闇か光か」という単純な対立構造に当てはめられることになる。

暗闇と光は確かに対立する二つのものである。しかしながら暗闇と光が、その本性として優劣や善悪を内在しているわけではない。そこに勝敗や優劣という二項対立的な関係を付与するのはわれわれ人間の思考であるという点は明確にされなくてはならない。そしてその思考は、暗闇と光いずれもの外側に第三項を設けることによって可能になる。そのことは旧約聖書の「創世記」が語る世界の創造において、明瞭に示されている。


初めに、神は天地を創造された。

地は混沌《こんとん》であって、闇《やみ》が深淵《しんえん》の面にあり、神の霊が水の面を動いていた。

神は言われた。

「光あれ。」

こうして、光があった。

神は光を見て、良しとされた。神は光と闇を分け、
光を昼と呼び、闇を夜と呼ばれた。夕べがあり、朝があった。第一の日である。(16)


先に取り上げたギリシャ神話やハワイ、ミクロネシアといった地域の創造神話が混沌や無を最初に置き、その内側から暗闇が、そしてその暗闇の内側から光が生じると語っていたことに対し、ここでは天の側に「神」が存在し、そこからは既に分離された地の側に、混沌、そして闇はある。そして光は、闇の内側からではなく、神の一声によって生成する。光と闇を分ける「神」という第三項を置くことによって可能になる光の生成である。

暗闇と光を切り離し、そこにたとえば優劣や善悪という価値を付与する思考の基盤には、二元論的思考が存在している。二元論的思考は、絶対的な神という概念をもつキリスト教の成立によってその土台を形成され、デカルト（R. Descart）の「心身二元論」が示すように、一七世紀に至ってしっかりと確立される。そしてそれは一七世紀後半から一八世紀にかけて、ニュートン（I. Newton）に端を発する近代物理学の発展、思想史的には「光（啓）」によっ

て「闇（蒙）」を照らすという啓蒙思想（Enlightenment）へとつながってゆく。それらの思考や実践の前提として必要とされたものが、主客や善悪、正誤の明確な二極化なのである。こうした動きを暗闇と光という言葉を用いて表現するならば、二極化した二元論的思考によって暗闇と光は「暗闇か光か」という形で切断され、分離されることになり、「光」がその価値を急激に高められる一方で、「暗闇」はその価値を急激に貶められてゆくことになったのだと言える。

繰り返しになるが、暗闇と光に対する優劣や善悪、勝敗といったような意味づけは、暗闇と光を区別し、みずからを暗闇と光の外側に置く視点を得ることによって可能になる。はじめに取り上げたギリシャやハワイ、ミクロネシアの創造神話において語られる暗闇と光の分離が、暗闇を外側から照らす光の獲得によってではなく、暗闇の内側からなされていたことを忘れてはならない。暗闇と光を二元論的に区別して対置させ、それぞれに特定の価値を付与することは、創造神話が語る暗闇それ自体の本性、光をみずからの内側に灯すという暗闇の本性を置き去りにし、そこに近代的な価値観を当てはめていることに他ならない。

本書を通じて筆者が試みようと思っていることは、光との優劣や勝敗、単純な善悪によって暗闇を捉える近代的で、倫理的な価値を付与された二元論的思考を超え、暗闇を、暗闇それ自体の本性によって捉えることである。それは、創造神話を原両親の分離による「自我の解放と意識の独立化[17]」と理解するノイマンの表現に倣えば、「暗闇の解放と暗闇の独立化」である。

そのような試みをここから進めてゆくとき、ユングの次の言葉は常に筆者の傍らにあり続けることになるだろう。

今日の道徳的で衛生的な風潮は、あるものが有害か有用か、正しいか間違えているかを知ることを欲している。真の心理学はそのような疑問に関わっているわけにはいかない。ものごとがそれ自体でいかに存在しているかを認識することが、心理学にとっては十分なのである。(GW6, §203)[18]

本書を通じて筆者は、暗闇がそれ自体でいかに存在しているのかを認識するための作業を進めてゆくつもりである。それは、光との対比においてではなく、暗闇そのものの存在の神秘、暗闇に内在する本質を解き明かそうとする作業である。

三．黒から白への変容——錬金術的思考法

近代的な二元論的価値を越える思考を実践しながら暗闇へと探究を進めてゆく際、本書ではユングの分析心理学理論に準拠してゆくことになる。この点について、もう少し詳しく述べておきたい。

ユングはその自伝の中で、一八九〇年に受けた聖餐式の体験を経て、「それ［聖餐式］は宗教でも何でもない、それは神の不在だ。教会は私が行くべきところではない」という確信に至ったと語る。[19]「三位一体の教義に対する心理学的アプローチ」という論文の中で、ユングはキリスト教的な二元論に対する彼の批判的見解を述べている。

キリスト教は悪を「善の欠如 privatio boni」だと考える。この古典的な形式は、悪から絶対的な存在を奪い、それを光に依存する相対的な存在としての影であるとする。しかし心理学的な経験が示すことは、「善」と「悪」は人間に由来する

道徳的判断の両極だということである。ある事柄についての判断が可能になるのは、その対立する両者が等しく現実的で、ありうるものである場合だけである。(20)（GW11, §247）

ユングがその晩年に錬金術への関心を高めたことはよく知られているが、錬金術は、たとえば「黒い太陽（Sol niger）」や「ソル（太陽）において、光と闇がひとつになる」（GW14-I, §114）(21)といったような背理的な表現に満ちた世界であり、キリスト教的な二元論的世界とはその様相をまったく異にする。キリスト教的二元論に懐疑的であったユングにとって、錬金術との出会いは非常に重要であった。ユングは自伝の中で、錬金術を自身の「無意識の心理学」にとって歴史上の対応物であるとみなし、それらとの出会いによって「イマジネーションの絵画的世界、臨床実践において収集した経験的な素材、そしてそこから私が導きだした結論といったすべてのものが、そのしかるべき場所におさまった(22)」と述べる。ユングは錬金術における物質の変容のプロセスと自分自身が見出したファンタジー・イメージや人格の変容のプロセスの同一性を見て取り、それは同時に、ユングが心理学を実践する態度それ自体との同一性でもあった。

錬金術と言うと一見したところ怪しく、前近代的で、魔術的なものであるという印象を与えるかもしれない。しかし一八六七年に、錬金術師マルク＝アントニオ・クラッセラーム（Marc-Antonio Crassellame）が賢者の石の製法として語った歌「闇よりおのずからほとばしる光」から引用する次の一節は、私たちの感覚にも容易に馴染むのではないかと思われる。錬金術においては「第一質料」から「賢者の石」（あるいは「黄金」、「永遠なる水」など、その目的は錬金術師によって様々に語られる）を精錬する際の物質の加熱プロセスが、「聖なる結婚」から「黒化（ニグレド）」の段階を経て、「白化（アルベド）」、そして「赤化（ルベド）」へ至るとされることを念頭に置いて、次の引用箇所を読んでみたい。

されど如何なる胚種であれ、腐敗して黒化することなく、そのままにとどまるならば、無益であろう。何となれば、生殖には常に腐敗が先立つゆえに。このことは、自然の一切の働きにおいて同じである。かくて自然を模倣せんとするわれらは、白化する前にまず黒化しなければならぬ。然らずんば、生まれるものは発育不良の出来そこないのみである。(23)

私たちもよく知るように、有機物は最終的には土の中で無機物と水と二酸化炭素に分解され、生産者としての植物を生かし、植物が再び動物を生かす。錬金術は、そのような自然の摂理を「模倣する」作業なのである。そして自然が絶えず循環する生成のプロセスを営むことと同様に、錬金術は「一なるものから生じ、一なるものへと還る」(*GW*12, §404)(24)という逆説的な表現によってしか語ることのできないような、循環の作業になる。錬金術が物質に含まれる精霊（メルクリウス）を解き放つ作業であり、そのメルクリウスが「作業の始めと終わりに位置し」(ibid.)、それ自身の尾を噛む龍（ウロボロス）によってしか表現されないような「あらゆる対立物の結合の象徴」(ibid.)という背理として捉えられるということを取り上げてみても、錬金術が近代的な二元論的思考とはまったく異なる思考の実践であるということは明白である。

先に取り上げた錬金術のテクストが明言していたように、錬金術において黒化と白化が同一物質の連続する変容過程として捉えられているということは、近代的な二分法を超えた思考の実践により暗闇へと分け入ろうとする本書にとって非常に重要である。ここで今一度、本章の冒頭で取り上げたハワイの創世歌クムリポにおいて、闇が明けてゆく過程において「夜の妊娠」という表現が用いられたこと、そして最後が「赤い顔をした神」を知ることと「昼（光）」によって締めくくられていたこと、また、ニュー・ヘブリデス諸島で採取された太陽神クァットの創造神話においても、光に闇がもたらされてゆき、最後は「赤い日の出」によって締めくくられていたことを思い出したい。錬金術のプロセスについての記述が必ずしも一貫したものではなく、それぞれの錬金術師たちによって様々に異なっているということは、しばしば指摘される事実である。これらの神話において、最終的には赤色、錬金術の文脈では「硫黄」や「黄金」を表す色が訪れており、その過程に黒から白へ、あるいは白から黒への変容が読み取られることは、これらの神話的世界と錬金術が模倣しようとした自然の世界の類似性を暗に示唆していると想像することは、あまりに飛躍しているだろうか。

ここから本書を通じて進めていく暗闇への探究においては、黒（闇）と白（光）を対極に位置づけ、その両者に相反する価値を認めようとする近代的で日常的な思考から、黒の内側からの白の生成、黒から白への変容という思考への移行が不可欠となる。その非日常的な思考にみずからを慣れさせるためにも、ユングが「黒化（*nigredo*）から白化（*albedo*）への、無意識から「光」への変容」（*GW*14-II, §79）として取り上げた、ユングの患者が見た夢を次に引用する。

> 高い岩壁のふもとで積み上げられた薪が燃えている。もうもうと巻き上がる煙とともに炎が立ち昇っている。人気のない、神秘的な場所だ。空の高いところで、真っ黒な鳥の群れが炎の上を旋回している。時おり鳥たちの一羽がまっすぐに炎の中へと飛び込む。そして歓喜に満ちて焼け焦げ、白くなりながら死んでゆく。（*ibid.*：原文はイタリック）

ここで語られるイメージは、たとえば黒が白に負かされて消滅し、白が支配的になるといったようなものではない。論理的に考えれば、ここにはいくつもの不合理、あるいは謎が含まれている。なぜ、わざわざ炎の中へとみずから飛び込むのか。なぜ、焼け焦げることに喜ぶのか。なぜ、焼け焦げたものが白くなるのか。

しかしこうした疑問は、すべて客観的な事実や日常的な通念、科学的な知識という参照枠をイメージ内容の外側に確保することによって生じるものである。先にも引用したように、心理学とは本来、「ものごとがそれ自体でいかに存在しているかを認識する」（*GW*6, §203）作業である。それならば、この夢から私たちは、黒それ自体が炎によって浄化されて白へと変容する、あるいは黒が焼け焦げ、黒であることを徹底した先に白へと反転する、その黒から白へと至る過程の連続性、そこで展開する動きを感じ取り、認識しなくてはならないということになるだろう。

錬金術は自然の模倣であって自然そのものではないということを錬金術師は自覚していた。錬金術において、物質は「容器（vas）」あるいは「レトルト（retort）」の中に閉じ込められ、加熱されることによって、そのレトルトの内側で変容を引き起こされる。そして錬金術師の関心は、一切がそのレトルトの内側で生じる変容に向けられる。ユングはこのような錬金術の作業と心理学的な過程の等価性を指摘し、ファンタジーや夢といったような、「もっとも卑近な形を取った無意識」（*GW*14-II, §404）の扱い方について、次のように述べる。

> それに対して特別な注意を向けよ。それに専心し、その変容を客観的に観察するのだ。この作業に自分自身を捧げるために、あらゆる努力を惜しんではならない。注意深く、慎重に、自発的なファンタジーの次なる変容に従うのだ。とりわけ、そこに属さない外側の何ものかが、その内側へと入って来ることを許してはならない。ファンタジー・イメージには「それが必要とするすべてのもの」が含まれているのだから。(*ibid.*)

本書を通じて筆者が試みようと思っていることは、先にも述べたように、暗闇がいかに存在しているのか、その内側にはどのような論理が働いているのかを認識することである。しかしその認識は、外側から光を持ち込むことによってもたらされるようなものではない。外側から照らし出してしまっては、暗闇はただ、雲散霧消してしまうばかりだからである。暗闇を心理学的に知るためには、ただ暗闇に専心し、暗闇それ自体の変容を捉えなくてはならない。外側から照らし出さずとも、暗闇の内側から光がともる可能性を創造神話は教えてくれている。ユング派分析家のギーゲリッヒ（W. Giegerich）が「今、このとき、手元にあるこの一つの現象はレトルトの中にある。心理学者である限り、私は私の周囲を囲む他のあらゆるものに背を向け、そのレトルトに向き合わなくてはならない」[25]と述べるように、「暗闇」を研究の素材として一つのレトルトに入れ、そこに閉じ込められた暗闇に目を凝らし、やがて筆者自身の視線が暗闇に溶けて飲み込まれてしまうほどに没頭しながら、暗闇への探究を進めていきたい。

第二章

私たちは暗闇をいかに体験するか？

私たちは暗闇をいかに問い、いかに知ることができるだろうか。暗闇という漠然とした、特定の形をもたないものに取り組もうとするとき、まずはいかに問いを立てるかということが重要になる。ここから始まる暗闇への探究の第一歩として、本章では「私たちは暗闇をいかに体験するか」という問いを立てて暗闇への接近を試みてみたい。まずは様々な暗闇のあり方と、そこでの私たちの体験について思索的に検討を加えた後、実際に暗闇での体験を聴取する調査を実施し、その結果をもとに暗闇における私たちの体験について考察する。

一・暗闇の特徴

（一）暗闇における知覚

まずは暗闇の一般的な特徴を捉えるところから始めてみよう。

諸橋らによる『新漢和辞典』を紐解くと、「暗」は「太陽がかくれてくらい[1]」、「闇」は「門が閉じてくらい[2]」という意をもつものであり、この二つの漢字は古くから相通じて「くらさ」を表すものとして用いられてきたと記されている。暗闇とは、光のない状態である。そのため暗闇は「くらさ」を感じる感覚である視覚によって定義されるものであって、それ以外の知覚——嗅覚、聴覚、触覚、味覚——によって定義されるものではないと言えるだろう。

たとえば新月の夜の深い井戸の底の闇を想像してみる。そこには井戸の壁という周囲を囲う具体的なものが存在し、それに触れることができる。他にもそこには土や水の匂いがあるだろうし、どこかから微かに聞こえる音もあるだろう。暗闇それ自体を触ることはできなくても、暗闇に存在する何かに触れたり匂ったり、音を聞いたりすることはできる。しかしこうした知覚体験が、私たちが暗闇をいかに体験するかという問いに対する一般的な、あるいは本質的な答えになることはない。この匂いを発するものが暗闇である、とか、この音が聞こえると暗闇であるといった表現で暗闇を定義づけることはできないからである。暗闇においては何よりも視覚が制限されることに特徴がある。暗闇における私たちの体験を考える際、「『何も見ることができない』という形で、私たちは暗闇を体験する」とひとまずは言える。

ただし味覚について考えてみても、嗅覚をともに用いるかどうか、視覚をともに用いるかどうかによって多少なりとも感じ方が変化するように、人の感覚が決して視覚、嗅覚、聴覚などを単純に切り離して捉えることのできないものであるということは周知の事実である。暗闇においては視覚を奪われるということを端緒として、そこから派生的に他の様々な感覚にも影響が及ぶということは十分に考えられる。

（二）「暗闇」の位相

しかしながら「見る」という言語表現は、必ずしも現実的に存在する対象物を視覚によって捉える行為のみを指すわけではない。「『何も見ることができない』という形で、私たちは暗闇を体験する」という表現はさらに検討される必要がある。

現代、特に夜になってもあちこちで煌々と電気がともる都市に生きる人であれば、いつまでもまったく何も見ることのできない真の暗闇を実際に体験したことがないとしても不思議ではない。しかしその一方で、暗闇という言葉それ自体はメタファーとして私たちの中で変わらず生き生きと存在している。誰かが「まるで暗闇の中にいるようだ」と言えばその人が何らかの悩みや困難を抱えた状態であるということが推察されるし、「闇の世界」という表現を聞けばそれがなんらかの隠蔽されたものや邪悪なものを指しているということがおおよそ了解される。いつまでも何も見ることのできないような物理的な暗闇を実際に体験したことがないとしても、私たちは暗闇をア・プリオリに与えられた体験として共有し、知っていると言える。その言葉を用いて描写される状況が現実的に暗闇であるかどうか、物理的に視界が遮られているかどうかということはそこでは問題にならない。

つまり「暗闇において私たちは何も見ることができない」という表現は、次のようにより厳密にされなくてはならないだろう。暗闇は私たちが客観的に何も見ることのできなくなる状況である場合と、私たちが主観的に何も見ることのできないと感じる状況である場合とが想定される。それは必ずしも客観現実的な「何も見ることができない」という状況のみに限定されることなく、現実的には外界を見ることのできる状況に対しても適用されうる言葉だと言える。

(三)「暗闇」の様相

ここで「客観」と「主観」という区別が出てきたが、「客観的世界」と「主観的世界」の区別と言えば、認識論哲学の領野で長く議論され続けているテーマである。私が見ているリンゴと他者が見ているリンゴは果たして同じものなのかどうか。純粋客観として認識されるリンゴは存在するかどうか。この問題について暗闇を対象として考えるとき、暗闇の絶対性という特徴が明確になると思われる。客観的に存在する、明度ゼロの暗闇は誰にとっても等しく暗闇であり、主観的に存在する暗闇は、他者と完全に共有されることが明らかに不可能なものでありながらも、他者に否定されることによって揺らぐようなものでもない。私が今、暗闇にいるようだと感じているのであれば、他者から見てどうであれ、そこは暗闇である。つまり純粋なリンゴの認識が存在するかという問いの対象を暗闇に置き換えたとき、その答えは「存在する」ということになるだろう。私たちは「純粋な暗闇」を体験することが、理論的には可能である。

それでは暗闇はどこに、どのように存在するのか。
たとえばある部屋を完全に遮光することによって暗闇は創り出される。光が完全に遮断された場所ではいくら時間が経っても何かを見ることはできない。ただしここで、その暗闇には空間的限定という条件が付与されることになるという点に注意しておきたい。また、自然に存在する暗闇には空間的限定のみならず、朝が来れば太陽が昇ることを思えば、時間的限定も付与される場合が考えられるだろう。

あるいはいっそのことみずから目を閉じてしまえば、私たちは何も見ることができなくなる。それはどうだろうか。確かに一つの状況としてそれは暗闇であると言える。しかしそれは「目を閉ざす（あるいは閉ざさせる）」という誰かの意思によって創り出され、目を開ければすぐに雲散霧消してしまうと私が知っている暗闇である。それは暗闇を創り出す者の意思、すなわち心理的な動きによって、限定された形で現れる暗闇である。

ここまでで「空間的限定」、「時間的限定」、「心理的限定」という暗闇を分類する指標が出てきたので、この点からもう少し考えを進めてみよう。「空間的限定」、「時間的限定」として先に述べたことは、それらがいずれも物理的な限定を示しているため「物理的限定」としてまとめることができ、残る一つの「心理的限定」とは区別しておくことができるだろう。つまり暗闇という「私たちが何も見ることのできない状況」には、「物理的な限定」を加えられたものと私たち自身の「心理的な限定」を加えられたものという二つの様相が考えられる。

しかしこの対照的な二つの様相によっても、すべてのありうる暗闇を把握したとは言えない。なぜなら先に暗闇の位相として考えたように、暗闇には客観現実的な状況と主観的な状況がありえ、ここで取り上げた暗闇の例はいずれも客観現実的な暗闇にそもそも限定されているからである。次に項を改めて、主観的な暗闇の様相について考えてみたい。

（四）「暗闇」の無限性

ここで「主観的な暗闇」と呼んでいるものは、先にも挙げたとおり、たとえば「まるで暗闇の中にいるようだ」というように、心理状態を表す比喩として用いられる暗闇である。それはすぐ先のことさえ見えないほどに不安定な、とても手に負えないような状況を指し示す。主観的に暗闇を体験しているとき、そこでは至近のものさえ闇に包まれ、それが果てしなく続くかのように感じられるということが重要である。物理的にも心理的にも限定することができないような、その果てしなさのためにこそ、それは暗闇として感じられる。

ところで、先に「暗闇の位相」という観点から「客観的現実」と「主観的現実」という暗闇の二つの位相を考え、また「客観的現実」としての暗闇に「物理的限定を加えられた状態」と「心理的限定を加えられた状態」という二つの様相を考えてみた。しかしながら、このように暗闇を分類しながら、暗闇が本来特定の形をもつものではなく、空気がいたるところに広がっているように、暗闇もまたその本性としては何によっても限定されることのないはずのものではないのかという違和感を覚えることも確かである。何によっても限定されない無限の暗闇、すなわち主観的にのみ体験されうる暗闇はいかに存在するのだろうか。

まず、私たちが「無限」をいかに体験するかという点について考えてみよう。たとえば永遠に繰り返される循環小数やどこまでも交わることのない平行線。紙とペンでそれを記述しようと思えば、そこにはどうしても「物理的限定」が加えられるため、その無限を無限のままに示すことは不可能である。また、それは「私が計算をやめればこの循環は閉じられる」というような心理的限定を加えられるようなものでもない。そういった限定の作用を超えて、無限は私たちへとやってくる。「1/3 = 0.33333…」あるいは「$1/3 = 0.\dot{3}$」という式が示すものは、無限というものの何か具体的なイメージでさえない。現実的な記述を諦め、「3」の羅列をイメージすることも諦め、それでもなお、その計算は進んでゆく。私たちが主体的であることを諦めたそのとき、そこに無限は現れる。現実的な記述という物理的限定や誰かの意思といった心理的限定を超えたところで、はじめて私たちは無限に触れるのであろう。

このことを考慮に入れて無限の暗闇ということについて考えれば、無限の暗闇は「物理的限定のみならず、心理的限定も受けない形で存在する」と言うことができる。井戸の例を再び用いるならば、枯れた井戸の底には空間的な限定があり、時間的な限定も心理的な限定も働きうる。しかしそこに一人で佇むある一瞬、そこが無限に続く暗闇であると感じられるとしても、それは何も不思議なことではない。無限の暗闇はまさに私たちの主観において、そこが客観的にどこであるのか、どうすればそこから出ることができるのかといった物理的・心理的限定を加えられる以前のものとして体験されると考えられる。

（五）暗闇に内在する対立

ここまで暗闇を「光がない」状態、「何も見ることができない」状態、暗闇の無限性を考慮に入れた場合には「現実的に記述されることも具体的にイメージされることもないもの」といったような、いずれにしてもすべて否定の形をとって表現してきた。しかしこうした否定形の表現ではなく、逆に〈ある〉という肯定形の表現によって暗闇を捉えたのが哲学者のレヴィナス（E. Lévinas）である。レヴィナスは暗闇について次のように語る。

不在の現前としての闇は、純然と現前する内容ではない。（中略）もともとは非人称的で実体的な、夜とそして〈ある〉

出来事なのだ。それは虚空の密度のようなもの、沈黙のつぶやきのようなものである。何もない。けれどなにがしかの存在が力の場のようにしてある。闇は、たとえ何もないとしても作用するだろう実存の働きそのものなのだ。[3]

このレヴィナスの言説に従うならば、「暗闇において私たちは何も見ることができない」という本章の最初に提示した暗闇体験は、「暗闇において私たちはただ〈ある〉暗闇を見る」という表現によって言い換えることも可能だということになる。このような言い換えの作業がどのような意味をもち、いかに遂行することが可能になるかという点は検討の必要があるが、その点については後で調査結果を踏まえて議論することとして、ここではまず、暗闇がそのように〈ある〉と〈ない〉という両極に位置づけられるはずの表現をともに許容するものであるということを心に留めておきたい。これまで検討してきたことでも、暗闇は客観的な状況と主観的な状況といういずれの位相にもまたがって存在し、また無限のものとしても、多様な限定を加えられたものとしても存在するということが考えられてきた。そしてもし暗闇が無限のものとして存在するならば、それは現実的に記述することも内的にイメージすることも不可能なあり方で存在する。暗闇はたった一つの表現によって意味を固定されることなく、様々な次元で、様々なあり方で存在しうるものである。暗闇をただ〈ある〉と言うのだとしても、それは暗闇が、何か具体的なものをしっかりと掴まえられるような仕方で存在するということを意味するのではない。それは「すべてある」あるいは「何もない」という極端なあり方によって、本来ならば対立する両極端の概念のいずれによっても表現することが可能なものだと言える。

二．暗闇体験に関する調査

（一）「私」の暗闇体験

暗闇における体験を「何も見ることができない」と表現するとしても、また「ただ〈ある〉暗闇を見る」と表現するとしても、そこではまず「見る主体」としての「私」が出発点になっている。つまり「私たちは暗闇をいかに体験するか」という問いには避けがたく「私」という主体が措定されていると言える。前節では暗闇を体験する「私」よりもむしろ暗闇に焦点を当ててその問いを明確化してきたが、ここからは暗闇を体験する「私」へとその焦点を移してみよう。本節では調査状況として物理的・心理的に限定を加えられた形で暗闇を設定し、そこでの被験者の体験を聴取してゆくことで、大きくは調査状況という限定を加えられた暗闇における「私」の主観的な体験について考えてみたい。

（二）投影の場としての暗闇

私たちは普段から外界に存在するものを客観的に知覚可能な範囲だけで見ているとは言い難く、そこに主観的な意味を付加して対象を把握している。たとえば一枚の絵（図版）をもとに物語をつくることによってその人の人格特徴を明らかにしようとするＴＡＴ検査（Thematic Apperception Test／主題統覚検査）には、まったく白紙の図版が存在する（図版一六）。被検者は白紙の図版を前に物語を作成することが求められるのだが、何も思い浮かべることが出来ない、あるいは考えることを拒否するといったような反応は成人健常者の五パーセント程度に留まり、白紙を前にしても人はそれなりに何かを思い浮かべ、物語を作成するということが示されている。[4] これはインクの染みという曖昧な刺激に対する反応から被検者の人格像を描こうとするロールシャッハ・テストについても言えることである。私たちは曖昧な図形に対しても何らかの形や意味を見つけ出すものであって、そこには対象に向けた私たちの側の主体的な働きかけが介在している。

このような私たちの認知の特性を考慮に入れれば、暗闇という本来何も見ることのできない状況においても、私たちはそこにただ単純に「何も見ない」という体験をするわけではないということが推察される。暗闇が「何も〈ない〉」、そして「すべて〈ある〉」ものとして存在するのだとしても、だからと言って暗闇を前に私たちはただちに何も体験しなかったり、すべてを体験したりするわけではないだろう。暗闇において、私たちは単に外界の知的把握を困難にされ、何も見ることができなくなるだけではなく、また、ただちに「ただ〈ある〉」を見るわけでもなく、私たち自身の心が見せる自由なファンタジーをそこに見出し、何らかの具体的な体験をすることが考えられる。

このような考え方は投影（projection）という心的作用として心理臨床の場には馴染み深い。投影とは「pro–jection」という語が示しているように、前方へ（pro–）と投げ出す（–ject）という意味をもつ。ただし暗闇に対する投影は、たとえば「妻に母親を投影する」や「揺れる木々に人影を投影する」という場合のような現実的な参照物をもつことがなく、すべてはその暗闇に相対する個人に委ねられることになる。暗闇はあらゆるファンタジーの自由な投影を許すが、逆に、その投影されたファンタジーの根拠を暗闇の方から提示することもない。固定された意味をもたない暗闇は、それ自体があらゆるものでありうるために、あらゆるものを投影する自由を私に与える。そして同時に、投影されたファンタジーに対してその根拠を与えないことによって、暗闇は投影されたものすべてを投影の主体へと投げ返す。ユングが「外在する暗闇の中で、私は闇をそれとして認識することなしに、私は私自身の内的なもの、あるいは心的なものを見出すことになる」（GW12, §346）[5]と述べるように、暗闇に自分自身のファンタジーを投影するとき、私たちは暗闇という外的な世界において、そこに投げ出された私たち自身の内側をそのままに見出すことになる。以下で調査を実施し、暗闇を前にしたときの私たちの体験を検討していくが、そこではすなわち暗闇における私たちの意識現象が問われることになるということを念頭に置いておきたい。

（三）本研究の立場および調査の目的

先にも述べたように暗闇は非常にイメージ豊かに用いられるメタファーでもあり、私たちはそれを客観現実的な状況としても主観的な現実としても体験することができる。イメージとしての暗闇体験の研究は原田によるものがあり、そこではイメージの中での暗闇体験が「暗闇における不安」「暗闇に潜むものへの恐怖」「暗闇による癒し」「未知の暗闇に対する好奇心」という四つに分類される。[6]一方、実際に体験される暗闇については一九五〇～六〇年代に多く行なわれた感覚遮断の実験を除けば、あまり研究は行なわれていない。感覚遮断の実験では視覚のみならず聴覚・触覚などの感覚もすべて遮断されるので、それは単純に暗闇という以上の負荷を被験者に与える状況であって、そこでは、筆者が考えようとしている「見えない」ということにその特徴をもち、身体的な感覚の自由が保たれてもなおそこに存在する暗闇という状況下とは異なる体験が生起することが推察される。そこで本章では実際に暗闇の中で人がどのような体験をするのかについて、まずは予備調査としてイメージと現実的な状況という二つの条件での暗闇体験の感想を集める。そしてその結果を踏まえて本調査を実施し、暗闇における体験について実際のデータをもとにした検討へと進むこととする。

（四）暗闇体験についての感想の収集——予備調査

（1）方法

【被験者】大学生二二名（男子一二名、女子一〇名。年齢一九〜二八歳、平均年齢二一・八歳）

【手続き】「暗闇」のイメージについて自由記述で回答した後、暗室に二〇分間入室する。退室後、そのときの体験についての感想を再び自由記述で回答する。

なお、実際の暗闇体験については光が完全に遮断される四畳程度の部屋を用意し、そこに被験者が一人で二〇分間入室するという形を取った。二〇分という時間制限については、長時間になり過ぎた場合の被験者の心理的負担への考慮から、あらかじめ数名の被験者を対象に同じ部屋で暗闇を体験してもらったところ、二〇分程度であれば心理的負担が大きくなり過ぎないことが推察されたためである。ただしこの体験には非常に大きく個人差が反映されるということも同時に見て取られており、個別に調査状況を調整する柔軟性が必要であることを念頭に置いた。

（2）結果

集められた暗闇イメージと実際の暗闇体験の感想を「身体・時間感覚」「感情」「思考」「暗闇の描写・比喩」という四つのカテゴリーと、それぞれについて①安定の方向性を持つもの、②不安定さを背景にしているもの、③その他という三つに分類し、表1として示した。

暗闇イメージに関する記述では、恐怖感や孤独感、非日常的な状況など、私たちの安定を打ち破るようなものを思い浮かべたものが多かった。また「暗闇の描写・比喩」に分類されるものが多かったことも特徴的であり、暗闇という言葉がメタファーとしてイメージ豊かに用いられることが見て取られた。

一方、実際の暗闇体験では入室中ずっと不安を感じていたと報告した者は二名のみであり、それ以外のものは、入室後すぐには不安を感じるが、慣れてくると徐々にそれが安心に変わると報告した。暗闇の中にいた間に考えたことも、「楽しいことを考えた」「悩んでいたことを忘れていた」などという記述が多く、暗闇をイメージで体験した場合とは方向性の異なる感想が目立った。

（3）考察

暗闇イメージで語られた「密度がある」、実際の暗闇体験から語られた「『無』ではない」、「無理に見ようとするので目が疲れる」という感想は、暗闇という客観的には何も見えない状況においても私たちが何らかの無形の存在を見出すこと、何かを見ようとする行為の主体であり続けようとする傾向の強さを示していると言えるだろう。

また、イメージによる暗闇体験の場合では不安を喚起するような体験が多く報告されたが、実際の暗闇体験では対照的に安心感を報告するものが目立った。このことからは、イメージによる暗闇と実際の暗闇とで、それらが被験者にもたらす体験は必ずしも一致しないということが見て取られる。むしろ同じ暗闇でも、イメージによった場合と実際の場合とでは対極かのように見える体験が生起する可能性が示されたと言える。それでは、そのような違いは何に由来すると考えられるだろうか。

ここで、今回得られた感想の中から「暗闇の描写・比喩」に分類した感想に着目したい。暗闇イメージでは「無」あるいは「無限」「無音」ということが強調されたが、実際の暗闇体験ではそのような感想は聞かれていない。先

表 1. 暗闇イメージ（I）と実際の暗闇体験（A）の感想

		安定	不安定	その他
身体・時間感覚	I	眠っているようだ	寒い 吸い込まれてしまいそう 長時間は耐えられない 距離感の喪失	視覚以外が敏感になる
	A	寝る前のような気分になる	息苦しくなる 平衡感覚がなくなる	身体を動かしてみる 聴覚が鋭くなる 無理に見ようとするので目が疲れる 時間の経過が早い・遅い
感情	I	自分を取り繕わなくていい 本当の姿がわかる場所 包み込まれる	孤独・背後が怖い・焦る 何かが潜んでいそうで怖い 本能的恐怖・絶望 追い詰められる 目的を失ってしまう	これを超えると大きくなれる
	A	意外に落ち着く 冷静だった 悩みなどを忘れていた 2 人より 1 人で良かった	孤独・苦痛・背後が気になる 悲しいことを思い出した 怖いことを思い浮かべる 夢も希望もなくなりそう 光が欲しくなる	光が見えた
思考	I	精神統一が出来そう	思考の統制が取れない	
	A	日常的なことを考える 将来のことを考えた 何も考えなかった	思考がまとまらない 何もできない	頭の中で生きているような感じ 部屋の広さが気になる
暗闇の描写・比喩	I		先が見えない感じ 出口がない 死・悪・裏・獣・拡散	夜・森・田舎・無（無音・無限） 大きなもの・永遠 他者の不在・密度がある 非日常的な世界
	A		幽霊が出そうだと思った	宇宙のことを考えた 田舎の夜を思い出した 「無」ではない 地下にいるみたい

に暗闇の無限性について考えたところでも触れたように、暗闇は「無限」という性質を備えるが、それは主観性の中でのみ体験されるものである。特に今回の「実際の暗闇」は、調査状況として人工的に設定されたものであり、空間的にも時間的にも、そして心理的にも制限された暗闇であった。それは主観性よりもむしろ客観性に比重を置く暗闇であったと言えるだろう。今回設定したイメージによる暗闇と実際の暗闇、いずれも調査状況として設定された暗闇であることには違いないが、後者がそうした多くの制限を受けて、ある特定の時空間の中にはっきりと区切られて存在するのに比して、主観的な世界でのみありうる前者は容易に無限に広がることができたのであろう。こうした暗闇の位相および様相の違いが、イメージによる暗闇体験と実際の暗闇体験を異ならせる主要な要因になっていることが考えられる。

調査に先立って、暗闇が主観的／客観的なそれぞれの位相において「すべて」と「無」あるいは「有限」と「無限」など、多様な存在の仕方をすることを考えてきたが、予備調査を踏まえては次の二つの可能性が浮かぶ。まず、暗闇を実際に体験する場合とイメージによって体験する場合とで生じる暗闇体験の違いをより詳細に検討することによって、そうした暗闇の多様性・多層性を詳細に捉えることが可能になるのではないか。そして、そのように異なる体験をもたらすものではあっても、そこに何か通底するものを見出すことができるならば、それを暗闇の本質としてみなすことができるのではないだろうか。このような観点から、次に本調査としてイメージのみによって暗闇を体験する「イメージ群」と実際に暗闇を体験する「実際群」を設定し、両者の体験を比較することによって、暗闇における私たちの体験をより明確に描写することを試みる。

（五）暗闇体験の分析——本調査

（1）方法

【被験者】イメージ群　大学生五〇名（男子二三名、女子二七名。年齢一八～二六歳、平均年齢二一・三歳）／実際群　大学生四三名（男子二二名、女子二一名。年齢一八～二八歳、平均年齢二一・六歳）

【手続き】予備調査で集められた被験者の「暗闇イメージ」、「暗闇体験」に関する自由記述（表1参照）、原田の暗闇体験尺度[7]をもとにして、筆者が独自に四〇項目を選定し、暗闇体験に関する質問紙を作成した（巻末添付資料）。回答は「あてはまらない」から「あてはまる」までの五段階評定である。なお、これらの質問項目の呈示は、順序効果を防ぐために被験者間でカウンターバランスをとった。イメージ群に対してはその質問紙を冊子にまとめて配布し、回答後は設置してあった回収箱にて回収した。冊子の中では、最初のページで自分が暗闇にいると想像してもらうよう教示し、その上で各項目に回答してもらうこととした。もう一方の実際群に対しては、予備調査と同様の暗室に一人で二〇分間入室した後、質問紙への回答を求めた。暗室入室の際には、退室後にその体験を踏まえて質問に回答してもらうということの他、被験者の心理的負担への配慮から、暗室の外には常に調査者（筆者）が控えていること、二〇分が経過した時点で調査者が必ずドアを開けること、途中でしんどくなった場合にはいつでも退室が可能であることを説明しておいた。

表 2. イメージ群と実際群間の暗闇体験に関する質問紙の t 検定結果

イメージ群 ＞実際群 （16 項目）	暗闇に吸い込まれてしまいそうで怖い／視覚以外の感覚が鋭くなる／何かに触れていたいと思う／平衡感覚や方向感覚を失う／何の希望もなく絶望的だと感じる／何かが潜んでいそうで怖い／一人ぼっちでさびしいと感じる／邪悪なものがこもっていそうに思える／逃げ出したくなる／考えがネガティブな方向にすすんでゆく／暗闇がどこまでも広がっているように感じる／信頼できる人に一緒にいて欲しい（12 項目）	p <.01
	時間の経過を遅く感じる／光があれば救われるように思う／自分の存在があやふやに思える／時間が止まってしまったようだ（4 項目）	p <.05
実際群 ＞イメージ群 （6 項目）	じっくりと何かを考えられそうに思う／一人になれてほっとする／落ち着く／精神統一が出来そう／日常的なことが思い浮かぶ（5 項目）	p <.01
	楽しいことを考える（1 項目）	p <.05
有意差なし （18 項目）	身体を動かしてみようと思う／ありのままの自分でいられるように思う／宇宙のことを思い浮かべる／息苦しくなる／何も存在していないようだ／自分の内面について考える／どこか懐かしいような感じがする／時間に対する感覚がなくなる／優しく包み込まれているような感じ／何かで音をたててみたくなる／自分の身体の境界線がうまく把握できない／日常的な世界から遠ざかったように感じる／探究心が起こる／わくわくする／思考の統制が取れず断片的になる／興味や好奇心が湧いてくる／静か／田舎のことを考える	

イメージ群 N = 50，実際群 N = 43

（2）結果

イメージ群と実際群でどのような種類の体験に違いが現れるのかを捉えるために、暗闇体験後に回答してもらった質問四〇項目について、各群の平均評定値のt検定を行なった。その結果、四〇項目中二二項目において有意な差（$p < .05$）があった。それらを①イメージ群の方が実際群よりも有意に高い評定をした項目（一六項目）、②実際群の方がイメージ群よりも有意に高い評定をした項目（六項目）、③両群の間に差が見られなかった項目（一八項目）に分類して表2に示す。

次に、有意差のあった項目について、暗闇のもつ諸側面を端的に説明しやすくするために、全被験者九三名の回答を合わせて因子分析（主因子法、プロマックス回転）を行なった結果、三因子が抽出された。さらにそれらの中から一つの因子に〇・四〇以上の負荷を持ち、他のいずれの因子についても〇・三五以上の負荷を持たなかった一九項目について再び因子分析（主因子法、プロマックス回転）を行な

表 3. 暗闇体験に関する質問項目（削除後 19 項目）因子分析結果

		F1	F2	F3	共通性	α係数
飲み込み因子	暗闇に吸い込まれてしまいそうで怖い	0.7690	0.099	−0.0838	0.6404	
	邪悪なものがこもっていそうに思える	0.7315	0.0774	−0.0631	0.5717	
	何の希望もなく絶望的だと感じる	0.6278	−0.1609	0.2258	0.4376	
	時間が止まってしまったようだ	0.5923	−0.1560	0.0308	0.2676	0.8367
	平衡感覚や方向感覚を失う	0.5192	0.1014	−0.0717	0.3127	
	考えがネガティブな方向にすすんでゆく	0.4912	0.0560	0.1917	0.4150	
	逃げ出したくなる	0.4583	0.2843	0.2641	0.7134	
外向因子	信頼できる人に一緒にいて欲しい	−0.1884	0.9391	0.0317	0.7082	
	何かに触れていたいと思う	−0.3107	0.8608	0.0490	0.5137	0.8395
	光があれば救われるように思う	0.1331	0.6518	0.0502	0.5952	
	一人ぼっちでさびしいと思う	0.1722	0.6370	0.0623	0.6287	
内向因子	じっくりと何かを考えられそうに思う	0.0827	0.0787	−0.9452	0.7738	
	精神統一が出来そう	0.0553	−0.0504	−0.7367	0.5405	0.7475
	一人になれてほっとする	−0.1794	−0.2144	−0.4291	0.4690	
	日常的なことが思い浮かぶ	−0.0547	−0.0347	−0.4017	0.2013	
残余項目	視覚以外の感覚が鋭くなる	0.2906	0.2780	−0.2797	0.1987	
	何かが潜んでいそうで怖い	0.5427	0.3526	−0.0249	0.6359	
	自分の存在があやふやに思える	0.6979	−0.3565	0.0390	0.3045	
	暗闇がどこまでも広がっているように感じる	0.3377	0.2349	−0.1803	0.2100	

い、同様に因子負荷で項目を削除した結果、第一因子で四つの項目が新しく却下された以外はすべて安定した尺度構成となっていた（表3）。各尺度におけるクロンバッハのα係数は、第一因子が〇・八四、第二因子も〇・八四、第三因子が〇・七五となり、いずれも信頼性に問題はないと考えられた。

第一因子は「暗闇に吸い込まれてしまいそうで怖い」「邪悪なものがこもっていそうに思える」「何の希望もなく絶望的だと感じる」「時間が止まってしまったようだ」「平衡感覚や方向感覚を失う」「考えがネガティブな方向にすすんでゆく」「逃げ出したくなる」という七項目から構成された。これらの項目から、暗闇に「悪」や「ネガティブ」なものが感じ取られており、「吸い込まれてしまいそう」「考えがネガティブな方向にすすんでゆく」「逃げ出したい」という項目の並びによって示唆されるように、暗闇による吸引力が体験されていることが考えられたので、第一因子を「飲み込み因子」と名づけた。この「飲み込む」力は時間や思考、感覚にも作用するものとして捉えられる。

第二因子は「信頼できる人に一緒にいて欲しい」「何かに触れていたいと思う」「光があれば救われるように思う」「一人ぼっちでさびしいと思う」という四項目から構成された。これらの項目は暗闇において孤独を感じ、そこから逃れようと、今この暗闇に現実的には存在しない「他者」へと意識が向かっていることが読み取られるため「外向因子」とし、「じっくりと何かを考えられそうに思う」「精神統一が出来そう」「一人になれてほっとする」「日常的なことが思い浮かぶ」という四項目からなる第三因子は、第二因子とは反対に一人の状態を受け止め、自分自身の「内部」へと意識が向かう姿勢がうかがわれたので「内向因子」と名づけた。なお、「飲み込み因子」および「外向因子」はいずれも実際群よりイメージ群の方が高い評定をした項目から、「内向因子」はイメージ群よりも実際群の方が高い評定をした項目から構成されていた。

（3）考察

①飲み込み因子

すべてを飲み込む暗闇というイメージは、天体のブラックホールを連想させる。ブラックホールはそのあまりの高密度のために強い重力がかかることになり、あらゆるもの——物質のみならず光までも——を吸い込む。ブラックホールそれ自体を観測することはできず、そこに吸い込まれるときに物質が放出するX線によってのみ、それはその存在を明らかにする。このようなブラックホールと本調査が取り組んでいる「暗闇」の違いは、暗闇それ自体が実際にブラックホールのように強い重力によって周囲のものを吸い込んでいるわけではないという点にあると言えるだろう。暗闇に対して「飲み込み」という動きを感じているものは暗闇に身を置く「私」に他ならず、暗闇に飲み込まれるという感覚は、むしろ「私」が拡散する感覚であると言う方が適切であるのかもしれない。「私」とは、あらゆる感覚を統合して一つにまとめる機能であり、体験の主体であって、[8]この「飲み込まれる」という感覚が示すものは、暗闇において統合すべき諸感覚が曖昧になり、その「私」が解体してゆくかのような体験であると考えられる。

なお、飲み込み因子は実際群よりもイメージ群が高い評定をした項目によって構成されているが、予備調査同様に実際群においても最初の数分は極度の恐怖感に襲われたと報告するものが多く、それは大部分の被験者において後続した体験にかき消されて質問紙の評定には表れなかったという印象が強い。そのことから筆者には、暗闇に飲み込まれるかのような体験がイメージ群のみの特徴であるとして論じることは難しいように思える。フロイト（S. Freud）が「不気味」[9]という感覚について、私たちの中に存在している「アニミズム的な心的活動の名残」に根差すと分析するように、暗闇に投げ入れられ、最初に感じる恐怖もまた、私たちの心の非常に原始的な部分に由来するものだと考えられる。より構造化して述べるならば、今回「飲み込み因子」として抽出されたものは、すべてを把握し、世界の中心としてあるはずの「私」の自明性が崩壊する予兆であり、「私」と「他者」の間の区別に対する絶対的な信頼の揺れとして理解できるだろう。そうした日常性を支えている自明なものを奪う力を秘める暗闇に、私たちは直感的な恐怖を覚えるのだと考えられる。レヴィナスは「〈ある〉がふっと触れること、それが恐怖だ」[10]と言う。暗闇をイメージとして体験したときに迫ってくるもの、そして実際に暗闇の中に投げ込まれ、それが物理的限定を被ったものであるという知的理解に先立って瞬間的に襲ってくるもの、それが暗闇という存在そのものであって、それは「私」を定位することを許さないようなものであるということが、ここから考えられる。

②外向因子／内向因子

小此木は青年には「自分と他者との区別＝境界を否認し、相手との一体・融合の心理体験を得たいと願う欲求」と「孤独になることによって、自分をとりもどしたり、孤独の中で自分の自律を守ったりする欲求」が共存すると指摘する。[11]このことを考慮に入れれば、他者を希求する「外向因子」と自分自身を見つめる「内向因子」は正反対の方向を指し示してはいるものの、その根本にあるものは「私」への意識の集中であると理解することができる。暗闇に身を置きながら、「外向因子」においては「さびしい」という形で「私」への意識が高まっており、「内向因子」においては何かを考えたり自分自身の内面を見つめたりするという形で同じく「私」への意識が高まっていると捉えられる。その自己意識の高まりが、前者では「光」に代表されるような暗闇ではないものへの希求へとつながり、後者では何らかの内的な思考に注意を向けるという行為につながっていると考えられるのである。これらはいずれも、「私」を拡散させる「飲み込み因子」とは対照を成す因子であると言えるであろう。暗闇は「私」を飲み込み、解体し得るものであるということが第一の因子から考えられたが、他方、これらの因子によって示されていることは、光を求める主体、あるいは何かをじっくり考える主体としての確かな「私」という感覚である。

レヴィナスは闇に晒され続け、存在を引き渡した「私」は「無名の思考の主体であるよりはむしろその対象」になる[12]と述べる。暗闇においては「私」が思考するのではなく「私」もまた無形のものの思考の対象になるというレヴィナスのこの言説は、ここで検討している外向／内向因子によって示されている、思考し活動する主体としての「私」、「私」による思考の対象であり続けようとする「私」の強固さとは対照的である。レヴィナスの描き出す暗闇は、むしろ第一の因子で示された暗闇の飲み込む側面に表されていると考えられるだろう。

本調査において抽出されたこれら外向／内向的思考については次に引用する河合の見解を参考にしてみたい。

> 暗黒の中で、人はものを見ることができない。「不明のもの」と「何もないこと」ほど恐ろしく、不安なものはない。暗黒のもたらす「無」の中で、人は自分の全存在がおびやかされているのを感じる。[13]

ここで河合が表現しているものも恐怖であり、不安であるが、そこでは脅かされるだけの「自分」の存在が保たれている。むしろ脅かされるという形で、ここでは「私」への意識が相当に高められ、「私」の存在が確かなものにされていると言える。しかしもう一方では、これが、「私」の消滅を直感させるほどの暗闇という危機的状況での「私」の確認でもあるという点を指摘することもできる。つまり第二、第三因子として抽出された暗闇における「私」という自己意識の高まりは、第一因子において考えられた「私」の拡散とは対照的なものでありつつも、決して線の端と端に切り離されて存在するわけではなく、「私」の拡散の直前の緊張であると捉えることが可能である。

③イメージ群と実際群との比較

先には「外向因子」と「内向因子」を「私」という感覚への意識の高まりという共通性によって合わせて検討したが、既に述べたとおり「外向因子」はイメージにおける暗闇体験から、「内向因子」は実際の暗闇体験から導かれたものである。ここではそれぞれの暗闇体験の条件の違いという点から、暗闇において「他者」を希求する場合と「私」自身へと視線を向ける場合について検討を加えたい。

「暗闇がどこまでも広がっているように感じる」という項目への平均評定値に関してイメージ群の方が実際群よりも有意に高くなっていた（表2参照）ことは、予備調査から考えられたようにイメージにおける暗闇が無限に広がりうるものとして体験され、今回の調査で用いた実際の暗闇が空間的に限定されたものとして体験されたということを示している。それでは、どこまでも広がり得る暗闇では「他者」に、限定された暗闇においては「私」自身に意識が向かったという点はいかに理解されるだろうか。

精神分析の流れを汲み、子どものプレイセラピーについて卓越した論考を残したウィニコット（D. Winnicott）は、子どもが「一人でいられる能力」を獲得することについて、「一人でいる」ことは「そこに他の誰かがいる」ということを逆説的に常に暗示するものであると論じている。[14] 暗闇という現実的な他者不在の状況でその注意を「私」へと向けることができるということは、現実的な他者の存在の有無にかかわらず、心の内では「他者」の存在が確信されているということを意味していると考えられるのである。フロイトが幼児の暗闇恐怖について、それは「闇の中では愛する人を見ることができないからである。愛する人の手を握ることさえできれば、闇の中でも安心するのである」[15]と述べるように、内的な世界がまだ十分に確立されていない幼児において、現実的な他者の不在は内的にも「他者」を失うことになりかねず、それは私という存在それ自体の存続に関わる。

このように「一人でいる」ということにもやはり「他者」が関与し、さらにはその「他者」の存在の有無が孤立した状況における心理状態を規定してもいることを考慮に入れるならば、実際の暗闇状況において暗闇の外に控えていた調査者の存在、さらには入室時間という枠組みなど、暗闇を限定する多くの要因が果たした役割を無視することはできない。それらすべてが暗闇における「他者」として機能した可能性を考慮する必要があるだろう。つまりイメージ群がそうであったような「他者」の希求さえも起こらないほどに、実験状況としての実際の暗闇においては「他者」があちらこちらに存在していたのであり、このことが、被験者の注意が「他者」へと向かうことなく「私」自身へと向かったことに関係していたと考えられる。一方、イメージの暗闇体験においては、そのような外側から暗闇を制限する要因が少ない分、被験者はともすれば「無限」に広がろうとする暗闇を「他者」に思考を向けることによって有限のものに保とうとしていたと考えられるのではないだろうか。

（六）暗闇と「私」

調査を通じて示されたことは、暗闇で生じる「私」の意識現象が「私」という自己認識それ自体をめぐるということであった。ただしそれは次の二つの次元に区別して捉えられなくてはならない。すなわち、暗闇における「私」の意識現象は、「飲み込み因子」によって捉えられたような、直接的で圧倒的な力で「私」という認識それ自体を解体しかねない次元と、むしろ思考する「私」自身へと意識が向かい、はっきりと「私」が意識される次元という二つの次元で生じるということである。さらに、いくらか図式的になり過ぎるかもしれないが、暗闇がどの程度の物理的・心理的制限を受けているかに従って「私」という自己認識をめぐる暗闇の体験は変化し、「私」そのものが拡散し消滅しかねない段階、「他者」を希求することによって「私」を維持しようとする段階、「他者」への信頼感が揺らぐことなく「私」それ自身に注意を向けることのできる段階という三つが、本調査の結果をもとに推察された。

ここまで、イメージ群と実際群という違いによって暗闇が「無限」として体験されるか「有限」として体験されるかという点に着目し、そこから暗闇の諸相を多角的に捉えることを意図して本調査を実施、分析してきた。最後に本調査の反省点と残された課題について触れておきたい。

まず、イメージ群と実際群において有意差の出ない項目が四〇項目中一八項目と多かったことを思えば、この質問紙がイメージによる暗闇体験と実際の暗闇体験の相違を的確に捉えきることができたかという点については反省が残る。質問項目をさらに増やしての再検討も必要であろう。次に、実際の暗闇体験において設定した二〇分という時間制限の功罪である。調査を通じて極端な不安や恐怖に見舞われ続けた者がいなかったという意味でそれは妥当であったと言えるが、他方で時間感覚をも飲み込む暗闇の底知れなさを思うとき、その時間制限が被験者の暗闇体験に決定的な影響を及ぼした可能性は否定できない。二〇分という時間制限や調査者の存在は、その暗闇がただ単純に有限であるという以上に、「守られた空間」という、それ自体が体験の性質を大きく規定する要因になりかねない認識を被験者に与えてしまった可能性も考えられる。本調査を振り返ってみて、暗闇という多様で無形なものにおける私たちの主観的な体験を、ある程度の制限と客体化を必要とする調査という形で直接的に捉えようとすることに伴う困難を無視することはできないだろう。

三．暗闇が「私」に及ぼすもの

（一）「『私』が見えない」という体験

精神病理学者の木村は「私」と「他者」の間の弁証法的な関係と、「私」と「他者」の成立の同時性を次のような形で指摘する。

他者が自己ならざるものとして出現してこないかぎり、自己はそれ自身を「自己」として限定することができない。しかし一方、この他者も、自己が自己として限定されないかぎり、自己にとって「他なるもの」として限定されることはありえない。(16)

主体が「私」という存在に確信をもてるとき、その背景には「他者」の存在があり、「私」と「他者」は決して切り離すことのできない図と地のような関係にある。先の調査から暗闇においては自分自身への集中と同時に「他者」へと意識が向かうことが見て取られたが、それらを合わせて「私」への意識の集中として捉えたのは、このような「私」と「他者」との切り離すことのできない関係のためである。さらには何も見ることのできない暗闇において、それでもなお私たちが見ようとするものは「私」それ自身であるということも、先の調査から示唆されている。その暗闇が無限のものとして私たちに直接的に体験されるならば、「私」はそこに「他者」の不在を見、同時に「私」の不在を見るのだと言える。

しかしながら、厳密に考えれば「『私』の不在を見る」という表現は正確ではない。なぜならそこでは見る主体として想定されるべき「私」が不在として置かれることになるからである。それでは、「他者」あるいは「私」の不在を見るという、この表現は何を意味しているのだろうか。

暗闇において私たちは何も見ることができず、私自身の姿を見ることさえ叶わない。見るべきものを見出せず、見るという行為を奪われた「私」は主体としてのその位置を危うくする。この極限的な状況まで来て、ようやく私たちはレヴィナスの述べる「ただ〈ある〉暗闇」に辿り着くことになるのだろう。「他者」を探そうと試みて失敗し、「私」という意識の根拠を危うくされた主体の前に、何との相対性にも依存しない暗闇が絶対的な力をもって立ち現れる。予備調査において、暗闇に対する「『無』ではない」、「密度がある」という感想が聞かれた。ただ〈ある〉暗闇はあまりにも絶対的であり、「他者」との相対性においてしか定位されない不確かな「私」は圧倒され、そこに飲み込まれるのを感じる。その圧倒され、「私」が解体する直前の瞬間、まだかろうじて主体が何かを感じる「私」である最後の瞬間、耐え難い恐怖が「私」を襲う。そこには「私」がみずからの存在根拠を見出そうとして見出すことができず、あたかも宙に浮くかのような一瞬が想像されうる。そしてその後に、「ただ〈ある〉」、あるいは「何もない」世界が訪れるのだと考えられる。

(二) 境界の消滅

本調査で明らかになったのは、無限の暗闇が「私」に注意を向けさせながらも「私」の不在を見せつけ、見る主体としてあったはずの「私」を拡散させるという、存在それ自体の次元で生起する体験であった。先にも引用した論文「不気味なもの」[17]の中で、フロイトは自分と全く同じ姿かたちをした人物（分身）と遭遇するドッペルゲンガー(Doppelgänger)という現象に言及し、その不気味さについて分析している。同論文の中でフロイトが、不気味という感覚を喚起するものの例として暗闇にも言及していること――すなわちドッペルゲンガーと暗闇から来る不気味さを並列にして論じていることを鑑みても、暗闇において喚起される体験には「私」という感覚が大きく関わっていると考えて良いだろう。それは「私」が行為し、体験する主体であることを断念させ、「私」も「他者」もない世界を創り出す。しかし「私」はそもそも実体としてではなく、木村が述べるように、自己と他者との運動の中で定位されるものとして想定される。それならば、「私」の不在という事態は「私」と「他者」の間の運動の消滅、そして絶え間なく生成するはずの「私」と「他者」の境界の消滅だと考える必要があるだろう。暗闇が飲み込むものは「私」と「他者」との間に絶え間なく生成するはずの境界であると言うことができる。

さて、本章では「私たちは暗闇をいかに体験するか」という問いを掲げ、調査をもとに暗闇の中で私たちが暗闇に飲み込まれるかのような力を感じ取ること、「私」自身へと意識を集中させるということを導いてきた。そして暗闇による「境界の消滅」という作用に行き当たったところで、本章で最初に考えられた暗闇における私たちの体験、すなわち「暗闇において私たちは何も見ることができない」という点に立ち返って考えておきたい。

暗闇において私たちが何を見ることもできなくなるのはなぜか。それは暗闇が、あらゆるものの境界を飲み込んでしまうためである。つまり暗闇はすべての個別性を奪い、ただひたすらに匿名的な世界としてそこに現れる。そこにおいて、私たちには客体として見るべき対象が一切残されない。当然ながら私たちの身体という物質的な輪郭も闇に飲まれ、私たちは自分の身体を見ることによって、その固有の存在を確認することもできない。視覚的な身体像を奪われる暗闇において、私たちの自己認識は内面的な意識の活動に負うところが非常に大きくなる。調査から示された「私」への意識の高まりは、そこに一つの固有の輪郭、他者との境界を創り出し、暗闇においても私が「私」であり続けるための行為として理解できる。

第三章

暗闇を見る「私」

ここでは筆者がカウンセラーとして関わった臨床事例から、ある少女が描いた暗闇とそれを描くまでの過程を検討することで、私たちの心がいかに暗闇に触れ、それに関わるのかという点について、より個別の内的体験に焦点を当てて考察する。そこで導かれた考察を先の第二章からの知見と合わせ、「暗闇」がいかに問われるべきかを再考する。

一．思春期と暗闇

本章では、ある女子中学生（以下、仮にチカと呼ぶ）と筆者との心理臨床面接を取り上げ、私たちがより内的に体験する暗闇に迫ることを試みたい。ここでチカの事例を取り上げるのは次の二つの理由による。一つに、チカが面接場面で筆者に「暗闇」の絵を描いて見せてくれたため、もう一つには、思春期という時期にあって、教室に入ることを拒み、相談室登校を続けるチカが、教師たちや同級生たちとの間で様々な不協和音を奏でながら、他の誰でもない「私」を模索する途上にあったと思われるためである。

思春期は身体的な成長も著しく、子どもから大人へと、私たちがみずからのアイデンティティを模索、確立する時期であるとされる。エリクソン（E. H. Erikson）がアイデンティティという用語を「持続的な自分自身との同一性（自己同一性）と、基本的な性格特徴を他者と持続的に共有する、この両者を含む相互関係」[1]であると説明するように、この時期、私たちは特に同じ集団に所属する他者との共通点と相違点に敏感に目を向ける。一方では自他の区別もないような強烈な一体感を共有する集団をつくり、他方ではその集団に対して脅威となる他者を容赦のない陰湿さや残酷さでもって排除したりもする。そのような中で集団への意識と同時に他でもない「私」という固有性への気づきが生じ、私たちは次第に内的な「私」と「他者」の関係において「私」を定位させてゆくようになると考えられる。

先の第二章では暗闇体験を考える際に「私」という自己認識や「境界」という概念が重要になってくるというこ

とが示唆されたが、大人でもなく子どもでもないという時代を生きる思春期の子どもたちは、まさに境界に立ちながら「私」を模索していると言える。それは大人と子どもという二つの世界の境界であり、岩宮が思春期の子どもたちと「異界」の親和性の高さを指摘するように[2]、日常と異界との境界でもある。そのような思春期という成長の一過程にあって、他の多くの子どもたちと同じように教室に入って生活することから距離を置いて相談室に閉じこもるチカは、まさに日常と異界との境界に身を置いているということが推察される。暗闇もまた、日常的な世界から見れば異界である。今まさに「境界」に身を置くチカによって描かれた暗闇を検討することは、暗闇への探究の一環として非常に興味深いことであると言えるだろう。

事例の検討に先立って、ここで「描かれた暗闇」という暗闇のあり方についてあらかじめ少し考えておきたい。第二章でも用いた表現で述べるなら、描かれた暗闇は限られた大きさの紙の中に物理的限定を受けた形で現れ、また「描く」という描き手の主体的な行為によって創り出されるという意味で心理的限定も受けていると言える。さらにはそれがセラピストである筆者に見せることを意図して描かれた暗闇であるという点を合わせて考えても、チカの事例において問題になる暗闇が「私」を飲み込むほどに圧倒的な無限の暗闇であり、そこでチカが「私」や「他者」の不在を見るというような状況にまで追い込まれているわけではないということは推察されるだろう。ただし、それでも暗闇を描くことを強いた何かがチカの心にあったのだということに思いを至らせるならば、「暗闇を描く」という行為はチカが暗闇に吸い寄せられるものを感じ、何らかの形で暗闇を体験している（あるいは、しようとしている）ことに疑いの余地はない。そのため、ここではチカが描いた暗闇の絵ばかりではなく、チカに暗闇を描かせるに至ったもの、暗闇を描くことによってチカが表現したものまで捉えることを視野に入れて事例を検討していきたい。どのようなときに、どのような形で私たちは暗闇を体験するのかということを、この事例から考えてゆくことがここでの目的である。

二、事例提示

チカは筆者がスクールカウンセラーとして勤務していた中学校の生徒で、教室に入ることを拒み、基本的に朝から夕方まで校内の相談室で相談室付きの教員や他の生徒と共に過ごしていた。猫背でいつも目の下にクマを作っているチカにはどことなくどんよりとした暗さが漂うが、それとは対照的に、時折筆者や教員の様子をチラリとうかがったり他の生徒に合図を送ったりする際のチカの視線には強い意志や狡さ、鋭さのようなものが垣間見える。出会った最初の頃、チカはむっつりと黙っていることが多く、筆者が話しかけても頷いたり首を振ったりするという程度しかコミュニケーションを取ろうとはしなかった。筆者自身がチカを捉え難く感じていたこともあり、少し距離を置いてチカの様子を見るということが続く。しかししばらくするとチカは次第に筆者に対して笑顔を向けてくるようになり、チカが筆者に打ち解け始めたことを受けて、教員の協力を得て筆者とチカは一時間を二人きりで過ごすようになる。そこでチカは、筆者に相談室付きの教員やクラス担任、部活の顧問といったチカと関わりのある大人たちの悪口をぶちまけ、彼らの意地悪く誇張された物真似や描画をして見せることにありったけのエネルギーを注いだ。また、他にもチカはホラー映画や誰かから聞いた怖い話をして筆者を怖がらせようとしたり、みずから本気でびくびくしながら「こっくりさん」を筆者と一緒にすることを好んだ。「こっくりさん」を呼び出してチカが尋ねることは、自分自身や筆者、チカの嫌っている教師たちが「いつ死ぬか」「どうやって死ぬか」といったようなことばかりであった。

筆者がチカと出会って三ヶ月が過ぎようとした頃、チカが「この前怖い夢を見た。すっごいやつ！」と意気込んで、語るだけでも恐ろしいといった表情で報告した夢を次に記す。

「貞子」（次項参照）が三人横に並んで、みんながじっと私を見つめている。確か奥のほうに井戸みたいなのがあって、その前に三人が並んでいた。

話しながらチカはノートに鉛筆でその情景をさらさらと描いて見せる（絵1）。長い黒髪で顔がすっかり覆われ、だらりと腕を前に垂らした幽霊の貞子が三人、井戸を背後にしながら等間隔に並んで描かれる。しかしどこかコミカルなタッチになってしまい、チカの語る夢の恐ろしさにはそぐわない。チカも「なんかキャラクターみたいになった」と少し物足りなさげに言う。

翌週になってもなお、チカはその夢がいかに恐ろしかったかを話す。そして改めて貞子の絵を描く。今度は画用紙に太い黒色のマジックを使って描き、そのためか前回よりも絵の迫力が増している。筆者はそれを見て一瞬ゾクッとする思いがし、「こわいー」と顔をしかめる。それを見てチカが「怖い？　そんならこうすればいい」と、顔を覆っていたはずの長い黒髪の左に少し曲線を加える。するとその線が顔の輪郭のように見え、不気味に顔を覆っていたはずの髪の毛が単に長い後ろ髪に一転する（絵2）。その突然の変化に筆者は思わず声を上げて笑う。つられてチカも一緒に笑う。さらにそこに二人で羽や口を描き加えてゆき、貞子は笑顔の天使の後ろ姿に変わる。最後にチカは天使に「のろいをといてやるー」という吹き出しをつける。

その絵を二人で完成させた後、唐突にチカが「暗闇描いたげよっか？」と言う。筆者が「うん」と応じると、チカは画用紙の中央に黄色のマジックで髪をおさげに結んだ少女が歩いている後ろ姿を描く。その後、チカはその周

絵 1

絵 2

絵3

囲を黒のマジックで猛烈な勢いで塗り潰してゆく。インクがところどころでかすれるが、そのたびにマジックを握り替え、インクが出るようにする。黒い線はときに少女の後ろ姿をかすめる。筆者はその勢いに圧倒され、ただ見守るばかり。やがてチカが塗りつぶすのを止める。画用紙にはまだ完全に塗りつぶされず白のままに残る部分が多いが、「もうこれでいいや、はい、暗闇」と言って、チカは無造作にその絵を筆者に渡す（絵3）。

三．検討①「貞子の夢」を中心に

（一）映画「リング」の概要

まずはチカが語った「貞子の夢」について検討していくが、それに先立ってこの夢に登場する貞子について説明を加えておきたい。貞子は鈴木光司による有名な小説『リング』[3]に登場する架空の人物（超能力者）であるが、チカは原作ではなく映画化された『リング』（一九九八年公開、監督 中田秀夫）によってこの物語に触れているため、映画の設定をもとに「貞子」について以下紹介する。

映画『リング』は、それを観たものは一週間後に死ぬという呪いのビデオをめぐって展開する。テレビ局員の浅川は、高校生の姪とその友人たち四人が同日同時刻に不審な死を遂げるという謎の事件を追いながら、女子高生たちの間でも話題になっていた「呪いのビデオ」を発見する。浅川が半信半疑のままにそのビデオを再生すると、そこには鏡に映る女、火山の噴火の記事、遠景から撮影された井戸といった奇妙な映像が流れる。その短いビデオが終わった直後、浅川は自分が呪いにかかってしまったことを知る。呪いが実現するまでの一週間のうちに呪いを解こうと、そのビデオの映像を手掛かりに調査を始めた浅川とその別れた夫・高山は、やがて非業の死を遂げたある超能力者とその娘へとたどりつく。母親よりもさらに強力な超能力をもつその娘が貞子であり、貞子は父親によって井戸に突き落とされ、生き埋めにされたのだということがわかる。浅川たちはその井戸を見つけ出し、その井戸の水を汲み出して貞子の亡骸を掘り起こす。浅川は一週間が経っても死ぬことはなく、呪いは無事に解けたかに見えたが、ダビングされたそのビデオを見ていた高山は一週間の後にやはり呪い殺されてしまう。

高山が呪い殺される場面はこの映画の中でも恐怖が最高潮を迎える場面であるが、それは、高山が見ていたテレビ映像に映し出された井戸から長い黒髪で顔をすっぽりと隠された貞子がのっそりと這い上がり、ふらりふらりと歩いてテレビ画面の前景へと近づき、そのままテレビ画面を越えてずるずると高山のいる現実世界へと這い出して来て、恐怖に逃げまどう高山を黒髪の隙間から覗く不気味な目で睨みつけるというものである。テレビの画面という境界を越え、こちらが驚愕するうちに止めようもなく接近する貞子の動きは、さらにこちら側でその映像を観ている者にも逃げ場のない恐怖を喚起する。

映画は、高山の死からビデオをダビングして他の人に見せれば呪いを回避できると気づいた浅川が、同じくビデオを見てしまった息子を守るため、さらなる犠牲者のもとへと車を走らせる、という場面で終わる。

(二) 夢の解釈

(1) 井戸の外に立つ「貞子」

映画『リング』で描き出される貞子の特徴を踏まえてチカの語った短い夢に視線を向けると、チカの夢に現れる貞子には一切動きがないということが特徴的であると気づく。三人の貞子がじっと静止してチカを見つめているという動きのなさにはチカの心理状態が反映されていると考えられるが、この点については次の夢の解釈の際に触れるとして、まずは夢に現れるそれぞれのイメージについて検討を加えてみよう。

チカの夢の中では貞子の背後に井戸の存在が認められる。フリースらによる『イメージ・シンボル事典』において、「井戸」は象徴的に「泉」と等しく捉えられ、それは「死と再生」や「真理」、「女性性」、「無意識」に親和性をもつ場であるとされる。(4)「女性性」というイメージとも関連して、井戸を大地の奥深いところで人々を生かすための水を貯える容器と捉えれば、それは「胎内」というイメージにつなげて考えることもできるだろう。しかしながらこの夢には井戸が貞子のイメージと共に現れており、それは、貞子が人間としての生命を奪われ、怨霊としての再生を果たした場所である。このことを考慮に入れれば、この夢において井戸が再生の意味を携えているとしても、それは希望に満ちた再生というよりも、死ぬに死ねずさまよう怨念というニュアンスで受け取られることが妥当であると思われる。それは安定した大地を垂直に切り裂いてまっすぐに下降するその暗さ、底の見えなさ、異界への通路といった特徴において捉えられるだろう。三人の貞子に立ち塞がれた向こう側に現れた井戸として、覗き込まれることも辿り着かれることもない形で、この夢には不可知の深い闇が暗示されていると言える。

映画では貞子がビデオ映像の中で井戸から這い上がり、そのままテレビを抜け出してこちら側に迫ってくる場面が恐怖のクライマックスとして描かれる。しかしこの夢では貞子が既に井戸の外に立っている。このことはどのように理解することができるだろうか。

井戸から出た貞子は、それ以前の井戸の底に沈みこんでいたときとは存在の次元を異にする。井戸の底に沈んでいるとき、日常の世界に生きる者にとって貞子は存在しないも同然である。貞子は暗闇に溶け込み、その一部となっている。井戸の外側へと現れたとき、貞子は幽霊あるいは怨念として井戸の闇から分離され、その固有の輪郭を明らかにする。そのとき貞子はもはや死者ではなく、当然ながら生きる人間でもなく、その中間の存在、いわば「非存在の存在」という逆説によってしか表現されない、非実体的な何ものかになる。テレビという仮想の空間と生身の人間の生きる現実の空間、井戸の底という不可視の世界と地上という可視的な世界、殺害された当時と現在

──そうした様々な対立物をつなぐ「第三のもの」として、貞子は井戸の底から日常の世界へと這い出す。「第三のもの」としてのそのような性質がもっとも顕著になるのが、貞子が井戸という異界から地上の世界へと這い上がるそのときであり、あるいはテレビの画面の向こうからこちらへと迫ってくる、まさにそのときである。二つの世界の間の境界を越える動きによって、向こう側とこちら側をくっきりと分離しながら同時に結びつけるものが、貞子である。その動きこそが「非存在の存在」である貞子に許された唯一の存在の仕方であり、つまり貞子は「境界」の生成と破壊という動きそれ自体であるとさえ言って良い。

このように、境界を越え、消滅させるという機能によって貞子の本質を捉えるならば、ここで貞子と暗闇との間に共通性を認めるとしても、それは決して無理な飛躍ではないだろう。向こう側に基盤を置きながらもこちら側へとやって来て、「あちら」と「こちら」の境界を飲み込み、日常性や「私」という認識の自明性を奪い去るという意味で、貞子は本質的に暗闇と等しく捉えられる。

しかしチカの夢の貞子はただ井戸の外に立ち、こちらに視線を送るだけである。そこにはその本質であるはずの境界の破壊と生成という動きが欠けている。暗闇を暗示する井戸というイメージから外に出、死者でも生者でもない「非存在の存在」として姿を与えられながらも、同時にその本質であるはずの境界を越える動きを封じられた、チカの貞子。暗闇という観点から捉えるならば、この夢の中で暗闇は井戸の奥底やじっとたたずむ貞子という具体的な形に押し込められ、境界を飲み込むものとして自由に動くことができないでいると言うことができる。あるいはチカの立場に立ってみるならば、チカは確かに貞子に見られているとは感じてはいるものの、チカが描いた夢の情景が示している通り、貞子の目はその長い前髪に覆われているから、チカが直接にその視線を受け止めたわけではない。異次元に通じうる井戸によってその奥底の暗闇の存在が暗示されながらも、その前には貞子が立ちはだかり、井戸の底をのぞき込むこともできそうにない。すべてのイメージがその本来の性質のままにあることを封じ込められ、不自然な静止状態にあるという印象をぬぐうことの難しい夢である。

（2）貞子の「三」と井戸の「円」

この夢に現れた貞子の奇妙さは、その動きのなさに加えて「三人」という複数の表現を取っているところにもある。映画『リング』において貞子が登場する場面は非常に限られており、高山が呪い殺される既述した場面を除いてはほとんどないと言っても過言ではない。呪いが拡大してゆく背後に控える不可知な何者かとして、貞子は不在のままに描き出される。そしてその姿の見えなさこそが浅川や高山を、そして映画を観ている者を脅かす。それに比して、チカの夢では三人もの貞子がくっきりとその姿をあらわにしている。

貞子が二つの世界を繋ぐ「第三のもの」としてあるということを先に述べたが、ここでも貞子の人数として「三」という数字が現れている。ここで少し「三」という数字の象徴性について考えておきたい。キリスト教の有名な教義である「三位一体」では、父と子と精霊という位相の異なるものが三という数字において統合され、一なる神とみなされる。これは、一つの世界が「天上、地上、地下」という三つの層によって捉えられることにも通じる。興味深いことに、シェバリエらは井戸の象徴について、「天と地と地下という三つの天体的序列、あるいは水、土、空気という三つの要素のある種の縮図を実現している」[5]と述べており、先に検討した井戸のイメージと三という数字の共通性が指摘されている。また冥界の番犬ケルヴェロスが三つの頭をもつことから、三という数字は「地獄に関わる」数字としても捉えられる。[6]あるいは弁証法的には、正と反という対立する二項を統合する新たな要素として、三という数字は姿を現す。また、ユングは「三」という数字を「自然な全体性の表現ではない」（GW12, §31）[7]として、代わって「四」に統合の表現を認める。「父なる神」、「神の独り子」、そして「聖霊」という、すべてが男性的なもので構成される三位一体的なキリスト教の価値観に、一九五〇年、マリアの被昇天の教義が公認されたことによって、女性性という全く異なる「一」が含まれることで「四」になったとユングは理解し、非常に高く評価した[8]。

さて、こうした数字の象徴性を踏まえてチカの夢に視線を戻せば、「三」を構成するものがすべて貞子という単一のものであること、また、三人の貞子の背後に控える円形の井戸において宇宙的な全体性の象徴を認めることが不可能ではないという事実に注意が向く。ここに先に見たような「三」の象徴性やユングが重視したような「三＋一」すなわち「四位一体」という構造を認めることが可能だろうか。

この夢に現れる数字に対するそうした象徴的な解釈は、次の二つの理由によって否定できると思われる。まず、既述の通り、この夢に現れる「三」はすべて同じ「貞子」によって、しかも全員が横一列に並び、同じ方向を見つめるという形で構成されており、異なる要素や機能をもつものによって構成される、緊張感をその内部にはらむ「三」とは根本的に区別して考えられるべきだと思われるためである。同じものによって構成される「三」は、差異を含まない一の並列としてあると捉える方がふさわしいであろう。次に、ここで貞子は既に井戸から外に出ており、「三人の貞子」と「井戸」がすっかり切り離されたものとしてあることも、この夢に現れる「三」や「四」という数字に過剰な象徴的意味を認めることを良しとできない理由である。井戸と、そこを出てじっとたたずむ三人の貞子には、ユングが重視したような「三」と「一」を繋ぐプラス記号によって示される関係性が欠如している。このことは逆に、「三」という数字を構成するそれぞれの要素や「貞子と井戸」というイメージの間の有機的な連関が失われ、そこに象徴的な豊かさを認められないという点が、チカの夢には特徴的であると言える。

（3）この夢は何を示しているのか

「井戸の外に立つ貞子」および「三」や「円」という象徴性の観点からチカの夢を検討したが、いずれからも共通して、異なる要素をつなぐ動きの欠如と、本来動きとしてしか存在しないはずのものの実体化という特徴が浮き彫りになる。この夢においては一方では井戸から出て、こちら側にも向こう側にも所属しない「第三のもの」としての貞子のイメージが与えられている。あるいは「三」や「全体性」のイメージが与えられてはいる。しかしそこには動きや関係性が存在せず、そのため、こちら側と向こう側は結びつけられることなく切り離されたままに留まる。「動き」という本質的な要素を欠いた、ただ具体的で絵画的な、静止したイメージだけが夢に現れているのである。「三」が三人の貞子という同じものによって構成されていたことを考えても、何かと何かを区別し、分離し、さらにその区別をつなぐことの難しさがこの夢からは読み取られるであろう。

このような夢の理解を、私たちの主題である暗闇に視点を置いて述べておきたい。この夢においては暗闇という無限のもの、すべて〈ある〉もの、あるいは真に不可知な暗闇の存在がおぼろげには見て取られる。しかしその暗闇へのアクセスを可能にする井戸の手前に、じっとたたずむ貞子という実体的なイメージが与えられることによって、暗闇の、そして貞子自身の「飲み込む」動きが阻害されている。その結果、貞子に見つめられる「私」と貞子の間には一定の距離が確保されることになり、夢見手のいるこちら側は、夢の情景として現れた向こう側から境界を越えて侵入されることも、飲み込まれることもないままに保たれることになる。

ギーゲリッヒはユングが主に『ヨブへの答え』（*GW*11, para. 553–758）の中で超越的な次元での「四位一体」の実現を指向していることを批判し、四位一体は「自らの内側で理念的なものとリアルなものの間に一線や境界を引くことでその対立を確立するとともに、それら対立する領域に橋を架けることでこの境界を越える論理的な構造体」[9]として理解されるべきだと述べる。三位一体によって理念化されている神聖なものを逆にリアルな次元へと落とし、意識に内面化することとして四位一体を捉えるのである。このことを念頭においてチカの夢に再度視線を戻せば、そこでは貞子が不自然に静止させられているため、こちら側と向こう側の間に真の境界が引かれることがないと言うことができる。すなわち、そこでは境界を越える動きやそれぞれのイメージの間をつなぐ橋渡しの機能を担うべき貞子が凍結された状態に置かれており、「貞子」や「暗闇」という異質なものはチカ自身の意識に内面化されることなく、永遠に向こう側であり続ける。そしてそのように「向こう側」が固定されている限り、貞子からじっと見つめられ続けるチカがまさに示しているように、「こちら側」も固定された状態であり続ける。境界の生成と破壊というダイナミズムが失われ、動きの止まったそこは、あたかも既に暗闇に飲み込まれた後の世界かのようにも見える。しかしそうではない。そこは井戸が示すような真の不可知な暗闇から隔てられ、貞子と「私」との間で「見られる」という視線のやり取りが成立する世界である。暗闇の「飲み込む」という動きがすぐそこで不自然に静止させられた世界が、そこには広がっている。

四．検討②　描き出される貞子と暗闇

（一）「貞子」の現れるところ

（1）「貞子」の描けなさ

チカの夢が動きを欠き、対立すべきものの対立が成立しない世界を示していたことに対し、夢の報告に引き続いて行なわれた描画行為においては、ある対立が明確になる。

チカは夢の情景を描こうとするが、チカの意図に反してそこに描きだされたものは恐怖を喚起するようなものには程遠く、迫力に欠けた、アニメのキャラクターのような貞子であった。夢の中でその本質であるはずの「動き」を奪われていた貞子は、描き出されるに至ってますます本来の、人に恐怖を喚起してやまない貞子ではない何ものかになる。先に述べたように、向こう側とこちら側という区別の破壊と生成という動きをその本質とし、「非存在としての存在」という逆接によってしか表現できないような非実体的な存在の仕方が貞子を特別なものにしていることを思えば、静止画として描かれた貞子がその迫力を伴わないとしても不思議はない。チカを恐怖させた夢の中の貞子とチカが描いたコミカルな貞子との間に示された激しいギャップは、非実体だからこそ恐ろしいはずの貞子に実体を与えようとした、その当然の帰結だとも言えるだろう。貞子を実体として描き、その恐怖を伝えようとするチカの行為は、そもそも私たちに恐怖を喚起する貞子のあり方とは正反対の方向を志向する行為なのである。

しかしながら、その絵を眺めて物足りなさげに「キャラクターのようになった」とチカが言ったことは興味深い。みずからが描出したキャラクターのような貞子ではないものとして、チカは貞子を再認識する。描画を通じて貞子の迫力を再現することが不首尾に終わることによって、「描けなさ」や「納得のいかなさ」として貞子は再び姿を現す。そして夢の記憶の中には鮮明に残っていたであろう不気味な貞子と、紙の上に現れた戯画化された貞子という二つの貞子がチカ自身の内側で対立する。チカ自身による描画行為それ自体が橋渡しとなって、非実体的な貞子と、固定され、実体化された貞子の対立が明確にされていると言うこともできるだろう。私をあんなにも脅かしたものが、なぜ、こんなにも毒気のない形で現れるのか。夢の中で体験したあの恐怖は、どこへ行ってしまったのか。その描けなさのためにこそ、チカはますます貞子に接近しようと試みる。翌週、チカは再び貞子を描き、そして今回は筆者がそこに描出された貞子に不気味さを感じ、思わず声をあげる。

（2）「貞子」になること

実は、チカに会っていたこの当時、筆者は映画でも小説でも『リング』を知らず、貞子という名前には何となく聞き覚えがあってもその映像を目にしたことは一度もなく、長い黒髪で顔を覆われているという表現が貞子に特有のものなのか、チカの夢に現れた独特のイメージなのかさえ判然としない状態であった。そのためチカの「貞子の夢」もそれだけでは筆者にはイメージが浮かばず、さらには、その後に描かれたチカの絵からはチカが一体何にそこまで恐怖しているのかがますます理解できないという状態であった。既に指摘したような三人の貞子やそれが静止状態にあることの不自然さはこの時点で筆者にはまったく意識されていない。

このことを述べるのは、チカがいくら「貞子の夢」の恐怖を語っても筆者とチカとの間には歴然とした温度差があり、このような筆者への伝わらなさが翌週になってもなおチカに貞子を描かせ、その迫力が増したことと無関係ではないと思われるためである。チカが描きたかったものは「恐怖」であり、それをチカの話を聴く筆者にも体験させることが、チカにとっては重要だったのであろう。二度目の描画行為の際、チカは脅かされる側から恐怖させる側へと立ち位置を変え、ただその情景を描写するだけではなく、「貞子」に集中し、そこにエネルギーを送り込む。鉛筆をマジックに持ち替え、ノートの紙切れを画用紙に変え、貞子の顔を覆う黒髪は不気味な、べったりとした質感と重量感を醸し出す。貞子はチカの渾身の描画行為として姿を現し、一週間前に夢を聞いたときにはいまいちピンと来なかった貞子の不気味さが筆者にも迫ってきて、今度は筆者が貞子の不気味さを体験する。『リング』という作品を知らない筆者はチカの絵から映画に登場する貞子を思い出したわけではない。筆者はそこに描きだされた貞子そのものに、そしてチカの迫力に、差し迫った生々しさや恐怖を感じたのだと言える。このとき、貞子はチカ自身の「描く」という行為それ自体において生命を与えられ、境界を超えて筆者に到達する。

（3）「貞子」の反転

夢の中で静止させられていた貞子は、チカを脅かした不気味な貞子とチカが描いたキャラクターのような貞子、貞子に恐怖するチカとそもそも貞子を知らない筆者という対立構造を得て、かすかにその動きを回復してゆく。そして貞子の不気味さは、映画『リング』に対してもチカの夢に対してもまったくの第三者であるはずの筆者の心に触れるまでになる。チカの描いた貞子を見て筆者が思わず「怖い」という言葉を発したまさにその時、不気味な貞子の反転は生じる。「それならこうすればいい」とチカが一本の線を描き加え、貞子を普通の黒髪の女性の後ろ姿へと劇的に変化させるのである。不気味な幽霊をたった一本の線によってすっかり別のものへと転じさせたことはとても爽快で、見事としか言いようがなかった。その、あまりにシンプルでありながら劇的な意味の転換はチカと筆者を楽しませ、そのまま二人はそこに貞子とは正反対の存在——笑顔の天使を創り出す。ここで起こったことは、貞子という「闇」の中に既に天使という「光」の要素があり、逆に「光」の中にも「闇」が含まれているということを示している。両者は対極に位置するものでありながら、同時に互いに互いを含んでいる。しかもそれらは、たった一本の描線によって反転させられるほどに近い。

先に取り上げた「四位一体」の議論の中でユングが強調することは、「善」という実体の影として「悪」を捉えるキリスト教的思想における「悪」の矮小化であり、「悪」は「善の欠如態 privatio boni」ではないということである。

> 「悪」が存在しないなら、どうして「善」について語ることができるだろうか。あるいは「暗闇」が存在しないのならどうやって「明るさ」を、「下」が存在しないのならどうやって「上」を語ることができるだろうか。善に実体を認めるのならば、悪に対してもそれを認めなくてはならないという事実は避けようがない。悪に実体がなければ善は影のようなものにとどまるであろう。（GW11, §247）(10)

チカが描いた貞子は筆者にその恐怖を喚起した途端、言い換えれば、貞子が真に貞子になり、その不気味さがチカから筆者へと境界を越えて届いた途端、その姿を天使へと反転させる。それは呪いをかけるものから呪いを解くものへの、一つの極からもう一方の極への劇的な変化である。貞子なしに天使は生じえなかったし、怖がる筆者にチカが「そんならこうすればいい」とまるでその反転をあらかじめ知っていたかのように線を加え、天使を創り出したことを思えば、天使なしに貞子が描かれたわけでもなかったということが推察される。

このように考えてくるならば、事例の概要として述べたように普段から口を開けば人の悪口しか言わないようなチカであったが、それはすなわちチカの「善との近さ」をも示していると考えることができるだろう。チカは絶えず悪を演出し続けることによって、そこにひそやかに善を布置していたのではないか。貞子の絵を繰り返し描出したように、抽象的な恐怖や悪を徹底的に表現し、実体化することによって、その極限として対立物の現れる可能性を開くという営みを、チカは繰り返していたのではないか。

しかし二度目の貞子の絵において実現したような、恐怖が極限まで高まったところで生じるそれ自体の――チカの場合は「悪」の――反転を待つことは、日常生活の中では決して容易ではないのだろう。チカが創り出す悪の外側で、チカとは切り離されて善が実現する場合も少なくない。事実、たとえばチカの止まることない悪口は「そんなことを言うものじゃない」と言わざるをえないほどにそれを聞いている大人を辟易とさせていたし、相談室で過ごす他の生徒たちはチカの攻撃の被害者であり、守られるべき存在であった。チカの悪がそのまま善へと姿を変えるのを待つことは難しく、善はチカとは切り離された他者において実現し、結果、チカは「善の欠如」としての悪に留まらざるをえない。このように考えると、先に検討した貞子の夢における動きのなさは、みずから創り出した悪に囚われ、身動きのとれなくなっているチカ自身を示すものとして理解することもできるかもしれない。チカの世界は動きを欠き、井戸へと下降することによって深い暗闇へと参入することも、貞子の接近によって闇の世界と光の世界の境界を破壊生成することもない状態にあるのだと考えられる。

（二）「暗闇」を描くこと

「悪」という一方の極を徹底することの難しさは、チカの描いた暗闇の検討からより明らかになる。

暗闇を描くと言いながら、チカはまず黄色のペンを手に取り、そこに少女の後ろ姿を描く。言うまでもなく、黄色は太陽の光を象徴する色であり[11]、暗闇とは対照をなす色である。そしてまず少女の形を取るという点でも、チカは暗闇という無形のものを描く行為とは対照的な行為をしていることになる。チカが描き出したものは暗闇ではなく、光と闇のコントラストであり、少女とその周囲を覆う暗闇である。本来描きようのない「恐怖」を貞子という具体的なキャラクターによって描こうとしたのと同じく、非実体的な暗闇を描く際にもチカが「暗闇を歩く少女」という実体を描こうとしたという事実は注目に値する。そして貞子をキャラクターのようにしか描けなかったことが文字通りに失敗と捉えられるわけではなく、描けなさによってこそ貞子の本質がそこに現れると先に検討したのと同じく、暗闇を描こうというその思考のそもそもの始まりから、暗闇はそのような「描けなさ」でしか姿を現すことを許されないものであるのだろう。暗闇は本来「見る」ことも「描きだす」こともできない非実体的なものとしてある。暗闇とそこを歩く少女という形で、実体と非実体の対立関係において暗闇を描こうとする限り、暗闇は「実体化された光」の背後にある状況としてしか描き出されることがない。一心不乱に黒色のマジックで白い画用紙を塗りつぶすそのチカの行為は、逆説的に、暗闇からますます遠ざかって行く行為でもある。チカがいくら闇を黒く塗り潰そうとも、その内側を歩く光を身にまとった少女の存在を消去することはできない。むしろその絵を見ている者のイメージの中では、闇に飲まれようとする少女がますます鮮明に姿を現すと言っても過言ではない。

暗闇が境界を消滅させ、「私」を解体する力があるということが第二章では考えられたが、この暗闇の絵がこちらに訴えかけてくるものは、暗闇を歩く「私」の確かな存在感である。しかしながら、同じく第二章の調査から考えられた、「私」への意識の集中が「私」を飲み込む圧倒的な暗闇を予感しての、「私」が拡散する直前の緊張としての集中である可能性を、ここで思い起こす必要がある。二つの対立するものが互いに互いを排除しあいながらも、同時に非常に近い何ものかでもあるということは、チカ自身が貞子の反転によって示したことである。「私」への意識の集中と「私」の拡散は、決して相反するものではない。今、チカが描いた金色に光輝く少女の後ろ姿は、チカにおいて「私」への意識の集中が相当に高まっている状態であるということを示唆すると同時に、チカにおいて保たれている闇と光の強い緊張状態を示すものでもあるのだろう。

五．暗闇における「私」という意識

（一）「見る」主体としての「私」への固執

みずから「暗闇を描こう」と思う程に、チカのすぐ近くに暗闇が存在してはいる。チカの暗闇の絵を見れば、チカがまさに今、暗闇の中にいるような状態であることは容易に推察される。しかしそれを、「私」が根こそぎ失われてしまうような暗闇の体験であると考えることは難しい。暗闇を描く「私」として、あるいは、暗闇を歩く輝く少女として、チカの存在を確かに感じることができるからである。

　チカが夢で貞子に「見られている」と感じ、描画行為においては貞子を「見る」側に回り、さらには暗闇を描こうとし、そこに光り輝く少女の歩く後ろ姿を「見る」ように、チカの行為においては「見る」ということが重要性をもっているようである。先にも指摘したが、「貞子の夢」を語る際にチカが口にした「貞子が私を見つめていた」という表現は、本来ならば意味が通らない。チカが描いた貞子も映画に登場する貞子と同様、長い黒髪によって顔がすっぽりと覆われており、その髪の奥にある貞子の眼差しをチカは見ていない。貞子の視線がどこに向いていたのか、本来であればチカには知りようがない。そのため、正確には「私は貞子に見つめられているように感じた」となるはずである。貞子に「見つめられた」というチカの表現は、チカが「見られる」体験をどこかしら必要としているのではないかということを思わせる。暗闇のすぐ近くにいるチカが示した、このような「見る」こと、そして「見られる」ことの意味の高まりはいかに理解されるだろうか。暗闇は、真っ先に私たちの視覚を奪うもののはずである。

　暗闇における「見る」ことへの執着は、私たちが「私」であるために「見る―見られる」という関係が果たす役割の重要性を示唆していると考えられる。「他者ならざるもの」として定位される「私」にとって「他者」は必要不可欠であり、そこにおいて、「私」と「他者」との間に「見る―見られる」という関係が均衡を保って体験されていることが重要な役割を果たすということに疑問の余地はない。しかしここで、貞子にせよ暗闇にせよ、チカの「見る」行為がいずれも本来ならば「見えない」はずのものを対象としているということは留意されなくてはならない。既に述べたように、顔を長い髪で覆われた貞子の視線を私たちは捕らえることができないし、仮に私たちがそこにただある暗闇を「見る」とき、その視線は暗闇に紛れ込んで返って来ることはない。暗闇に何かを見ようと目を凝らすとき、そこでは「見られる」体験が不足することによって、見られるべき「私」が暗闇に飲み込まれてしまうかのように感じられることになり、「見る―見られる」という関係性の均衡が崩されることになる。チカは暗闇を前にしながらも「私」であり続けるために、いくらそれが不自然であったとしても、貞子によって見つめられると感じる必要があったのではないか。そうしなければ暗闇に飲み込まれてしまう予感が、チカにはあったのではないか。逆に述べれば、井戸の前に立ち、じっとチカを見つめる三人の貞子は、その行為によってチカが井戸に落ち込むことなく「こちら側」にとどまることを助けているとも言える。

（二）暗闇との隔たり

「見る―見られる」関係について述べたが、それが決して現実的な他者との間で交わされる視線のやり取りを指しているのではなく、「貞子」や「暗闇」といったチカ自身の内的なイメージとの間で交わされるものであるということは重要である。つまりそれは、すべてチカの内的な世界において生じる、チカ自身の内的な「私」と「他者」との関係という自己関係のあり方を示しているのである。そしてチカの夢や描画を通して見て取られた「見る―見られる」関係の均衡の崩れは、チカの内面的な「私」と「他者」の均衡の崩れ、さらには「私」と「他者」との間の境界の揺らぎを示していると考えられる。

その揺らぎを前にチカはどうするか。

そこでチカが取った手段が、暗闇を歩く少女をさらにその背後から見つめる描き手の位置に立つことだったのであろう。暗闇の中を歩く少女をさらにその背後から見つめることで、チカは暗闇を有限の画用紙の中に閉じ込め、それを俯瞰する「私」であり続ける。暗闇の中にいるかのような自分自身を「見る」ことができている限り、つまりチカの心が何か具体的なものを見ている限り、チカはみずからが真に暗闇へと飲み込まれる状態を避けることができる。「暗闇を歩く少女の後ろ姿を描く」というチカの行為が示していることは、チカが一方では暗闇の内へと歩みを進めながら、他方では暗闇の外へとみずからをしっかりと位置づけているということだと考えられる。

井戸の前でチカを見つめる貞子の存在や、闇を描こうとするチカの態度は、暗闇に飲み込まれることから確かにチカを保護するだろう。それはチカの自我の強さを示すものではある。しかし暗闇を否定的な意味づけから解放し、自我の観点ではなく暗闇それ自体の観点からこの事例を捉えようとするならば、そして貞子から天使への反転が、貞子を怖がり遠ざけることではなく、まさに貞子に没頭することによってこそ可能になったという考察を得た今となっては、暗闇を歩きながら、その一方で暗闇の外部に自分自身を担保していては、暗闇から光への反転がチカ自身において実現することは極めて困難であると言わざるをえない。意味が劇的に反転するほどの緊張が、そこでは生じえないと考えられるのである。「貞子の夢」からチカが暗闇を描くに至る二回のセッションは、夢の中で不自然に動きを止められた暗闇が、わずかながらその境界を超える動きを回復し、対立するもののコントラストをより明確にする過程として読み解くことができた。暗闇は既にチカのすぐ近くまで忍び寄ってきている。それならば、ここで必要とされていることは暗闇を遠ざけ「私」を維持することではなく、逆に暗闇を暗闇として井戸の底から解放し、「私」などあっという間に飲み込まれ、世界がしっかりと暗闇になることだという考え方もありうるのではないか。その先にこそ、暗闇から光への反転、闇に飲み込まれることのない光の生成があるではないだろうか。心理療法がそれまでの私の死と新たな私としての再生のプロセスとして語られる(12)ことを鑑みれば、少なくともセラピストがそのような観点をもっておくことは必要であると思われる。

六．暗闇への参入を阻むもの

チカの事例検討を通じて私たちが行き当たったものは、描く「私」、暗闇に目を凝らす「私」という認識であり、暗闇からの隔たりであった。先の第二章において抽出された暗闇での体験からも示唆されていたことだが、暗闇の内側へと参入することを試みようとするとき、この「私」が大きな障壁として立ちはだかっているようである。チカが暗闇を描こうとし、そこに暗闇を歩く少女の姿をまず描いたように、そして暗闇を歩く少女の姿を見る位置に固執するように、私が見る、あるいは私が体験する暗闇においては常に「暗闇ではないもの」や暗闇の外側が措定され、それとの相対性において暗闇は捉えられることになる。それでは私たちは暗闇を外側から眺めることしかできない。このことはつまり、暗闇の内側へと探究を進めるのならば、私たちは「私」を主語として暗闇を問うことを止めなくてはならない、ということを意味しているのであろう。

ここで反省されるべきは、第二章においては調査のデザインそれ自体が私たちの暗闇体験を抽出することを意図したものであったこと、第三章においてはチカの事例の検討が、あくまでも暗闇を描いたチカの心理状態の分析に主眼を置いて進められたという点である。ここには暗闇の内側へと参入し、その探究を進めようとする筆者の意識それ自体が、その視線の先に、暗闇とは分離されうる主体を自明のこととして見ていると反省する必要がある。そのように「私」を主語として暗闇に接近しようとしている限り、「私」を喪失せしめるほどの暗闇そのものを問い、描き出すことはできないということが、第二章から第三章にかけて明らかにされたと言えるだろう。暗闇があらゆるものの境界を消滅させるものであるということを思えば、他から区切られた輪郭をもつものとしての「私」という認識をも喪失した先に、それでもなお存在するものとして暗闇は存在するはずである。「私」という認識は常に境界を必要とするものであって、それは暗闇と共存できるものではない。

しかしながら、「私」を主語としない語りとは、いったいどのようなものなのだろうか。「私」という認識の喪失とは、いったいどのような事態を指すのだろうか。次章では字義通りの暗闇体験ということからいったん離れ、「私」という認識とその喪失について検討を加えてみたい。

第四章　暗闇の暴力と「『私』の喪失」

「『私』の喪失」とは、暗闇を主語にして述べるならば「『私』の略奪」とするべきものであり、それは暗闇が私たちから「私」を奪い、その主語の位置に取って代わる試みであると理解される。本章では、まずは暗闇のもつ暴力性に焦点を当てながら暗闇による「『私』の略奪」（あるいは「『私』の喪失」）という現象をめぐって理論的に検討し、その後、筆者が二〇〇六年に報告した調査を素材とし、それを批判的に検討することによって「『私』の喪失」という出来事と暗闇への参入の可能性について考察する。これらを通じて、私たちがいかに「私」を失い、暗闇の世界へと参入するか、あるいは先の章で考えられたことを考慮に入れるならば、「私」を失い、暗闇を主語として語るということがいかに難しいかを検証する。

一・「私」という認識

本章では暗闇と、そこにおいて失われるものとしての「私」という認識をめぐって議論を進めていくことになる。本書第二章では「私」をあらゆる感覚を統合して一つにまとめる機能であり[1]、木村の自己論をもとに「私」を「私」と「他者」との絶え間ない運動において定位されるものとして捉えたが、ここでより厳密に、本章において「私」という言葉を用いる際に筆者が指し示すものを定義しておきたい。そこで、まずは「私」という言葉と類するものとしてしばしば混同されやすい「自我」あるいは「自己」という言葉について、ユングによる定義を概観しながら筆者の立場を明確にしていくこととする。

ユングはその前期に当たる一九二八年の著作『自我と無意識の関係』[2]の中で、無意識を意識との補償関係にあるものとして捉え、意識の中心点に自我を、そして自我よりも常に上位にあり続け、決して到達することのできない「意識と無意識の中心にある一点」(GW7, §365) に自己 (Self) を位置づける。ユングは同書の中で次のように述べる。

> 「自己」としてのわれわれ、というものを明確にしようとすることは、われわれの想像力を超える。なぜならそのためには、部分が全体を理解できなくてはならないからである。「自己」に接近した意識に至るということさえ、われわれには望みようもない。(中略) 自己は常にわれわれの手の届かない大きさであり続けるのだ。(GW7, §274)

ここに見られるように、ユングの前期の理論において自我は部分、自己は全体に関わる概念として、その両者の間には明確な区別が設けられている。先に挙げた「意識と無意識の中心にある一点」という表現をとってみても、ユングが意識や自我、自己、無意識といった概念を実体的に、図式的に捉えていることがわかる。そしてユングが重視したことは、個人的な感じやすさに満ちた小さな自我的世界から、より広大な、客体的な世界に関与する意識を獲得することであった。ユングが、私たちが人生を通じて自己に接近してゆくこと、すなわち「自己実現(individuation process)」の必要性を説いたことは、ユングが無意識や自己を意識や自我の側から捉えていたということを示している。

しかしこのようなユングの考えは次第に変化してゆく。その晩年にあたる一九五五〜五六年の著作『結合の神秘』(3)から、先の引用に好対照をなすと思われる一節を次に引用する。

> 知られているように、私は意識的そして無意識的こころの全体性として自己を定義し、それに対して自我を意識の中心的参照点として定義した。それは自己の基本的な一部分であり、意識の重要性という観点に立てば、それによって全体を補うことができる。逆に心的全体性を強調したい場合には、「自己」という表現が用いられるであろう。つまりそれらは相反する定義ということではまったくなく、ただ観点の違いなのである。(GW14-I, §129)

それに少し先行する箇所でユングは次のようにも述べる。

> 自我は、名目上、そして仮説の上ではもっともなじみ深いものであるが、実際にはもっとも複雑な、自らのうちに底知れない闇を抱え込んだ状態なのである。無意識の、比較的持続的な人格化として定義することさえ可能である。(ibid., §125)

ここで部分（自我）は全体（自己）を語りうるものとして捉えられるようになっており、両者の区別が決して単純なものではなくなっていることが見て取られる。自我の上位に位置づけられ、その到達目標であったはずの自己は、もっとも美しく意味深いものであると同時に、「もっとも下層のもの、怪しげなもの、無意味なもの」（ibid., §141）としても現れうると論じられる。私たちが日常的に用いる「木を見て森を見ず」という表現があるが、前期のユングの自我と自己にまつわる思想はそうした日常的な感覚でも十分に理解可能な、合理的なものであった。しかし、後期の思想に見られるこのような部分（自我）と全体（自己）の捉え方においては、「木を見て森を見る」といった非合理性が容認されることになる。これは一見したところ部分と全体という言葉が本来指し示すものに対する矛盾であるが、それがまさに錬金術的思想に共鳴したユングが到達した自我と自己であり、こころの全体性であったのだとみなすことができるだろう。同著の中でユングは自己について次のように語る。

> 最初にあるものは最後にあるものと同じである。それは常にそこにあり、しかし終わりのときにだけ姿を現す。これが自己の真実であり、可視化されることはできないながらも、直観的な概念として欠くことのできない、名状しがたい人間の全体性である。(ibid., §175)

その前期の思想では自己実現というプロセスの最終地点、すなわち前方に投げ出されていた自己が、最初から最後まで、常にそこにあり続けるものとして捉えられるようになる。それは、ユングが折に触れ言及する錬金術のイメージ、自らの尾を咥える龍（ウロボロス）としての自己である。ユングの思想は、生涯をかけた人間の心理的発達という直線的なイメージから円環的イメージへと変化していったのだと言える。「最初にあり、同時に最後にあるもの」という矛盾を内在する自己について、ユングは別の箇所で端的に「逆説的な自己」（ibid., §4）とも表現している。ユングの後期の思想において、自己は『自我と無意識の関係』の中で与えた「意識と無意識の中心にある一点」という位置づけよりも、そのような背理的な構造を内在する概念であるということが強調される。そしてまさにその背理性のために、それは今や実体的にイメージされる何かではなく、論理としてしか把握されることのない非実体的なものであるということが明らかにされる。このような自己のあり方が全体性である限り、部分と全体に対するユングの言説が矛盾を含むものになるのも当然であると言えるだろう。その晩年の思想では自我もまた、全体の一部を構成するに過ぎないものという前期思想的な位置づけから解放され、「自我—つまり経験的人間」(4)あるいは「人間—つまり自我」(5)と表現されるように、人間全体を示すものへと至る。

しかしながら、これは単純に自我が自己と同等の地位を与えられたということを意味しない。ギーゲリッヒはユングの晩年の思想のように「自我」と「人間」という表現が同義的に用いられることについて、それならば自我は「個人主義的な自己同一性という強い感覚や、合理的で字義的で技術的な仕方での人生への接近、さらには補償や感傷的な感情主義といったものによって特徴づけられる近代的な、広く(暗に)普及している人間の自己定義あるいは論理的構造」(6)だということになると指摘する。そしてそれとは対照的に、ギーゲリッヒは「私」という言葉を「『私自身』を単純に指し示すような、なんらさらなる特別な限定や定義を加えられることのない、まさに存在している自覚的な主体性、真に生きている概念」(7)と位置づけて用いる。

「自己」と「私」についてギーゲリッヒが述べることも、ここで取り上げておきたい。ギーゲリッヒは「ユングの自己についての思惟——その根底にあった体験に照らして」(8)と題された講義の中で、ユングの後期思想に則して「自己」という概念を「それ自体表象されることのない主体の最も奥底にある主体性にかかわるもの」、また、「それ(自己—筆者注)はそれ自体として体験であり、対立物の結合のプロセスであり、論理的・弁証法的な関係のプロセスである」と理解し、それが目で見たりイメージしたりすることの可能な「内容」ではないということを明確にする。そして「自己」と「私」について次のように述べる。

…私が私自身と私自身にとっての他者という解消されえない対立であることを意識するようになったときにだけ、そして同時にこの対立するものである他者が私自身でもあるということを意識するようになったときにだけ、対立物の結合は生起し、その結果として私は自己というステータスに進むことになるのである。(9)

これらの言説を踏まえ、筆者の立場を明確にしたい。

まず、ユングの前期の理論に見られるような「無意識」という概念を用いながら、同時に「全体」について語ることに対しては非常に慎重な姿勢が求められると言えるだろう。その言葉の定義から言っても、「無意識」は何らかの既に生起した出来事の背後にのみ、決して直接的ではない形でのみ、その存在を知ることのできるもののはずである。それは具体的な領域によって指し示すことのできるようなものではない。無意識的なものは「無意識」と名付けられた瞬間から、もはや純粋な、決して語りえぬものとしての本来の性質を失ってしまう。「自己」についてのユングの後期の言説がまさにそうであったように、私たちは「無意識」を「そこにあり、同時にそこにないもの」といった矛盾した形でしか知ることはできない。こころの「全体」という言葉を意識的領野と無意識的領野すべてを包括するもの、周囲をぐるりと取り囲む境界線をもつものとして捉えるならば、それは本来非実体的でしかありえないはずの「無意識」のあり方に反することになる。そしてこのような矛盾は何も「無意識」に限られたことではなく、「意識」についても同様であると筆者には思える。「意識」もまた、私たちが思考したり語ったりするそれらの行為のその都度の瞬間に生じているものであって、決して常に実体的にその存在が確認されるようなものではないと考えるべきであろう。あるいは、このように言うこともできる。あらゆる出来事は常に意識と無意識を生む契機であり、そこには意識と無意識のいずれもが含まれる、と。

今、「あらゆる出来事」として述べた現象の位置に、筆者は「私」という言葉を置く。それは何かしらの行為であり、体験であり、先に引用したギーゲリッヒが「自覚的な主体性」と表現するような、その行為の主体として定位される。行為する「私」は意識と無意識を同時に産出する。このことは逆に、「私」は意識と無意識の接点に立ち現れると表現することもできる。筆者は「私」を何らかの恒常的で実体的なものとしてではなく、まさに行為に伴って生成し、意識と無意識をともに含むものとして理解する。ユングにおいて「自我―つまり経験的人間」という形で「自我」が現実性や「人間性」から完全には解放されえなかったことと対比させて述べるならば、「私」はより自由な、そして瞬間的な実感として位置づけられる。それは常にそこにありながらも、行為をするときにしか姿を現すことはない。そして「私」と「自己」に関しては、ただ行為する主体としてのみ「私」があるとき、それは一つの点であるに過ぎず、それが背理的な論理構造を内在する自己であるためには、行為する「私」を反省する「私」という意識が必要になる。言い換えれば、行為する主体を観察する視点としての「他者」が内在され、そこに複層的な自己意識が生じることが、「自己」には必要であると言える。

二．暗闇による「私」の略奪

暗闇が「私」を失わせるものであるということについて考えを進めていこう。

暗闇を主語にして語ろうとするならば、私たちが日常的に馴染んでいる「自我」や「私」を主語にする語りは捨て去られなくてはならない。自我は広く社会や文化といった経験世界を必要とするものであり、また、「私」は行為する主体の表明であり、その固有の輪郭をはっきりと示すことで、他とみずからを区切る認識である。それらはいずれも外部や他者との境界を含む概念であって、すべてのものの境界を飲み込み、差異を均一にするはずの暗闇が真に暗闇であることを妨げる。暗闇は、自我はもちろんのこと「私」をも解体させ、飲み込まなくてはならない。それらが失われてこそ、はじめて暗闇は成立する。

前章までの検討から、私たちが暗闇において自分自身をめぐる思考に捕らえられがちであるという特徴が捉えられている。また暗闇の力が及ぶ対象は自我を軽く凌駕し、「私」という行為する主体としての認識そのものにまで到達することも考えられた。確かに自我が多くの外的な参照物——広くは社会的な常識、文化といったもの——によって構築され、それらすべてを必要とするものであることを思えば、暗闇において「経験的な人間」としての自我が問題にされないとしても、それはまったく不思議ではない。第二章で検討したような調査状況としての二〇分の暗闇が、自我を規定する外的参照物すべてを飲み込みえたとは考えにくいし、真の、無限の暗闇であれば、そうした外的な参照物一切をあっという間に奪い去ってしまうことも想像に難くない。そこで自我は無力である。

それでは「私」はどうか。行為するときにだけ、その行為においてのみ姿を現すものとして「私」を明確に位置づけた今、暗闇によるその略奪はいかに達成されることになると考えられるだろうか。

このように問いを立ててみれば、暗闇において私たちが自分自身をめぐる思考に捕らえられるという事態は、「私」を失わせるために暗闇によって用いられる一つの方略であるとさえ言えそうである。迂遠な表現になるが、そこでは行為することによってはじめて実現するはずの「私」が、「私」について思考するという行為しか遂行することができないという、ある種の自家撞着に陥らされていると理解できるためである。それは暗闇の中で、何も見ることができないにもかかわらず、ただひたすらに見ることを強要されている状況に等しい。行為は対象を見出すことができず、あてどのないただの行為として宙に浮かぶことになる。「私」をその不可能な仕事に捕らえたその果てに、暗闇は体験や実感を基盤とするべき「私」を略奪するということが考えられるのではないだろうか。

先の章までで考えられた、暗闇がすぐれて私自身の認識にかかわるものであるということは、「私」という自覚が自我とは比べようもなく本質的に私たちの生きた体験に密着したものであるという筆者の理解と一致する。まさに今、ここで営まれる行為によって生成する「私」を奪うことは暗闇にとっても容易ではないであろう。しかしだからこそ、みずからが暗闇であることを完遂するためにも、暗闇は主体から行為を奪い、「私」という体験を奪わなくてはならない。暗闇は、暗闇においてもなお個であり続けようとするものに対し、徹底的に、圧倒的な暴力を振るい、「『私』の喪失」という究極的な略奪の行為を完遂すると考えられる。

ここから、次の二点についてさらなる検討を加えたい。まずは（一）「『私』の喪失」という事態のより厳密な把握、次に（二）暗闇のもつ暴力性である。

（一）「私」の喪失

「私」は「何らかの恒常的で実体的なものとしてではなく、まさに行為に伴って生成し、「意識」と「無意識」をともに含むもの」としてあると先に述べた。恒常的ではなく、また実体的でもないものを、文字通りに実際的な行為によって奪うことはできない。それでは「『私』の喪失」、あるいは「『私』の略奪」とは、一体どのような事態を指すことになるだろうか。

ごくシンプルに考えるならば、「私」を奪おうとするのであれば主体的な行為を徹底的に奪い去れば良い。そして暗闇がそれを遂行するのであろうことは、既に第二章の暗闇体験に関する調査から示唆されている。暗闇において私たちのすべての感覚は曖昧になり、思考は漠然とし、「私」という感覚が拡散する。身体を動かすとしてもそこには視覚的なイメージが伴わず、また何らかの働きかける対象をもたない運動は曖昧なままにとどまる。暗闇は私たちから行為を奪い、それに伴う実感としての「私」を略奪する。

しかしここで、暗闇が遂行する「『私』の略奪」についてはより厳密に、その本質を捉えておく必要があると思われる。

「私」が行為であり、その都度の自覚であるということを考えるとき、暗闇がたとえいくら思考を漠然とさせ、主体からあらゆる行為を奪うとは言っても、「私」は思考する意識の集中という形で常に生成することが理論的には可能のはずである。つまり暗闇において、主体はその極限まで「私」を体験することが困難な状況へと追い込まれることが考えられるが、それでも暗闇が「私」の生成に先行して、すべてを無に帰すことはないということになる。暗闇は常に「私」の後手に回ると考えられるのである。

しかし、果たしてそうだろうか。

ここで私たちは、その都度の体験としての「私」あるいは意識の瞬間性という側面ばかりではなく、そのような「私」の連続体としての、つまり時間性や歴史性を内包するものとしての意識の存在を考慮に入れなくてはならないだろう。「私」という認識が常に意識と無意識を同時に生み、それが恒常的に、先験的に存在するものではないとしても、それを自覚する契機はたとえば私たちが呼吸するその度に連綿と紡ぎだされ続けている。いつでも「私」を体験することの可能な状態に、私たちは常に身を置いていると言える。その連続性がより包括的で歴史的な自己意識を構築していると考えても無理はない。はっきりと「私」を自覚するような意識的な行為をしていないときであっても、それがただちに「『私』の喪失」という事態を指し示すわけではないと考えることが妥当であろう。このように考えれば、暗闇が主体に振るう暴力は「私」という瞬間的な体験の略奪であるばかりではなく、「私」という体験の連続性の切断、あるいは私たちの歴史的な意識に刻みつけられる断絶でもあると考えられる。包括的で歴史的な自己意識にとって、絶えず生成し、その連続性の一点をなすはずの「私」という体験を暗闇は消去するのであり、暗闇の侵入は「私」を中心として構築されていた世界の基盤を打ち崩すのである。

ここから本章の後半にかけて「『私』の喪失」という体験に焦点を絞ってゆくことになるが、そこで「『私』の喪失」あるいは暗闇による「『私』の略奪」という言葉が示すものは、「私」という一瞬の体験の略奪であり、同時に「私」という体験の連続性の切断でもあるという点を心に留めておきたい。

(二) 暗闇の暴力性

ここまででも暗闇による「『私』の略奪」を暗闇の暴力という形で表現してきたが、ここで言う「暴力」は日常的な意味での暴力とはまったく違う理解で受け取られる必要がある。心理学の文脈において、ギーゲリッヒは暴力という言葉を意地悪さや残虐性、快楽の表出ではなく、「ただ『真の参入』のもつ論理的な矛盾、あるいは弁証法が実際にはいかなるものであるのかというイメージ」(10)として捉えている。筆者が暗闇の行使する圧倒的な力として暴力という言葉を用いるときにも、その強調点は暴力に伴う何らかの身体性や感情体験、倫理的な問題にあるわけではない。感情や倫理的判断は自我の次元で生じるため、そういった点に着目していては、私たちは結局自我から離れることができず、暗闇の内側へと探究を進めることもできないということは、これまでの議論から明らかである。暗闇の暴力性とは、自我はおろか体験の主体としての「私」という主語をすっかり否定するということであり、「私」の連続体として構築されていた私の世界が、暗闇それ自体が体験であり、意味そのものである世界へとすっかり反転する、その契機として捉えられる。

私たちの日常に馴染み深い暴力という言葉を、このようにここではまったく違う次元で用いてゆくことになる。そのため少し回り道をすることにはなるが、ここで筆者が述べているような「暴力」の一例を挙げておきたい。それは、たとえば名づけという行為である。赤坂は民俗学の立場から名づけの根源的な暴力性を指摘し、「人間は名付けるという、人類史における、また個体史における原初の行為によって、連続体としての世界を分断し、自己の所有のもとにおこうとする」[11]と述べる。そこでは名づけられる側の主体性は不問にされ、名づけられる以前は何でもありえた何ものかを一つの名前へと、あるいは意味へと閉じ込める。名づけは名前の贈与であると同時にあらゆる他の存在様式の略奪という「暴力」としても捉えられるのである。そしてこの暴力にすっかり曝された結果として、個体は他者との共同世界への参入を果たす。こうした一つの存在様式からもう一つの存在様式へと移行する際の暴力の必然性は、宗教史家エリアーデ（M. Eliade）が報告した数々のシャーマンのイニシエーションの中にも示されている[12]。シャーマンの候補者はイニシエーションにおいて残虐とも言える暴力行為に曝されるが、それによって、それまでの存在が徹底的に「死」を迎えることで、はじめて俗から聖への変換が生じ、シャーマンの能力が付与されると考えられるのである。

ここで暗闇が遂行する暴力として筆者が指しているものは、真に暗闇の世界に参入するために必要不可欠な、参入すべき「私」の略奪という矛盾である。暗闇の絶対性、容赦のなさ、そうしたものが圧倒的な暴力となって、暗闇において固有の輪郭を保とうとするものに降りかかる。暗闇に参入するならば「私」は解体されなくてはならない。そして個を超えて、暗闇というまったく新しい秩序が支配する世界へと融解するのである。暗闇において「私」という固有の体験は失われ、そこには境界のないただの暗闇が広がる。略奪によってもたらされる、「私」を欠き、ただ無として広がる暗闇は、「私」が既にその内側へと溶け込んだ、すべてが〈ある〉暗闇でもある。

三．暗闇への参入

暗闇は行為の主体としての「私」を略奪し、「私」という体験の連続性を切断する。繰り返し述べているように、それは自明であったはずの私の世界に振るわれる暴力であり、私へと突きつけられる明確な「否」である。その否定によって、暗闇はもはや過去から引き続いている私ではなくなった何ものかの参入を認める。私たちを主語にするならば、この否定を契機として、私たちはそれまでの日常的な「私」という認識ではないあり方で、何者でもないものとして、暗闇へと参入するのだと言える。

ここで新たに参入した暗闇の世界においては『私』がない」と表現することができるが、この表現には注意が必要である。なぜなら、もし『私』がない」ということを主体が知っていると想定するならば、そこには「知る」という行為の主体としての「私」が想定されていることになるためである。この参入の前後にある変化は実体的な世界から非実体的な世界への、世界そのものの完全なる反転であると言って良く、「暗闇に参入する」ということは今いる「こちら側」から暗闇という「向こう側」の世界へと水平に移動することではない。それは、連綿と続くはずの私の世界に暗闇が侵入してくるということである。「こちら側」から「無」へと足を踏み出し、その瞬間、踏み出したはずの足さえも消滅することである。暗闇を思うとき、具体的なもののイメージは一切捨てられなくてはならない。暗闇が「私」の連続性を断ち切るものであるという表現に沿って述べるならば、そこに断絶が開いた瞬間から私たちはもはや「私」であることはできず、その亀裂の深みへとひたすらに落ち込む動きそのものに、「私」

という意識は回収されてゆくことになると言える。そこに突如「無」が大きく口を広げ、すべてを飲み込む。そこでは方向感覚も意味をなさない。水平方向の移動として捉えることができないばかりか、そもそも「移動」というイメージが、そこでは通用しない。「断絶が開く」という表現によっても「こちら側」と「向こう側」という二つの極を想像することは許されず、ひとたび暗闇へと参入したならば、そこには一切の「外部」が想定されえない。私たちはあらゆるものが否定された世界に融解し、ひたすらに暗闇の一部になるしかない。

「私」という主語を放棄し、いよいよ暗闇そのものになり、そのうえで暗闇を考えようとするとき、私たちは暗闇という無について語らなくてはならないという困難な状況に陥ることになる。そこにおいて、あたかも思考が何か硬いものにぶつかり、停止するかのような困難さの感覚が喚起される。個を否定し、イメージを否定し、境界を否定し、区別を否定する暗闇は、無意識と同様に把握され、語られたそばから暗闇ではないものになる。暗闇の一部になりながらさらに暗闇を語るということは、そのような暗闇の否定性をもう一度、さらに否定することによってしかなしえない。すなわち、暗闇を語ろうとするとき、私たちは暗闇という語りえぬものを語るという否定の否定を敢行しなくてはならないのである。

　私たちは暗闇から距離を置いて、客観的にそれについて語りたいのではない。私たちは暗闇に否定され、「私」という主語を手放して暗闇そのものになりながら、暗闇それ自体から、暗闇という語りえないものを語りえないもののままに語る。以降の章で論じることを先取りすることになるが、このような暗闇を語ることの矛盾のために、私たちは「『私』の喪失」という事態に加え、「『私』の生成」という事態についても、あるいは暗闇と対極をなす「光」についても考えてゆくことが必要になる。暗闇を語るという二重の否定は「『私』の喪失」、暗闇への融解を経て、そしてその内側から再び暗闇を語りうる「私」、暗闇ではないもの、すなわち「光」の生成があってはじめて可能になると考えられるのである。

絶対的な否定の機能であり、圧倒的な暴力そのものとして暗闇を捉えるならば、私たちはもはや第二章や第三章で試みたような、現実的であれイメージとしてであれ、実際の暗闇をめぐって思考する必要はないということになる。文字通りの「暗闇」、何も見ることができない「暗闇」という現実的なイメージからみずからを解放し、真に暗闇へと参入するためには「『私』の喪失」あるいは「『私』の略奪」という暴力に私たち自身が晒されることが必要である。

四．箱庭を用いた調査に見る「『私』の喪失」と暗闇への参入

さて、ここからは筆者が以前報告した調査を素材としながら、そこで論じられたことを批判的に再検討することによって、「『私』の喪失」と「暗闇への参入」についてより具体的に論じていきたい。

二〇〇六年に発表された拙論「『失う』という主観的体験の検討―箱庭からアイテムがなくなる体験を通じて―」[13]において、筆者は大学（院）生を対象として、被験者が制作した箱庭から被験者の知らないところで調査者がミニチュアを奪い、後に被験者がそれを見るという調査状況を設定し、それによって「私」とは切り離しがたいものを喪失する瞬間、主体の主観的な世界においてどのような体験が生起し、それがいかに理解されるかについて論じた。拙論の中で結論として提示されたことを次に引用する。

「失う」ということは、「私」と「他者」との境界を認識し、残された「私」が強く意識される体験であると考えられる。

しかし何かを失うことによって「他者」との隔絶のもとに意識される「私」には、その「私」を規定する「他者」が十分ではない。このことによって主体は「私」という存在をひどく不確かなものとして感じ、強い不安に陥るのではないだろうか。

ここでは客観的事実なのか主観的事実なのかという分類を超えた次元で生じる、主体の存続に関わる喪失体験として「失う」という言葉が用いられており、「私」と「他者」の相補的な同時性が考慮されたうえで、「私」という認識の次元から喪失という出来事が語られている。この着眼点は、本書の中でこれまで「『私』の喪失」という表現によって考えてきたことに通じる。

しかしながらここで注意すべきは、先の引用が示しているように、そこでは境界の消滅ではなく境界の認識に重点を置いて喪失体験が捉えられているという点である。そこで焦点が当てられているものは「『私』の喪失」という出来事それ自体よりも、むしろ喪失によって不安を体験する残された『私』なのである。その着眼点は、ここまでで考えてきたことと、似ているようでありながら決定的に異なっている。今、私たちの関心は暗闇による暴力と「『私』の喪失」、そして「私」という境界を飲み込む「暗闇への参入」という点にある。そのような視点に立って先の調査を捉え直すならば、そこでは箱庭からミニチュアを奪うという「暴力」を行使することで、「私」（あるいは「他者」）を失わせ、「私」の連続性を切断することが試みられていたと言える。本章では、先の調査を現在の関心から改めて捉え直すことによって、「残された『私』」が境界を認識する以前、「私」が失われ、境界が消滅する瞬間へと接近することを試みる。実際の調査を踏まえて考えることで、ここまでで論理的に考えられた暗闇の暴力や「『私』の喪失」、「暗闇への参入」について、より私たちの実感に根差したところから考えを進めてゆくことが、ここからは期待される。

（一）調査の概要（竹中（二〇〇六）より）

（1）調査方法

当該の調査においては、主観的に体験される喪失体験を鮮明に捉えるため、①まさに調査場面で喪失体験が生起すること、②「私」と内的に分かちがたく結びついたものを失うこと、③「失う」ということが主体の力を越えたところで生じるものであることという三点に留意して、以下のような調査が計画・実施された。

【構造】
大学生および大学院生四二名（男性二〇名、女性二二名、平均年齢二〇・四歳）を対象に、箱庭と応接セットのある面接室を用いて筆者と被験者が一対一で行なった。箱庭用具は縦×横×高さが五七×七二×七（センチメートル）の、中に砂の入った箱と、人、動植物、建築物、乗り物などのミニチュアを用意した。

【手続き】
①最初に「この調査は箱庭を作ってもらうことだけが目的ではなく、その完成した作品を使って実験的なことをしてもらうことになります」と教示した上で、調査者（筆者）が見守るなか箱庭制作。調査者とともに完成作品を味わいながら作品について話した後に、被験者の了承のもと、調査者が被験者の前でポラロイドカメラを用いて作品を撮影。
②「これでこの作品を見ながらお話を伺うことは終了です」と告げてから被験者を一時退室させ、その間に調査者が箱庭からすべてのミニチュアを取り去る。その際、ミニチュアの痕跡や砂による造形物には手を触れず、そ

のままに残しておく。
③被験者が再入室し、砂だけになった箱庭を見ながら、感じたことを話す。
なお、箱庭制作終了後およびミニチュア喪失後のインタビューにおいては、被験者の了承を得てICレコーダーで音声を録音し、後の分析に用いた。

東山は、砂のみを用いて二人で交互に箱庭を作るという試みを通じて、他者によって自分の箱庭が変形させられるとき、作り手は「身を切られるような、辛さや嫌悪」を感じ、逆に他者の箱庭に手を加えようとするものは、作り手の「何かを犯しているような感じ」を抱き、そのことに躊躇すると述べる(14)。箱庭を用いたこの調査方法が被験者にとって非常に侵襲性の高い体験になるだろうということは想像に難くなく、被験者の心的負担については十分な配慮が必要であると考えられた。そこで調査においては、まず何よりも、ミニチュアがなくなった後の箱庭を見ながらのインタビューで、被験者が感じたことを調査の枠内できちんと話せるようにするということを重視した。他の具体的配慮としては、最初の教示段階で、この調査の目的が箱庭制作だけではなく、その後の実験的な手続きにあるという旨を明確に伝えておいたこと、完成作品についてのインタビューが終了した段階で、いったんその場を閉じるような教示をしたこと、被験者の前で完成作品の写真を撮り、調査の最後にそれを被験者に渡したことなどが挙げられる。さらに、ミニチュアの痕跡の残された砂を均す作業について、そのタイミングは被験者の反応に応じ、被験者と相談の上で被験者自身あるいは調査者とともに行なうという形を取ることによって、調査の中での一連の体験を閉じることができるようにした。また、この手続きによる影響が非常に心配された被験者については、いったん退室する前にその後の手続きを伝え、調査の続行を被験者とともに検討することとした。

（2）調査結果および再検討課題

拙論では、まずは全四二名の被験者の調査結果の全体的な傾向の分析から、ミニチュアの奪われた箱庭を見る際の被験者の体験が非言語的な次元で生起すること、それぞれの箱庭に対する意味づけと切り離しては考えられないこと、語るという作業や痕跡への意味づけなどとの関連の中で捉えられる必要があることという考察が導かれ、それを踏まえて三つの調査事例が個別に検討された。事例一、事例二として取り上げられたものからは、「『私』の喪失」が「痛み」や「動悸が速くなる」といった前言語的な、身体的な感覚を伴う体験として作り手を襲うことが読み取られ、事例三として取り上げられたものからは、「失う」ということを体験すること自体の難しさが見て取られた。

このような結果を踏まえ、ここから進めていく再検討においては、視点を「『私』の喪失」という出来事の側面にしっかりと定めたときに調査事例がいかに理解されるか、「『私』の喪失」という体験を意図して調査方法がデザインされながら、なぜその手続きによって「『私』の喪失」が生起しない事例があったのかという二点が重要になる。以下ではまず、調査場面において「『私』の喪失」という体験を捉えようとしたこと、および、そのために箱庭を用いたことの妥当性を検討し、その後、本調査の眼目であるミニチュアの略奪という段階に焦点を当て、適宜調査事例を取り上げながら事例の再分析および調査方法それ自体の再検討へと進む。

（二）箱庭を用いた調査によって「『私』の喪失」を捉えようとしたことの妥当性

（1）その瞬間に起こっていることへの関心

そもそも先の調査が、たとえば過去の喪失に関連する体験の聞き取り調査ではなく、調査の場で生の喪失体験を生起させる形を取ったのは、何かを失ったまさにその瞬間、「頭が真っ白になる」あるいは「目の前が真っ暗になる」と比喩的に表現されるような体験への関心からのことである。この点については「私」の連続性という観点から次のように言うことができる。

　私たちは日々、様々な喪失体験を重ねながら生きていると言って良く、わざわざ調査場面で喪失体験を生起させずとも、私たちは体験的にそれを知っている。しかしながら、「私」という認識が歴史的な自己意識のもとに包括されて私たちの頑強な日常性を維持していることを思えば、過去の喪失体験についての語りは「私」の連続性の中から回顧的にしかなされないということが考えられる。たとえば親しい人との死別といったような決定的な別離の体験は私たちに強い衝撃を与える。そこからの回復は決して容易な道ではない。しかしそれでも多くの場合、日常性という「変わらないもの」は私たちを保護し、やがてはその喪失を過去のものへと流し去る。そのため、過去の何らかの喪失体験についての語りを聴取するといったような調査方法では、その喪失体験をも含みこんだ「私」の連続性の外へ出ることは困難であることが予想される。それでは「『私』の喪失」という体験そのものに触れ、「私」の失われた世界を捉えることはできないであろう。「『私』の喪失」という体験それ自体、そして世界が暗闇へと反転するさまを知りたいのであれば、「私」が失われるまさにその現場に居合わせることが必要であると考えた方が良いだろう。被験者が実際に何らかの行為をすることで意識的に「私」という体験を積み重ね、その連続性が生き生きと保たれた状態で、あえてそれを暴力的に切断することが、「『私』の喪失」を捉えるには必要だと考えられるのである。

　この調査をデザインした背景には、そのような直接性や即時性を重視する姿勢が確かに存在していた。それにもかかわらず本節の冒頭で引用した通り、先の論文では「残された『私』」に重点を置いて調査事例の分析が行われたということは注目に値する。ここから調査事例の再分析を進める際には、常に「『私』の喪失」という体験それ自体に視点を定めるよう意識を高めながら、なぜ以前には「残された『私』」の体験へと論点が移ってしまったのかという点についても後に検討を加えることとする。

(2)「私」の連続体としての箱庭

さて、本調査では、ある程度の時間をかけ、イメージの世界で作り手との間に強いつながりが生成するものとして、箱庭を用いる手法が試みられた。今回「『私』の喪失」と「暗闇への参入」いう視点からこの調査を見直していくにあたっては、箱庭を用いたことの妥当性についても、本書で用いられている「私」という言葉によって改めて捉え直しておく必要があるだろう。

箱庭を作るとき、作り手は自分のイメージとアイテムや砂に対して感じる「ピッタリ感」を頼りに作品を仕上げてゆくとされる[15]。箱庭制作はイメージと身体の双方を用いながら進められるものであり、ミニチュアを選んでは置く、あるいは砂を触りそこに山や川といったものを作る行為に伴って、このイメージが次のイメージへと有機的に連鎖しながらそこに一つの世界が創り出されてゆく。そこには作り手の意図や意識的なものを超えて、その場で新しく生み出され、積み重ねられてゆく「私」があり、箱庭はまさに「私」の連続体として捉えることができる。箱庭においては、その制作の主体が作り手の「自我」ではなく、そこに次第に生成する箱庭それ自体にあるという捉え方が重要である。

とは言え、それならば箱庭が「私」そのものの現れであるかと言うと、そのような単純な図式を当てはめることには慎重になる必要がある。河合は「箱庭の表現全体こそが「自己像」なのだということさえできる」と述べる[16]が、この言葉から、箱庭は作り手の「私」そのものであると理解するならば、それはあまりにナイーブな受け取り方に過ぎると言えるだろう。箱庭と「私」の関係は、より厳密に考えられておかなくてはならない。

箱庭は確かに「私」という体験の積み重ねによって生み出されてゆくものではある。しかしここまでで繰り返し述べているように、「私」は非実体的な出来事や体験自体を指すものであって、それは箱庭の実体性とは相反する。箱庭に置かれたミニチュアは、置かれたそばからその瞬間の「私」という体験の痕跡であるとさえ言って良く、箱庭を図式的に、固定したものとして捉えるならば、それは「私」の固定化や実体化という危険を伴うことになる。むしろ箱庭は、ミニチュアを選んでは置くというその都度の「私」の行為の背後で避けがたく実体を与えられ、排出されるものとして捉えられるべきであろう。近年では箱庭の作品それ自体ではなく、箱庭の制作過程に着目し、そこで起こっている作り手の主観的な体験を重視しようとする研究が散見されるが[17]、それらを筆者の文脈に乗せて述べるならば、そこでは箱庭という実体ばかりではなく、「私」というその都度の体験そのものに対して関心が向けられているのだと言うことができる。箱庭作品それ自体は、ミニチュアを一つずつ選び、置き、砂を触るというプロセスの中で連綿と生成する「私」をその都度そこに固定させ、「他者」になってゆく。そのため心理療法場面で用いられる箱庭制作においては、箱庭作品の芸術的完成度よりも、箱庭と作り手との間で進行する「私」と「他者」の差異産出のプロセスが重要だと考えられる。箱庭を制作しながら、今ここの確かな「私」を感じ、作り終えてからは、過去の「私」の集積として箱庭を俯瞰する。それは私が生み出したものであるという手ごたえを残しながらも、既に「今の『私』ではないもの」として、「私」との差異を生みだす「他者」になる。そのように、「私」と「他者」との有機的なつながりを形成する媒体として、箱庭はある。

「私」と「他者」との相互性を考慮に入れれば、「『私』の喪失」を意図する当調査は「私」という認識に不可欠な「他者」をいかに失わせるかという観点からも考えることができる。その場合には、常に作り手と密接なつながりを維持し、「私」という認識の基盤になりうる「他者」として、当調査における箱庭を位置づけることができるだろう。そのような箱庭が失われることによって「『私』の喪失」を生起させ、「私」の連続性を切断することが、ここでは意図されているのである。

（三）ミニチュアの略奪という暴力

ミニチュアの略奪という手続きが箱庭制作を見守り、ともに完成した箱庭を眺めていた調査者（筆者）によって行なわれるという点も、「私」の連続性の切断をより決定的なものにすると考えられる。箱庭療法の創始者であるカルフ（D. Kalff）が箱庭制作における「自由であると同時に保護された一つのある空間」の重要性を指摘するように[18]、箱庭は作り手の意識や無意識のみならず、見守り手の存在も織り込まれたものとして理解される。そのような箱庭から、作り手の預かり知らないところで見守り手が勝手にミニチュアを奪ってしまうということは、箱庭という実体の喪失であり作り手と箱庭との間で繰り広げられていた「私」と「他者」の相互作用の切断であるばかりか、作り手と見守り手の関係性の切断でもあると言える。作り手がいったん箱庭のある部屋を退室し、再び戻ってくるとき、そこでは箱庭も調査者の存在も、すべてが意味を変えて体験されることが予想される。

竹中（二〇〇六）は、箱庭からミニチュアを奪う際に調査者である筆者が行使した「絶対的な力」とも言えるようなものの意味についての検討を今後の課題として挙げているが、先に論じた「『私』の喪失」が生起する際の暗闇による圧倒的な暴力性ということを考慮すれば、ここでこの点を明確にすることができる。

調査者によるこのような手続きは、「『私』の喪失」を果たすために被験者へと振るわれる暴力に他ならない。この調査を通して暗闇を論じることができると筆者が考えるのは、まさにそうした圧倒的な暴力が、そこで遂行されるためである。これは随分と大げさな表現に聞こえるかもしれないが、心理臨床に携わる者が聞けば、決して大げさ過ぎるとは感じられないだろうと思う。心理臨床の実践の場ではクライエントが語る言葉、描くもの、作るもの、あるいは何も語られない沈黙、それらすべてをクライエントの心の表れとして受け止めることが基本だからである。本来であればできる限り慎重に、繊細に取り扱うべきものに大胆に手を加えようとしているということは、しっかりと自覚されておく必要がある。ミニチュアの略奪は、箱庭や見守り手である調査者との有機的な連関の中で開かれた作り手の心を容赦なく襲う。その暴力を契機とし、完成した箱庭とミニチュアが奪われた箱庭という形で世界が反転する。かつて私が作った箱庭がすっかり変形させられるという事態は、いわば箱庭の「殺害」である。私が生み出し、私とともにあったはずの箱庭は、私の手を離れて死ぬ。それは箱庭が作り手に向けてはっきりとその絶対的な他者性をあらわにするときであって、私の一部であったはずの「他者」を失う私の死でもあり得る。ここで箱庭とともに「私」が解体され、無の世界へと落ち込むならば、そこでは「暗闇への参入」が果たされていると言うことができるだろう。その非情な響きに臆することなく言うならば、箱庭からのミニチュアの略奪という暴力が容赦なく、徹底的になされればなされるほど、暗闇の圧倒的な暴力性へと近づき、この調査から「暗闇への参入」という事態を読み取ることが可能になると考えられるのである。

それではここから、ミニチュアの略奪という段階に焦点をあて、適宜調査事例を提示しながら「『私』の喪失」という事態を描きだすことを試みていく。

（1）調査事例Aの検討――「『私』の喪失」を捉える視点

まずは竹中（二〇〇六）でも報告された事例を取り上げ、ミニチュアの略奪という暴力が引き起こす「『私』の喪失」という事態について、調査事例がいかに分析されるべきかという観点から検討を加えてみたい。（以下、調査事例を記述するにあたって「　」は被験者の言葉、〈　〉は調査者の言葉、（　）内は補足説明を表す。）

①制作過程および作品に対する被験者Aさん（女性）の語りから（写真A―1）

最初、次々と木を置いてゆく。中心部の小さめの木々を砂に埋めるようにして置きながら、その合間を縫うように「道」を作る。家や石、さらに木々が置かれた後、真ん中の丸太に集まってくるように小さな動物たちを配置する。作品は「すごい森の奥」で、家には人が住んでいるかどうかもわからない。道は箱の外の「未知の世界」まで「ずっと続いて」いる。動物を置くことは「最初から決めていた」。「迷い込んでみたい」場所。制作中に一度「よくわかんなくなってきた」と笑顔で言う。

↓ミニチュアの喪失（写真A―2）

②直後の発言および体験に関するコメント

「えぇ、なんか、悲惨な感じが（笑）…ちょっと、えー…」〈悲惨…〉「えー、なんて言うんですか？痛々しい」「はぁー、なんか、もっと、どうせ何もなくなるんだったら最初みたいにさらさらにして欲しい感じがする」「あぁ、ショックですね、結構。結構ショックが大きい…」（中略）〈気持ち？〉「今は寂しいです」〈あぁ、見てすぐっていうのは、ともかくショックで？〉「そうですね、それが大きくて、もう。ちょっと、落ち着いてはない感じ。あぁ、すごい、（箱庭で）そんなになるなんて。今は寂しい」「あぁ、でもあんな感じなのかなぁ、あの、よく言う『心にぽっかり穴が』（笑）」

③アイテムの痕跡の残された砂に対するコメント

「（最初見たとき）結構傷ついた感じがあって。絶対誰かが加わっているのがあったから、人によってっていうのがきつかった」「あ、現実に戻されたって感じですか？そんな感じかな」「ほんと、ありえないと思いながら、で

写真 A－1

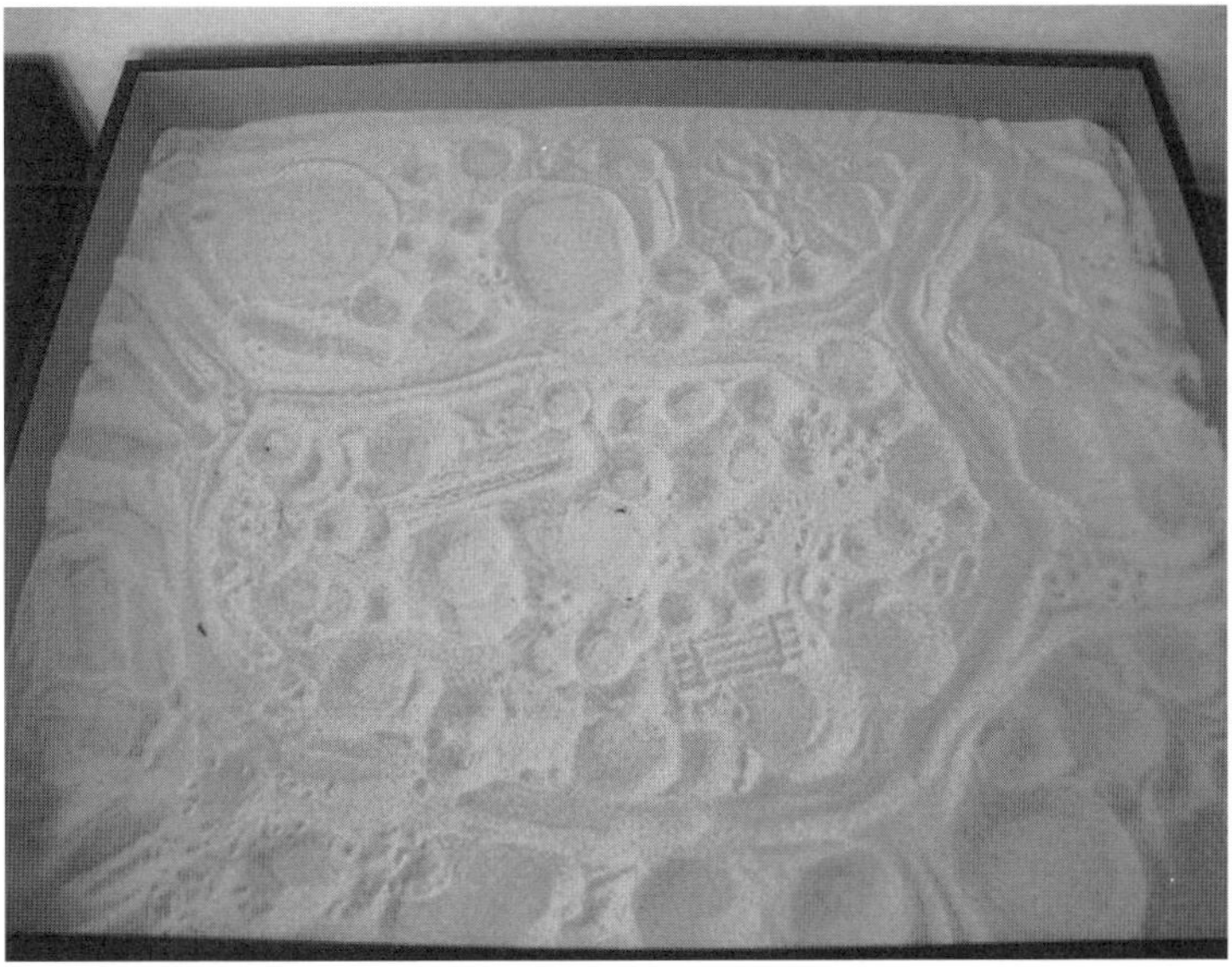

写真 A－2

もあったらいいなって思ってたから、ないのはわかってたんですけど、やっぱりこっちが現実かっていう感じ」〈こっちが現実？〉「現実、うん…現実、より、低いかもしれない。現実より悪いかもしれない」。

「よくわかんなくなってきた」という制作中のAさんの言葉から、Aさんが意識的なコントロールを越えて、箱庭との間で生じる動きに身を任せてそれを制作したことがうかがわれる。完成した箱庭にはAさんのその都度の「私」がしっかりと織り込まれ、箱庭は「私」の連続体として、Aさんとの間で「私」と「他者」との有機的な連関を保つものとして存在していたと考えて良いだろう。しかし箱庭はAさんの知らないうちにすっかり変形させられ、「痛々しい」表面をむき出しにする。

竹中（二〇〇六）はこの事例についての考察で、Aさんの語りから「『私』の喪失」という体験に伴う無力感や絶望感、あるいは怒りを読み取り、「『私』の喪失」という体験の強烈さを描き出している。そうした観点からの事例の読みも確かに可能だが、先にも指摘したように、そこでは視線が「『私』の喪失」という出来事それ自体を離れ、「残された『私』」の体験へ向け変えられている。無力だと感じるものは「残された『私』」である。「残された『私』」が、その一瞬前の出来事について、連続する私という意識にしっかりと守られたままに語っているのである。

箱庭からミニチュアを奪うという手続きにおいて行使される暴力は、確かに作り手自身の身に降りかかる。しかしここでの私たちの視点は、あくまでも「『私』の喪失」という体験、すなわち連続する私という感覚の断絶と、それによる世界の反転、そして暗闇への参入にある。調査という形を取る限り、作り手の語りを手がかりに「『私』の喪失」という事態について考えていくことにはなる。しかしそこで容易に想像されるような、そしてAさんがまさに示したような、箱庭からミニチュアを奪われた際の被験者の悲しみや寂しさといった感情体験に、ここで主眼を置くわけにはいかない。竹中（二〇〇六）の観点と、ここで筆者が改めて試みていることとのもっとも重要な相違点は、前者が「『私』の喪失」という事態の強烈さを描写することに主眼を置くため、どうしても「残された『私』」の感情体験を離れられなくなっているという点にある。「『私』の喪失」という出来事それ自体に目を向けるなら、被験者がなぜ、どれほどの強い感情を体験したのかということは問題にはならない。そこで何が起こったのかという出来事それ自体が重要であり、衝撃や感情を体験する主体としての「私」さえも失う状態が、この調査を通じて認められるかどうかが問題である。

　このことを考慮に入れるならば、この事例において注目されるべきことは無力感や絶望感、あるいは怒りが語られる以前、Aさんが箱庭からミニチュアが失われたことを知った瞬間の体験だということになる。後にAさんが語った「心にぽっかり穴が開く」という比喩表現からは、ミニチュアの略奪がAさんの「私」の連続性にある断絶を刻み込んだということは推察される。その断絶はAさんの「ええ、なんか、悲惨な感じが（笑）…ちょっと、えー…」という言葉にならない言葉によって示されていたのであろう。このとき、体験を語る「私」として「私」が定位される以前の世界にAさんは襲われており、これが「『私』の喪失」のときであると考えられる。

　それでは、ここでAさんから言葉を奪い、「私」を失わせた暴力は、さらにAさんが暗闇へと参入することを促したと言えるだろうか。

　この問いへの答えが「否」であることは言うまでもない。まさに拙論が拾い上げた語りを紡ぎ出した「残された『私』」が、そこにはしっかりと存在しているからである。ここでもしAさんが暗闇へと参入するのであれば、彼女は心にぽっかり開いた「穴」の内側へと入ってゆくことになるのであろう。しかしAさんはみずからの内に開いた「穴」の底へと落下するわけではなく、アイテムの痕跡に対して「悲惨な感じ」、「痛々しい」と語ることによって、「穴」を外側から見る位置にみずからを位置づける。あるいは、Aさんは傷ついた大地として、自分自身を発見する。

この事例においては、ミニチュアの喪失が圧倒的な暴力として体験され、「私」が失われた瞬間があったことは確かであると思われるが、そこからさらに世界が「無」へと反転し、「暗闇への参入」が果たされることはなかったとみなされるべきであろう。「『私』の喪失」と「暗闇への参入」を無条件に続く一連の流れとして捉えることはできないということが、この事例からは明らかになっている。

(2) 調査事例Bの検討──「暗闇への参入」の前にある停止点

「『私』の喪失」が生起しながらもそれが「暗闇への参入」へと至らなかった要因について、引き続き竹中(二〇〇六)が取り上げた事例を提示しながら再検討を進めたい。

①制作過程および作品に対する被験者Bさん(男性)の語りから(写真B─1)

最初、真ん中に大きな木を置くがすぐにやめ、その木の残した跡を中心に、その周辺に赤やオレンジの木々を置く。しばらくして真ん中にピンク色の屋根の家を置き、周囲の木をさらに増やす。最後に、家から手前中央に、そろそろと繊細に「道」を描く。箱庭にはBさんの好きな季節である秋が表現されている。「森の一軒屋」。「深い森の中ではない」が、人の多いにぎやかな町とは少し離れて、ひっそりと静かにたたずむ家。「住みたいかなぁ」とも思うような場所。

→ミニチュアの喪失(写真B─2)

②直後の発言および体験に関するコメント

「なんか、むなしいような気は…。なんか、跡が残ってるのが。うーん…ちょっと見たときに『えぇ』って思い

写真 B－1

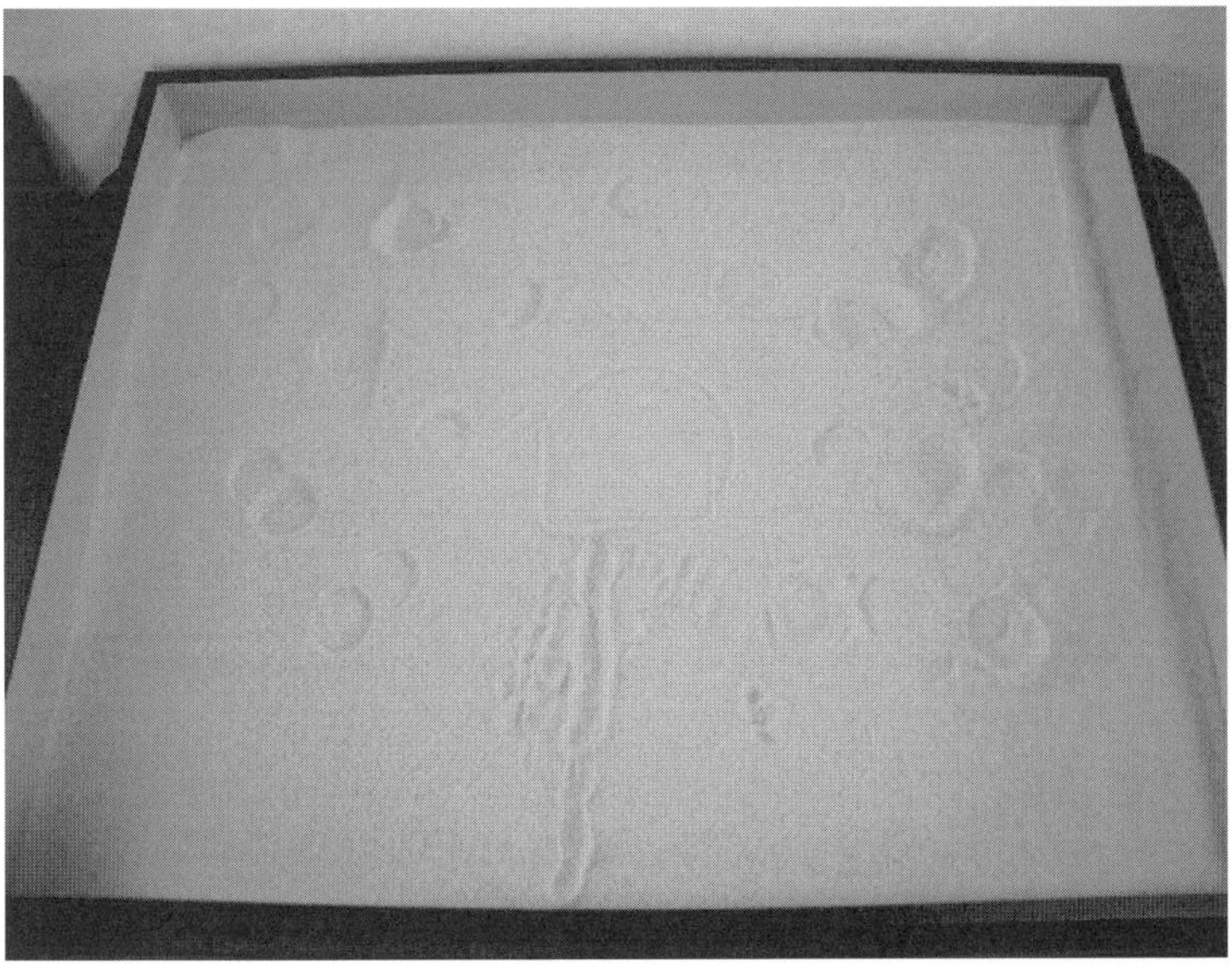

写真 B－2

ましたね。…『あれ？』って」〈『あれ』って？〉「ちょっとだけ、ドキッとしましたね。ちょっとだけ、（胸を押さえながら）速くなった」〈ちょっとだけ〉「そうですね、何秒かくらい」。

③ミニチュアの痕跡が残された砂に対するコメント

「（「あれ？」っていうのは）何かあるはずやのにないっていうか…何かの要素は少しは残っているっていうのが頭の中にあって…」〈道に関しては、残っているといえば残っていると思うんですけど〉「あぁ、そう、これは、なんか、こう、えぇっと、ほんまにあったものが、なんか、全部取られた、みたいな感じ。…道があるんで、たとえば自分が歩いてきて、いつも来ていたのが、ぱって来て、『あれ？ほんまに何もないな』っていうのを…」。

事例Aと同じくこの事例においても、ミニチュアのなくなった箱庭を見てすぐに被験者が発した「えぇ」「あれ？」という、意味をもつ言葉以前の非言語的な表現が重要なのであろう。そして後に、そこでは「何秒か」だけの動悸が速くなるという身体的な反応が生起していたということが語られる。意識的には不可避な身体反応としてミニチュアの喪失が体験されたことは、本調査の手続きが暗闇の圧倒的な暴力と「『私』の喪失」という直接的な事態に迫り得るものであったということを示していると考えられる。

Bさんの言葉に従えば、Bさんが「『私』の喪失」を体験した際、砂の上に残された痕跡が果たした役割は大きい。先の事例Aでは被験者が痕跡の外側に立ち、そこに傷ついた、痛々しい、今やただの物質に過ぎなくなった「砂」（あるいは自分自身）を発見したと考えられた。一方、事例Bにおいて、被験者は砂の上に残された線を、以前から変わらない「道」として認識する。Bさんは砂の上に残された箱庭の痕跡に誘われるように箱庭の中へと入り込み、「道」を歩き、ふと顔を上げて、当然「あるはず」だと思っていたものが何もなくなっていることに気づく。

そのとき、「何もない」空間がBさんの眼前に現れる。

そこでBさんは「むなしい」という言葉を発する。事例Aと同様、「『私』の喪失」という体験をこのように説明するBさんから、「暗闇への参入」という事態を読み取ることは不可能である。一体何が「暗闇への参入」を阻んでいるのか。事例Aと事例B、これら二つの事例をたどり直してみて実感されることは、一方で「『私』の喪失」という瞬間を捉えながら、痕跡に誘われて箱庭に入り込んだBさんがまさに体験したような、どうしてもある地点より先へと足を進めることができないというもどかしさである。これが本章の前半においても考えられた、「思考が何か硬いものにぶつかり、停止するかのような困難さの感覚[19]」であり、ここで私たちには「暗闇という語りえぬものを語る」という困難極まりない課題が課されているのであろう。「『私』の喪失」という一瞬の暗闇の後には語る「私」が生成し、その暗闇は到達不可能なものになる。ミニチュアの痕跡について語る、あるいは残された「道」に立って「無」を見るというあり方で、被験者は、一瞬の暗闇という「向こう側」に対する「こちら側」にみずからを定位してしまう。「私」が失われ続け、そこに暗闇が拡散してゆくことはなく、「暗闇への参入」は果たされない。

事例A、事例Bから考えられることは、どうやら砂の上に残された痕跡が私たちの前に立ちはだかり、「こちら側」と「向こう側」を区切ることに一役買っているようだということである。これらの事例が示す「暗闇」あるいは無の世界は、砂の上にしっかりと残された痕跡を境界として、語る「私」の「向こう側」に、到達不可能なものとして措定されるように見える。加えて、これらの事例は「『私』の喪失」と「暗闇への参入」を無条件に連続するものとして捉えることはできないということも示した。これらの点を踏まえて、次節ではミニチュアの痕跡との関連において「暗闇への参入」について考えていく。

（四）残されたミニチュアの痕跡

この調査でミニチュアの痕跡を残すこととした背後では、それを目にする作り手が、自らの体験を把握し言語化する際の重要な役割を担うことが期待されていた。主観的に体験される「『私』の喪失」という体験を捉えようとするとき、砂にミニチュアの痕跡をそのままに残すことによって、箱庭と作り手を物理的にもある程度つなぎとめておくことが意図されたわけである。そして事例A、事例Bがともに示したように、確かに痕跡は被験者が箱庭との相互作用の中で「『私』の喪失」を体験することを助けたと言える。そこに残されているものがあるからこそ、被験者が箱庭とのつながりを保ったままに喪失を生々しく体験することが可能になったのだと考えられる。

しかしながら、それは同時に痕跡を見、それについて語る「私」として、被験者の「私」を回復させる役割を担うことにもなった。痕跡を「残す」という仕掛けは、「失う」ことを捉えようとするこの調査において両義的な役割を果たしたと言える。そこで次に、「『私』の喪失」が生起しなかったと考えられる調査事例を二つ取り上げ、そこで痕跡が果たした役割に着目しながら今回の調査方法について再検討を行なう。

（1）調査事例Cの検討――「暗闇への参入」を阻んだものは本当に痕跡なのだろうか？

事例Aと事例Bの検討から、痕跡の存在は「こちら側」と「向こう側」を措定し、暗闇への参入を困難にしたという理解を提示した。しかし、痕跡を残すことなく、また箱庭とのつながりも維持される方法さえ見つかれば、「私」の喪失から暗闇への参入が一連の流れとして生じえたと考えることは可能だろうか。被験者の暗闇への参入を阻んだものは痕跡であったという捉え方は、あまりに安易に過ぎるのではないだろうか。

その点について考えるために、まずは砂に残された痕跡が被験者の体験に一切の影響を及ぼさなかったように見える事例を取り上げてみたい。ミニチュアの失われた箱庭は被験者からすっかり切り離され、あたかもこの調査の手続きによっては何も起こらなかったかのように見える事例である。

①制作過程および作品に対する被験者Cさん（男性）の語りから（写真C―1）

教示を聞き、少しの間アイテムの並ぶ棚を見た後、勢いよく大胆に砂を中央に縦長に集め、その奥の一番高いところに城を置く。そして木々を配置し、完成。作り手には確固たるイメージがあったようで、制作は迷いなく進み、五分という短い時間で終了した。「小高い山か丘みたいなところにお城がぽつんと」ある風景。「お城を見た瞬間に、『これだ』」と思い、それを具現化した。「実際にあるのなら行ってみたい…でも、こういう城が存在しているということ、それ自体が重要な気がする。」

↓ミニチュアの喪失（写真C―2）

②直後の発言および体験に関するコメント

「あ、全部取ったんですね」〈はい〉「なんか、何も意味がないなっていう…。これだけやったら、何か別に意味のあるものには見えない」〈意味のない感じ。さっきのは、憧れとかそういう意味があったんですよね？〉「こういうのがあったらいいなぁっていうのを感じてた。でも別に、何もなくて山が、こう、ぽつんとあるだけやったら、もう大して何も感じない」。「もう、本当に、全然何もない感じです。もう、ただ砂が」〈ぱっと見たときのショックもなく〉「なかったですね。あぁ、なんか、なくなってるんやって思って、じゃあもう関係ない。自分の作ったものではない、関係がない」。

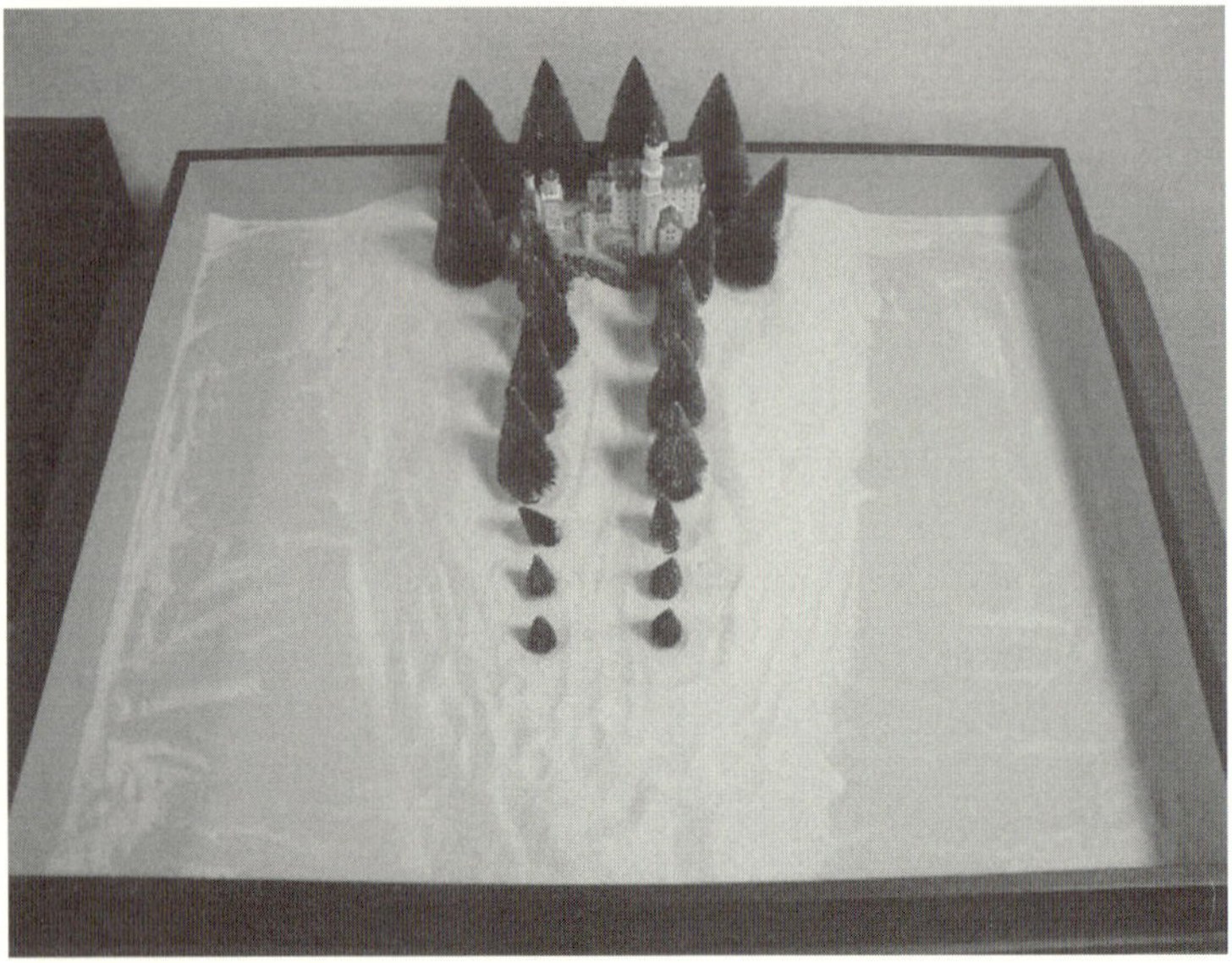

写真 C－1

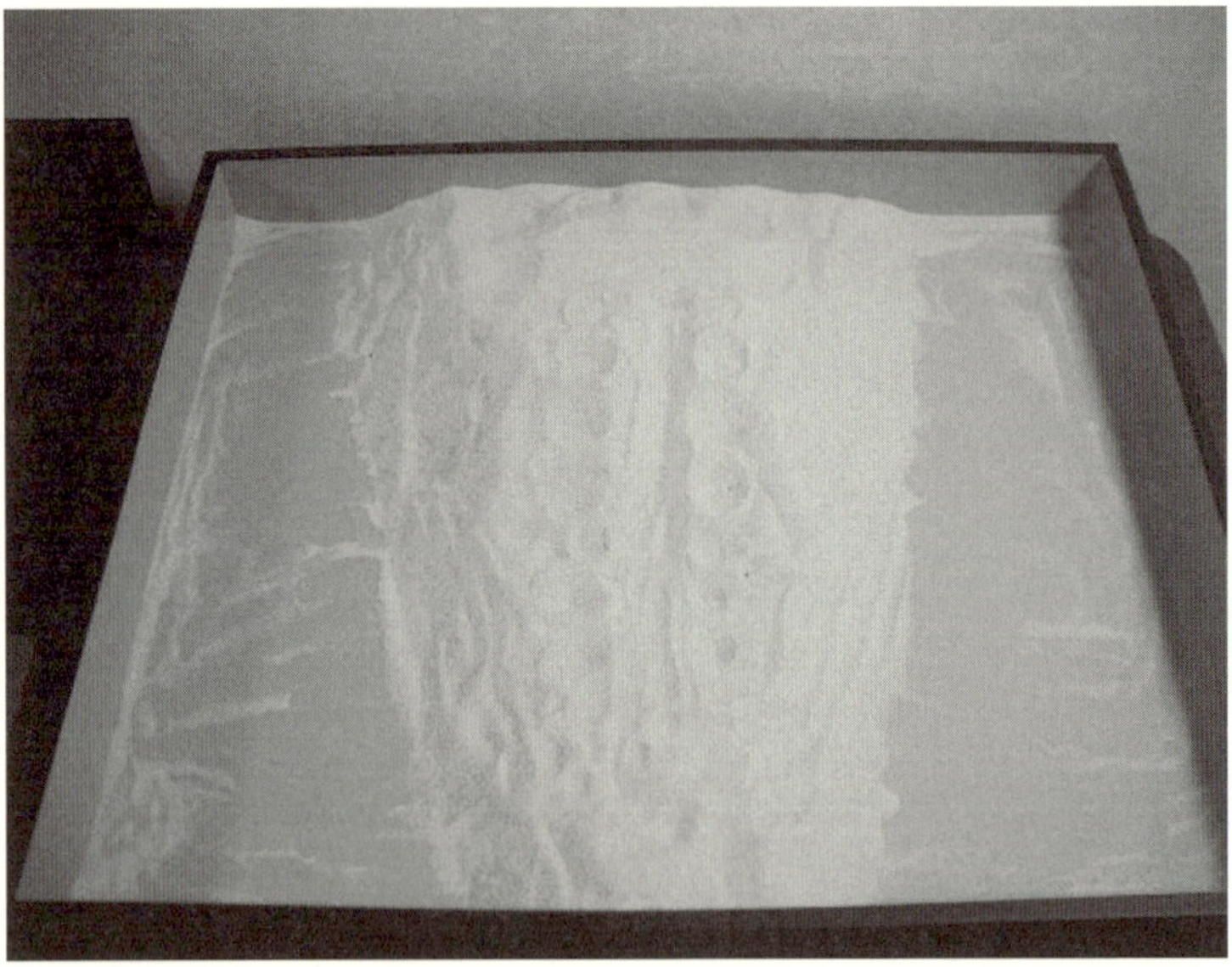

写真 C－2

③作品の痕跡や砂に対するコメント

〈今は何もない感じ〉「何も」〈跡があっても〉「ても、あんまり。もう、ただ、何の意味もない」〈砂を均されているのを見ているのと同じ感じ？〉「むしろそれよりも印象が薄い感じです」。

この事例においてはミニチュアのなくなった箱庭と作り手のつながりが一切残されていないように見えるため、「『私』の喪失」という体験を瞬間的にでも読み取ることが難しい。ミニチュアがなくなった後、箱の中にはCさんの作った砂の山がしっかりとそのままに存在しているにもかかわらず、Cさんはミニチュアのなくなった箱庭を「関係がない」もの、「何もない」と言う。さっきの作品はすべてが置かれていてこそ完成していたのであって、砂の山だけがあっても「意味がない」、「何も感じない」。

箱庭においてはその実体が重要なわけではなく、その制作過程に体験される「私」、そしてその後にも関わり続けることによって形成される「私」と「他者」の差異産出のプロセスが重要であるということを先に述べた。確かにCさんは完成した箱庭に対して「存在しているということ、それ自体が重要な気がする」と語っており、箱庭は制作後のこの時点で既に実体的な側面から離れ、Cさんの内側に存在する何かになっていたようにも見える。そのため、ミニチュアの喪失という実体的な次元で箱庭に振るわれた暴力が、Cさんにとっては暴力として体験されることがなかったのだと考えることも可能である。しかしミニチュアが奪われた後の砂に対して、Cさんは「むしろそれ（均された砂）よりも印象が薄い感じ」と言う。ここには、箱庭からミニチュアがなくなった後のCさんの反応が、過剰なまでにすべてを遮断しようとするものであるということが示されているとは考えられないだろうか。本当に何も感じないのであれば、なぜ、わざわざ自分自身で作った砂の山の存在までを否定する必要があるのか。

過剰な解釈は避けたいが、この事例においてはミニチュアが奪われ、箱庭がすっかり失われるという出来事が「私」とのつながりにおいて体験される以前に、ミニチュアの略奪という事実、さらにはそこに現れた痕跡の直視が回避されているとは考えられないだろうか。「存在しているということ、それ自体が重要」な城は、他者からの不条理な暴力に晒されることなく、Cさんの内側に保存され続ける。彼は今、ここにある痕跡を見ず、かつてそこに存在した、記憶の中の箱庭へとみずからのうちで橋を架ける。当然ながら、そこでは「私」の連続性が切断されることはない。そうであるならば、ここで「暗闇への参入」、ひいては「『私』の喪失」それ自体を妨げているものは痕跡ではない。それは痕跡を見、失ったという事実に直面しようとしない「私」の選択である。

（2）調査事例Dの検討―現れることとさえない痕跡の「向こう側」

次に取り上げるのは、筆者が先の拙論の中で「『私』の喪失」が読み取られなかった事例として取り上げたものである。そこでは箱庭に残された痕跡を自分の作品が「残してくれたもの」として、そこからかつて置いていたものを再現する作業が進められる。

①制作過程および作品に対する被験者Dさん（男性）の語り（写真D―1）

初めに旅館、木、滝、五重塔など、大きなアイテムを箱の中に無造作に置き、パズルをしているかのように前後左右に移動させながら場所を吟味する。その後、小さな動物や人間のミニチュアを配置する。中心に旅館があり、左奥には竜巻や大きな鳥類のミニチュア、左手前には木々、右奥には自然物、右手前には神社などが配置され、所々に何らかの状況を感じさせる人のミニチュアが置かれた。表現されたものは「理想の旅館とその環境」。「ありえないけど、こんな場所があったらいいいと思う。」

→ミニチュアの喪失（写真D―2）

②直後の発言および体験に関するコメント

「あぁ…けっこう、変えましたね、ここ家だったのに、なんか、こう…」〈いえ、砂は触ってなくて…〉「そうなんですか（アイテムの痕跡のうちのひとつを注視する）」〈それ、なんの跡でしょうね〉「ね、こんなんあったかな〈なんだろう…〉「（真ん中を指して）旅館を置いていましたよね、確か」〈うん。で、（別のところを指し）ここに滝があって〉「滝ですよね。で、（また別のところを指し）動物を置いて。…あ、旅館？　ここに…」〈あ！旅館、この辺です！あそこじゃなくて〉「あ、そっか！」〈そうそう、ここに〉「あ、いっぱい（他のものが）あったから真ん中に見えたのか」〈そうみたい〉「カモ…（最初の良くわからない跡を指して）それで穴を付けたんだ」〈…カモ？〉「初め滝の上にカモが立たなくて、ちょっと土の上に実験してみたんです。で、その跡」〈なるほど〉「…おもしろいですね（笑）」〈おもしろい？〉「なんか、跡もそれぞれ…」。

③アイテムの痕跡の残された砂に対するコメント

「（痕跡の残った砂は）孫みたいな感じがする」〈孫？〉「（笑）まぁ、たとえるなら。…子ども、自分の分身が、その作った、現れている側（アイテムのあった状態の箱庭）なんですけど、それが残してくれている、分身の後のやつっていう意味で」。

Dさんにとってミニチュアの略奪は痕跡の生成であり、痕跡はミニチュアの喪失の証しとしてではなく、まさにそこに新しく現れたものとして捉えられる。ミニチュアの痕跡を目にしてすぐ、痕跡を頼りにかつて置いていたも

写真 D－1

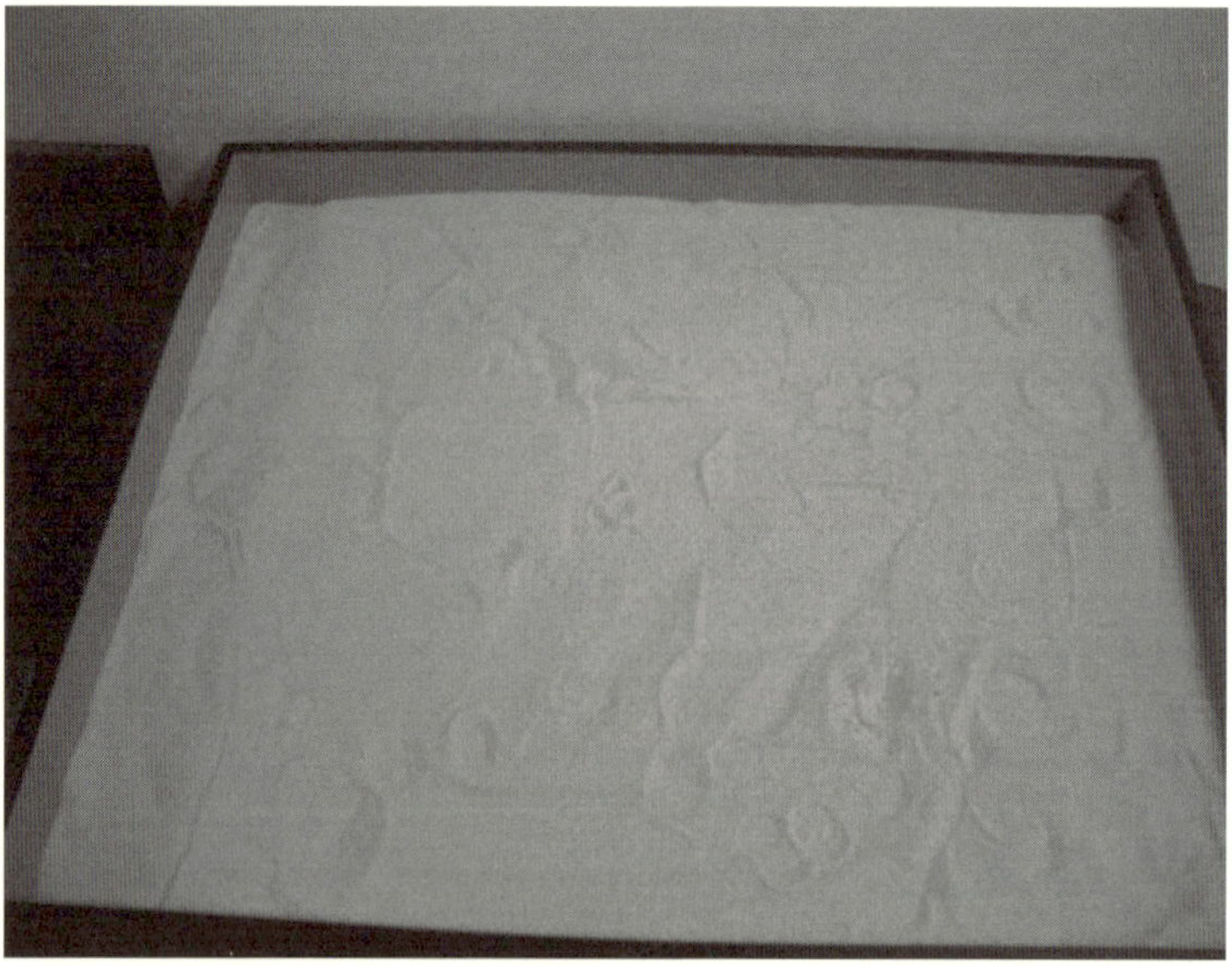

写真 D－2

前の作品がそのままに復元されていく。

この事例においては確かに「『私』の喪失」の瞬間を読み取ることができず、竹中（二〇〇六）では、そこに「『失う』という体験をかわそうとする姿勢」が読み取られている。しかしながら、この事例をそのように理解することは適切だろうか。と言うのも、「かわす」と言うほどに「『私』の喪失」という危機が被験者に近づいたのかどうかさえ、疑問だからである。

箱庭とミニチュアの痕跡に対する「子ども（箱庭）」、「孫（痕跡）」というDさんの意味づけが示しているように、すべてはDさんのいる「こちら側」にあって、つながっている。「子ども」と「孫」の間には、確かに世代の切れ目が入ってはいる。しかしそこには脈々と続く、決して切断しきることのできないつながりが存在し、それはすべて箱庭の作り手という、より包括的なものの内に取り込まれている。ミニチュアの略奪という過程を経てもなお、そこには箱庭をめぐる「私」の連続性が切断されることなくしっかりと保たれていることが、この表現からは読み取られる。つまりここでは、ミニチュアの略奪が暴力としては被験者に体験されてさえおらず、そのため当然ながら「『私』の喪失」という体験を、たとえ瞬間的にでも認めることができないとみなす方が妥当であるように思える。「『私』の喪失」という暗闇を一瞬たりとも体験していないのだから、痕跡を境界として「向こう側」へと送り出されるべき世界がそもそもそこには生成しない。Dさんの目に、痕跡は「失われたもの」としてではなく「残されたもの」として映る。痕跡を直視し、そこからかつての箱庭を再現していったこの事例において、痕跡の存在によって「『私』の喪失」という体験がかわされたわけではない。この事例が示すものは、Dさんの「私」という日常性に対する、あるいはDさんと彼の箱庭作品とのつながりに対する、ミニチュアの略奪という暴力の非力さとして捉えられるべきだと思われる。

「『私』の喪失」を読み取ることのできなかった事例として事例Cと事例Dを取り上げることで、被験者には痕跡を無視するという可能性や、痕跡を新たな創造として、自分自身の内に取り込んだ形で捉える可能性が残されていたということが示された。つまり痕跡の実在性や痕跡を残したという当調査の手続きそれ自体が、すなわち「『私』の喪失」、あるいは「暗闇への参入」を妨げることになったというわけではない。痕跡が境界となって暗闇への参入を阻むのだとしても、痕跡はそれ自体の意味において境界としてあるわけではなく、そこには痕跡を境界として意味づける「私」が存在している。「暗闇への参入」が「『私』の喪失」を必要とするのと表裏一体のこととして、「暗闇への参入」を阻むものは「私」それ自体であると考えることが適切であると考えられる。

（五）痕跡の内側への融解

ここまでで考えてきたことを踏まえ、最後に当調査を通じてもっとも強く「『私』の喪失」を体験したと思われる事例を取り上げて、改めて「『私』の喪失」と「暗闇への参入」について論じていきたい。

（1）調査事例Eの検討――「私」の喪失と回復

①制作過程および作品に対する被験者Eさん（男性）の語りから（写真E―1）

「楽しい！」と口にしながらミニチュアを置いていく。シンプルに木々や車を配置した後、等間隔に並べたり大きさを合わせたりするといった微調整に要する時間が長い。作り終えてからも「本当はもっと同じ種類の家や木が欲しかった」と繰り返し、「完全にきちっと作りたかった」ことを強調する。車が走っている場面と言うよりも「走っている瞬間」のイメージだと語る。

本事例においては制作時の様子から被験者のこだわりの強さが見て取られており、箱庭に他者の手が入ることの影響の大きさが相当に懸念された。そのため、本事例に関しては退室前にあらかじめその後の手続きを被験者に伝え、調査の継続について相談するという形を取った。その結果、被験者の合意のもと、通常通りの手続きで調査が続行された。

→ミニチュアの喪失（写真E―2）

②直後の発言および体験に関するコメント

「（笑）跡がむなしいですね、平らにしよう（砂を均す）。ええ……（笑）、でも、さすがにこれは、ちょっと寂しいな…（砂を均し続ける）…うーん（笑）…うーん…。（しばらくの間）………何か作っても良いですか」〈どうぞ〉。砂を丁寧にすべて中央にかき集め、大きな山を作る。しばらくそれを見つめた後、「どーんっ！」と言って一気に山を崩す。再度しばらく沈黙。「…うわぁー…これは、ショックですね、かなり…。腰が…。意外にショックでした、思っていたよりも、結構…」。この後、被験者からの申し出によりもう一度新しく箱庭を作ってから、調査を終了する。

③ミニチュアの痕跡が残された砂に対するコメント

「（痕跡を見て）むなしいって言うか…なんか、消さないとって思ったんですよね、で、まぁ必死に消したんですけど…消しても自分の指の跡が残っているのが嫌で山を作ったんですよ、確か。でもすごいきれいな山ができたら良かったかもしれないけどあんなんだったし、こんなんじゃないと思ったから（山を壊した）」。「でも何もないのはいやだったから、『（新しい作品を）作らせてください』と」。

写真 E － 1

写真 E － 2

箱庭のある部屋からの退室に先立って、あらかじめミニチュアがなくなることを知らされていたにもかかわらず、Ｅさんは強い衝撃を受ける。このことは、箱庭からミニチュアを奪われるという体験が、知的理解とは異なる次元で生起したということを示している。制作段階から細かい位置の調整や同じミニチュアへのこだわりなど、ぴったりであることを強く求めていたＥさんにとって、彼自身の力を越えたところで生起したミニチュアの略奪、それによって顕現する箱庭の絶対的な他者性が、すさまじい暴力となってその世界を引き裂いたことは疑いようもない。ただ唸りながらミニチュアの痕跡を消しているとき、Ｅさんが行為する「私」としてみずからをしっかりと定位していたとは言い難く、ここに、箱庭からミニチュアを奪われたことによる「『私』の喪失」という事態を読み取ることができる。

この事例に特徴的なことは、被験者が痕跡をみずからと切り離すことのできないままに、あるいはそこに何らかの意味を与えることのできないままに、ただ言葉を失い、どうしようもない笑いをこぼし、ただただ砂を均して過ごした時間の長さである。そこではミニチュアの痕跡についての語りは放棄され、なかば自動的に、痕跡の消去が試みられる。ここまで事例Ａ～Ｄで見てきたような、痕跡への意味づけ（あるいは「見ない」こと）とは異なり、Ｅさんは痕跡を直視することができないという体験を受け止め、その存在の残り香を消し去ろうとする。そこで振るわれた無意味な暴力、その結果としてあらわにされた痕跡の無意味性に、「私」が失われたまま言葉にならない言葉を発し、無意味に笑い、決してすっかりきれいにはならない砂の表面を均し続ける。そのとき、Ｅさんにおいて世界は位相を変えていたと想像することは可能であるだろう。痕跡に「私」が対峙し、そこに意味を付与するのではなく、「私」が失われたままに痕跡の内側へと融解する様子がここには見て取られる。

しかし「私」は失われたままではない。この事例からも、やはり「暗闇への参入」の困難さは示されている。Ｅさんは痕跡を消すことに専心し、新たなものを作り、破壊し、また作ることによって、行為する「私」の回復に勤しむ。この事例からは「『私』の喪失」という事態の激しさと同程度に、「私」が生成し、「私」の連続性を回復しようとする、その力の強さもまた明確になっている。箱庭からのミニチュアの略奪は「私」を失わせ、「私」の連続性を切断する暴力になりうる。しかしそれでもなお、それによる「私」の徹底的な解体、そして「暗闇への参入」は、これほど強いショックを示した事例からでさえも、読み取ることが難しい。砂を均し、山を作り、新たな箱庭を作るという一連のプロセスからは、いわゆるフロイトの言う「悲哀の仕事」[20]を読み取ることができると思われるが、それは喪失とその後の自我の再建のプロセスであって、「暗闇への参入」とは逆を指向するものである。

五. 調査状況において生起する「『私』の喪失」の限界

(一)「『私』の喪失」は誰によって、いかに語られるのか

調査の再検討から考えられたことは、①調査として設定された状況においても「『私』の喪失」という事態は生起し、それは主体に一瞬の空白をつくりだす、②しかし「私」の失われた状態が持続することは難しく、「私」はすぐにその連続性を回復する、③そのため、箱庭からミニチュアを喪失するという暴力は「暗闇への参入」に十分ではないと考えられる、という三点に集約されるだろう。

「『私』の喪失」という体験の瞬間性は、逆に連続するものとしての私への信頼が、その都度の瞬間的な「私」と

いう体験によって積み重ねられるものであるということを示してもいる。微小な点の集まりとして、私の連続性は構築されている。そして暗闇へと参入するには、その瞬間ごとの「私」が常に奪われ続けなくてはならない。調査事例の検討を踏まえて今言えることは、この調査を通じて期待されていたことが、その体験について被験者が語ることではなく、痕跡を前にただ沈黙すること、その徹底した無意味さに身を晒すこと、そこから「私」を主語としない語りを生むことであったということである。このような逆説的な表現が示すものは、私たちが「暗闇」という言葉によって捉え、語ろうとしている「私」の失われた世界が、いかに語りえぬものであるかという事実に他ならない。

調査結果から「『私』の喪失」という体験の瞬間性、非言語性が示されたことを思えば、調査場面で被験者が「『私』の喪失」について語ることが要請されたという点に、この調査方法それ自体がはらむことになった「私」を失い続け、暗闇へと参入することの難しさがあったと指摘しなくてはならない。いったん失われた「私」を、その体験について語るというかたちで再び引き戻す役割を、調査の構造自体が担ったということが反省される。直接的に身体を使って制作され、そのために作り手と強いつながりを形成することが期待される箱庭を用いて「『私』の喪失」を生起させようと試みたことと、その体験を言語的に取り扱おうとしたこととの間には、調査の構造として既に「『私』の喪失」から「暗闇への参入」という、「私」が失われたままの状態にあることを困難にする要因があったと考えられる。

調査を通じて「『私』の喪失」という体験に接近するためには、言葉にならないものを言葉にならないままに捉えることが必要とされていた。それならば、箱庭からミニチュアが奪われた瞬間から、私たちの視点は被験者を離れなくてはならなかったのであろう。この調査は、残された痕跡を境界として「こちら側」に「私」を定位する事例が大半であったことは確かだが、最後に検討した事例Eのように、被験者が「私」を奪われ、ただ痕跡の内側へと融解する瞬間を生起させうるものではあった。そしてそこで観察されたことは、体験についての語りが放棄され、残された痕跡の内側の、完全な無意味の世界へと作り手が落ち込んでゆくさまであった。このことは、ミニチュアを奪い箱庭を破壊するという暴力を加えた時点から、私たちは視線を被験者から痕跡そのものへと移さなくてはならなかったということを示している。

既に検討してきたように、痕跡はそれ自体がそのままに境界としてあるわけではない。痕跡は、そこで振るわれた暴力を体現し、まさに世界の反転を示す可能性を秘めたものとしてそこにある。そして痕跡は雄弁に沈黙する。暴力によって反転させられた世界は、痕跡によって無言のままに語られる。「暗闇への参入」を読み取ろうとする私たちは、その痕跡の内側へと入り込み、その沈黙の内側から、その世界を語ることが必要とされていたのだ。暗闇という語りえぬものを語る作業は、「こちら側」からでも、暗闇として措定される「向こう側」からでもなく、このように境界の内側において遂行されることになるということが、ここから考えられる。

（二）暗闇からの隔たり

無意味な痕跡の内側へと入り、その雄弁に沈黙する世界の内側から語り出さなくてはならないという途方もない仕事に思いを至らせるとき、今回の調査における調査者の存在についても反省的に検討が加えられなくてはならないということが明らかになる。被験者の語りを聞き、その体験を受け取る相手として、常に調査者が被験者の隣に存在していたことの影響は無視することができない。調査者は被験者が「私」を失うことを期待しながら、同時に被験者が体験を語る「私」であることを要請するという両義性を負っていたのだと言える。

「暗闇への参入」においては「こちら側」からあらゆるものの境界が失われた「無」あるいは「全」の世界への

融解が想定されている。しかし調査者の視点は、一貫してミニチュアの喪失による被験者の「『私』の喪失」という事態を捉えることであって、調査者自身がみずからをしっかりと「私」が定位されうる「こちら側」に位置づけていたと言って良い。また、調査者がミニチュアの喪失による被験者の「自我」の言葉や反応からすっかり自由であったか、さらには箱庭からミニチュアを奪うという暴力の無意味性に調査者自身が常に留まっていられたかと問うと、それは簡単なことではなかったと言わざるをえない。このことは、先の拙論が「『私』の喪失」という体験それ自体を離れて「残された『私』」の語りへと焦点を移し、「『私』の喪失」を何らかの意味づけられたものとして扱おうとしたことからもうかがい知ることができる。たとえば事例Eにおいて、被験者に「悲哀の作業」を進めることを許したのは調査者でもある。激しく動揺している被験者を前に、そこで被験者が砂を均したり山を作ったりすることを禁止するということはもちろん考えにくい。しかしながら、本書がそもそも日常的な価値観や倫理観から自由になって暗闇を知ることを目指すものであることを改めて思い出せば、ここで筆者は大きなジレンマに囚われることになる。「私」が失われ続ける世界、すなわち暗闇への参入を果たそうと思うのならば、そこでは瞬間的な暴力だけでは十分でない。

確かに「私」は失われ得る。しかし私たちにとって「私」を喪失し続けるという事態は滅多なことでは起こらない。つまり、暗闇との一瞬の出会いはありえても、本書が試みようとしているような「暗闇への参入」は容易ではない。このことは逆に、「私」を失わせる暗闇というものが、いかにすさまじい暴力性を内在しているかということを示唆してもいる。それは瞬間的に「私」を失わせるばかりではなく、「私」という体験を持続的に阻止し、その連続性をも奪う。行為する「私」としての「私」の回復を、暗闇は許さない。暗闇は「私」を飲み込み、「無」の空間としてあると考えられるが、その「無」は決して一切の動きが排除された空間ということではないのだろう。調査事例からも示された「私」の失われなさをも上回るほどの強靭さでもって、暗闇は飲み込み続ける。暗闇の

「無」には、「無」を維持し続けるための巨大な力が働き続けていると考えられる。「私」が境界の生成という自他の分離の動きを含むものであることを考えれば、暗闇の力は常に融合を指向する動きを内在していると表現することができるだろう。暗闇の外側にみずからを位置づけたままにしようとする姿勢や調査者の意図、「暴力」という言葉に伴って喚起される日常的な倫理観、ためらい、喪失体験からの回復という望ましい展開といったようなあらゆる日常性が「暗闇への参入」を妨げる。

本章において調査の再検討から考えられたことは、何よりも、暗闇を探究しようとする筆者自身が「私」を手放すことの必要性を示しているように思われる。調査をデザインし、被験者に暗闇への参入を期待しながら、その隣に筆者が観察者としての視線をもって立っていては、そこにいつまでも暗闇の外側が維持されてしまう。暗闇への探究を進めようと思うとき、暗闇の暴力にまず晒されなくてはならないのは、その探究を進める筆者自身なのではないか。私たちの暗闇体験や「私」の喪失という事態を観察しようとする発想を捨て、筆者自身が暗闇の一部になる。暗闇それ自体を思考の主体とし、その思考の内側へと参入していくのである。次章からは、筆者自身がまさに「私」を手放し、暗闇へと参入することを試みる。

第五章　暗闇への参入

心理臨床の実践の場においては「私」あるいは「主体性」という、日常生活の多くの場合には自明とされる事柄を問う必要性に迫られることがしばしばある。そしてその最たるものの一つに、自閉症児(1)の心理療法が挙げられるというのが筆者の考えである。以下、まずは自閉症という概念や自閉症へのアプローチの歴史的な変遷をたどりながら、自閉症の主体が「主体のなさ」という特徴によって捉えられるということを示す。そのうえで、本章では主体という定点をもたない自閉症の世界を「静止する暗闇」という観点から描写し、その世界を心理学的に理解していくことを試みる。

一．自閉症を捉える視点

（一）自閉症の「発見」

自閉症という特定のカテゴリーが作り出されたのは、一九四三年にアメリカの精神医学者カナー（L. Kanner）が「情緒的交流の自閉的障害（Autistic disturbances of affective contact）」という論文[2]の中で、「生まれたときから、人と状況に普通の方法で関わりをもてない」一一人の子どもたちを取り上げ、後に「早期幼児自閉症」と名づけたことに始まる。当然ながらそれより以前にも「自閉症児」は存在していたと考えられるが、その概念自体が存在しなかったため、たとえば精神分析家のクライン（M. Klein）は一九三〇年の論文の中で、現在であれば自閉症とみなされるであろう四歳男児の事例を精神分裂病として捉え、精神的発達早期におけるサディズムとの関連で論じている[3]。一九四三年のカナーの論文以降であれば自閉症という枠組みで捉えられる症状が、それ以前は、それまでに用いられていた既存の枠組みや文脈の中に当てはめる形で理解されていたのである。自閉症を一群として取り上げたカナーの功績は、従来の枠組みに囚われることなく彼の出会った子どもたちの状態を生き生きと描写し、その子どもたちに共通する本質的な特徴を抽出したということにある。高岡が、カナーが自閉症を発見するに至るには当時の社会的な要請として「精神薄弱」から知的能力の低下がみられない子どもたちを分離するという意味が大きかったと指摘するように[4]、自閉症の発見に当たるこの時期には、自閉症の行動特徴の観察と記述を洗練させ、精神病や精神遅滞という既存の疾病概念との区別を明確にすることに主眼を置きながら自閉症の研究が進められていった。

　自閉症の成因に関して、特にアメリカでは器質論とともに心因（環境因）論も有力であり、その中心人物としてはベッテルハイム（B. Bettelheim）の名前を挙げることができる。彼は自閉症児の内に世界に対する強過ぎる不安を読み取り、脅威を与えてくる外的世界との接触を減らすことで最低限の安心を得ようとしていると捉えた[5]。彼が同著の中で、自閉症児の無関心さの背後に他人への愛憎を読み取り、それを愛情のない「冷蔵庫のような母親」の療育態度の結果であるとしたことは有名である。このベッテルハイムの見解には激しい批判が集中し、精神分析はそれ以降、自閉症に関して大きな負の遺産を背負うことになる。自閉症の遺伝的、生理学的解明が進んだ現代の視点から眺めれば、養育者の人間性に還元して自閉症を捉える姿勢が不適切なものだということは明らかである。しかしながら、カナー自身もたびたび自閉症児の両親の「冷たさ」や「限定された関心」、「機械的な関わり」といった観察結果に言及していたことも事実である[6]。自閉症がまだ養育者のもとにある幼少期から観察されるものであり、かつ、対人場面でその症状をもっとも明らかにするものであるという事実が、こうした誤った捉え方を導きやすかったことも確かではあるのだろう。

（二）認知心理学的アプローチの隆盛

　一九四〇年代から六〇年代にかけての自閉症をめぐる議論について、石坂は「精密な症状記載と事実を確認するための方法への意識」を欠いていたと指摘する[7]。そうしたアプローチから自閉症が議論されるようになるのは、一九六〇年代後半になってからである。その中でも、ラター（M. Rutter）による「言語―認知障害説」はよく知られている。ラターは自閉症の中核症状を先天性の認知機能の障害が原因となる言語的コミュニケーションの阻害に見出し、自閉症を器質的側面から捉える視点を打ち出した。その論拠として彼が挙げたものは、①音に対する反応の欠如、エコラリア（反響言語）、特に「あなた」と「私」の混乱といった転倒した発話傾向、②言葉の発達の遅れと予後の相関関係、③優れた記憶力と概念的・抽象的・象徴的な言語における未熟さなどである[8]。このような自閉症の認知機能に着目する視点の登場によって、一九七〇年代になると「自閉症」は精神遅滞や統合失調症から明確に切り分けられ、また精神分析的な心因仮説もはっきりと否定され、一つの疾患単位として定着してゆく。

その後も認知心理学的立場からの自閉症研究は発展し、その過程の中では自閉症児の認知機能への着目よりも、むしろ対人場面における自閉症児の行動特徴の解明が次第に重視されるようになった。そこで圧倒的な支持を得たのが、バロン－コーエンら（S. Baron-Cohen et al.）によって提唱された、自閉症児における他者の心を推察する能力（Theory of Mind／心の理論）の障害説である[9]。「心の理論」障害説は自閉症の対人場面での困難さを説明するものとして重宝されたが、そこには通常「心の理論」が成立するはずの三歳頃よりも早期の段階から「自閉症」は認められるという理論的不十分さがあった。そこで現在、認知心理学の立場からは「心の理論」よりも早期から観察可能な「共同注視（joint attention）の欠如」という仮説が採用されることが多くなっている[10]。こうした認知心理学的見地からの自閉症理解は現在でも一つの主流となっており、その知見はたとえばＡＢＡ（Applied Behavior Analysis／応用行動分析）、ＴＥＡＣＣＨプログラム（Treatment and Education of Autistic and related Communication handicapped Children）やＳＳＴ（Social Skill Training／社会技能訓練）などにおいて、自閉症児への関わりを考える際の理論的根拠としても用いられている。

自閉症の特性を解明しようとする研究は、他にも一九九〇年頃より脳科学の分野から多く進められており、自閉症に特有の脳機能の障害について様々な仮説が提示されている[11]。また自閉症の成因については、現在のところ複数

の遺伝子の関わる多因子疾患であるという考え方が確立されつつある。(12)

（三）「自閉症」概念の拡大

自閉症に関する研究が進むに伴って、自閉症の概念それ自体が指し示すものもカナーが最初に発見したものからは大きく変化しているという点についても指摘しておく。まず知っておかなくてはならないことは、カナーがはじめて自閉症を記述した論文を発表した翌年に当たる一九四四年、ドイツの小児科医アスペルガー（H. Asperger）が同じく「自閉」という言葉を用いて、事物や人間への人格的な接触を基本的に障害された子どもたちを取り上げて論じていたという歴史上の偶然である。(13)この論文は第二次世界大戦下のドイツにてドイツ語で発表されたことが起因して、発表当時はほとんど知られることがなかったが、これを再評価したのがイギリスの精神科医ローナ・ウィング（L. Wing）である。彼女は一九八〇年頃から自閉症を単一の疾患としてではなく、連続的かつ包括的な「スペクトラム」として捉えることを提唱し、「自閉症」という言葉についても「自閉性障害（autistic disturbance）」という表現に改めることをすすめた。ウィングは「自閉性障害」を①社会的相互作用の障害、②コミュニケーションスキルの不足、③想像力の障害・反復的な行動という三つの特徴が相互に関連して形成される一連の症候群であると考え、これらの特徴は自閉症を考える際の「三つ組」として広く知られることになる。(14)観察可能な行動特徴、他者や社会との関係によって自閉症を定義するこの考え方は広く受け入れられ、アメリカ精神医学会（American Psychiatric Association）による精神疾患の診断基準であるＤＳＭ（Diagnostic and Statistical Manual of Mental Disorders）においても、一九八〇年に改訂された第三版（DSM-III）より自閉的な病態をスペクトルとして捉える「広汎性発達障害（Pervasive Developmental Disorders）」という概念が採用され、その下位項目として「アスペルガー障害」「特定不能の広汎性発達障害」に並んで「自閉性障害」が置かれている。[15][16] また、世界保健機関（WHO）による診断ガイドライン、ICD-10では「広汎性発達障害」の下位項目として「小児自閉症」「非定型自閉症」「アスペルガー症候群」「他の広汎性発達障害」などが並んでいる。[17] このような変化の影響から、現在ではカナーの見出した「自閉症」は「狭義の自閉症」や「カナー型の自閉症」などとして表現されることが多くなっている。

（四）自閉症の「心理学」

ハッペ（F. Happé）が「自閉症の研究においては、生物学的、認知的、行動的という三つのレベルが特に有用である」と述べる[18]とおり、自閉症に対しては認知心理学、脳科学、遺伝学といった領域からの近代科学的アプローチが中心的に進められてきた。その理由としては、一九六〇年代の精神分析的立場からの不適切な心因説に対する反動も色濃く存在しているように思われるが、かつての精神分析的立場からの自閉症理解にしても、その成因を現実の母親の療育態度に求めるという姿勢は結局のところ自閉症を原因―結果という文脈で捉え、既存の理論に当てはめようとするものであって、近代科学的な姿勢を超えるものではなかったと言える。つまり自閉症は、その「発見」から六〇年以上を経た今でもなお、その内側で何が起こっているのかという視点、すなわち真に心理学的な視点からは十分に論じられていないということになる。

ここで筆者が述べる「心理学的な」立場については言葉を補っておく必要があるだろう。本書の第一章において筆者はユングを引用し、心理学が「ものごとがそれ自体でいかに存在しているかを認識すること」（*GW*6, §203）であるという見解を示した。[19] それは筆者が自閉症を心理学的に捉えようとするときも同じである。ここにある「自閉症」、あるいは臨床場面で自閉症児（者）とセラピストとの間で起こった出来事にとどまり、「今、ここ」に現れたものを反省し、深めることによってこそ、はじめて「自閉症」は心理学的に取り組まれ、認識されることになる。それは自閉症の原因を究明しようとしたり、自閉症者を過去の生育歴や環境などに還元して理解しようとしたり、その普遍的な行動特徴のより正確な記述を試みようとするものではない。さらには、対人場面での自閉症児（者）の振る舞いに焦点を当て、現実的な他者との関係性においてそれを捉えようとするものでもない。それらの試みは、そこにある現象の外側に参照軸を確保して成立する。本章を通じては、自閉症を客体化し、対象として外側から眺めるのではなく、自閉症という世界の内側でどのような動きが存在し、何が起こっているのかを心理学的に捉えることを試みていく。そしてその際、本書を通じたテーマである「暗闇」が大いに関わってくることになる。

二．自閉症と暗闇

（一）主体のあり方への着目

まずは自閉症から暗闇を論じようとする、この一見したところ荒唐無稽なアイデアについて、その妥当性を検証するところから始める必要があるだろう。

先立つ第四章では「私」というその都度の体験的な認識を取り上げて論じたが、ここでは「主体」という言葉を用い、自閉症において主体がいかに捉えられるかという点から検討を進めていく。「私」と「主体」は明確に切り分けられるようなものではないが、「私」が瞬間的な体験としてあったことに対し、より連続的で構造化されたものとして、また「自我」や「自己」というような特定の意味づけから自由な言葉として、ここでは主体という表現を用いる。ただし「主体」という言葉は様々な文脈で用いられるものでもあるため、その言葉の用法については、自閉症の主体と暗闇の関連を論じるに先立って、より明確にしておかなくてはなるまい。

人間の歴史的・文化的な文脈の中で主体という問題を考えるとき、そこにはいくつかのレベルが想定されなくてはならない。たとえば人間と神の関係に現れる主体の問題について取り上げてみよう。ギリシャ神話に描き出される神々が生き生きと愛し、嫉妬し、愉しんだり復讐したりする様子は生身の人間と何ら変わることがない。それは人間の救済のために敵を愛することの必要性を説き、姦淫を固く禁じるキリスト教的世界観とは対照的である。ギリシャ時代に生き生きと描き出された神は人間の究極的な理想の具現化であり、その神々について語る神話は自然や人間という生命への賛歌なのであって、そこには神と人間との間の絶対的な断絶が存在しない。しかしキリスト教の出現は、神の存在、神の位相を劇的に変化させる。神の子キリストが受肉した姿としてイエスという人があり、イエスはみずからの死という贖罪によって全人類を救済するという世界観には、神と人間の絶対的な分離、救済する者と救済される者という明確な関係の成立が見て取られる。キリスト教が次第に教義として成立してゆく段階にあって、アウグスティヌス（A. Augustinus）が『神の国』の中で「わたしたちは、わたしたち自身のうちに神の像を、すなわち、かの最高の三位一体の像を認める（傍点筆者）[20]」と言うように、かつては人間の理想の姿として外在化され、描き出されていた神々が、人間の心の内に認識されうる存在へと転じる。アウグスティヌスはさらに続けて、「神の像」は神の「似姿」としてしか与えられることがなく、それでも「わたしたちは存在し、わたしたちが存在するということを知り、わたしたちがこの存在し、知るということを愛する[21]」と述べる。人間はみずからの内側に「神」を内包するが、「神」との間には絶対的な隔絶が存在する。そこで重要なことは、それを知る主体としての人間なのである。

同じような位相の変化は自然を例にとっても言える。ギリシャ古典哲学の時代、人間は自然の子どもであり、自然は究極の根拠であり、終点であった。[22] しかし一七世紀以降の近代哲学においては、イギリスの哲学者ベーコン（F. Bacon）の「自然の下僕であり解明者である人間」あるいは「自然とは、これに従うことによらなくては征服されない」[23]という言葉が端的に示すように、人間の知性は自然を把握し活用することが可能であり、自然に従うことはその征服のための手段に過ぎないとみなされるようになる。自然によって守られ、包み込まれ、あるいはその野性によって畏怖させられる存在であった人間は、自然を保護する存在へと高められ、自然の主人へとその立場を転じることになる。

ここで河合[24]に倣って、前者のような主体のあり方を「神話的主体」、後者のような主体のあり方を「近代的主体」として区別して述べるならば、主体と客体との区別が明確ではなく、神々や自然に包まれた状態として「神話的主体」は存在し、一方で「近代的主体」は「神」や「自然」を客体として捉え、「私と神」あるいは「人間と自然」という関係を打ち立てると言うことができる。たとえばユングは『自伝』の中で、幼年時代に石の上に座りながら「石の上に座っているのが私なのか、あるいは、私は彼が座っている石なのだろうのか」という問いに悩まされたと語るが[25]、ここには神話的主体と近代的主体の狭間で生じた葛藤を認めることができる。神話的世界においては石が主体でありえ、それによって石と私の間に親密で交換可能な関係が築かれる。一方、近代的主体は行為する私、すなわち石の上に座る「私」としてしかあり得ず、石と私との間には「私は石ではない」という絶対的な否定を基盤とする、交換不可能な関係が成立するのである。

さて、本章は「暗闇」という観点から自閉症の主体を捉えていこうとするものであるため、まずはここで神話的主体と近代的主体についても「暗闇」という観点から述べておく。例としてアフリカへの旅の体験からユングが報告した、日の出の瞬間のみ、太陽を神とみなすという世界観を取り上げて考えてみたい(26)。

日の出は毎朝繰り返される日常的な出来事であるが、神話的主体は毎朝、日の出のその瞬間を体験する。この日の出の瞬間、そこに輝く太陽という実在として、自分自身を体験するのである。つまり神話的主体は、ギーゲリッヒの言葉を借りて述べれば、「出来事の流れ」もしくは「時間という逃れることのできないバンド」に縛られており、そこで実現されるものは「私の全体性なのではなく、その都度その都度の瞬間の全体性」だと言える(27)。世界が闇に包まれるとき世界はひたすら暗闇であり続け、人間が徹底してその暗闇に没入するからこそ、日の出はその都度新しいものとして体験される。あと数時間で闇が明けるという未来的思考はそこに存在しない。そのような思考は闇と自分自身を明確に区別することで成立する。時間の変化は私自身の認識によって把握され、私は、私がいつか明ける暗闇の中にいることを知っている。それが近代的主体の思考である。ただ暗闇に包まれ没入するということがもはやできず、それゆえ日の出をその都度新しいものとして体験することもできず、暗闇を眺め、やがて太陽が昇ることを知っている意識として、近代的主体はある。

そのように暗闇を知った近代的主体は、暗闇からの脱出を果たし、二度と暗闇を真の暗闇として体験しない状態に至っていると言うことができるだろうか。そうではない。なぜなら暗闇を知るとは、すなわち、暗闇が私たちを取り囲むものから、私たちの内側へとその位相を変えたということだからである。たとえ暗闇がそこに広がっていないとしても、近代的主体を確立した私たちの認識の内に暗闇は常に存在している。近代的主体は、たとえ朝が訪れ、世界に光が満ちるとしても、決して暗闇から逃れることができない。それどころか、「知っている」という形で私たちは常に暗闇を携えているのである。一八世紀に隆盛した啓蒙思想においては、その名の通り、人間の本性である理性が暗がり（蒙）から明るみ（啓）へともたらされることが讃えられた。啓蒙思想については次章で再び取り上げるが、「見る」もしくは「知る」という行為は容易に近代的主体を光と同一化させる。そしてその背後で人間の内に抱え込まれることになった暗闇には、たとえば「無意識」という名前が与えられることになった。近代的主体はみずからのうちに暗闇、すなわち「無意識」という否定の形によって名づけられるもの、その定義からして存在しえないものを含んでいるのである。

（二）自閉症児の「主体」

（1）対象関係論的見地の批判的検討

自閉症において主体がどのように捉えられるかという問題について考えを進めていきたい。ここではまず、英国対象関係論的立場から自閉症を論じたタスティン（F. Tustin）の理論を取り上げながら、筆者の立場を明確にしてゆく。

タスティンはその初期の理論から、自閉症児においては母親との「身体的分離性 bodily separateness」への気づきに対する怒りの爆発が、「まるで主体の体の一部を根こそぎにしたかのように体験される」と考えていた。[28] しかしその後乳幼児の発達研究が進み、「母子一体の正常な自閉期 normal-autistic phase of the mother-infant unity」の存在が否定された[29]ことを受け、次に引用するように、タスティンは最終的に母親との異常な融合状態と、「身体的分離性」への気づきという「外傷的体験」に対する反応という二段階によって自閉症を理論化するに至る。

> 自閉症は母親と粘着した単位である異常に永続化した状態に対する外傷的な断裂とそれに関連したストレスを処理しようとするために発展した自己保存的な反応である。つまり自閉症は外傷に対する特異的な反応であると私は考え始めるようになった。[30]

私は「心的外傷後ストレス症候群」の乳児版の反応として自閉症をみなすようになった。そうした子どもの外傷とは、いわば母親の身体と子どもの身体の分離を認知することによって空間を突然に認識することである。それ以前に、彼らは母親と病的に合体し、区別されることなく、「一体である」と感じていた。(31)

これを踏まえ、まずは筆者の見解とタスティンの見解の相違点について述べる。

筆者は自閉症を考えるにあたって、自閉症児の「外傷的体験」を問題にしないという点でタスティンと見解を異にする。タスティンは子どもの側の阻害要因によって母親との分離が極端に破壊的な迫力をもって体験された結果として自閉症を描き出すが、そのように遡及的に何らかの「外傷的体験」を想定するとき、今、私の目の前にある自閉症にはその外側がつくり出されることになってしまう。第一章でも用いた表現で述べるなら、今、私たちのレトルトには「自閉症」が入っている。そして私たちはそのレトルトの内側へと、すべての関心を注ぎ、専心しなくてはならない。今ここにある「自閉症」の内側に深く入りこみ、それがどのような世界なのか、どのような構造をもっているのかを認識することによってこそ、「自閉症」は心理学的に捉えられる。そのような立場に立つならば、ここで過去の外傷体験という知りえないものを想定することはできない。

他方、タスティンによる自閉症の理解に関して筆者が興味深いと思うのは、自閉症を考える際に「融合」（タスティンの言葉で言うなら「粘着」）と「分離」という体験に着目しているという点である。同じく対象関係論的立場から、メルツァー（D. Meltzer）は自閉症児においては「貼りつく」という形（付着同一化／adhesive identification）が特徴的であり、それのために二次元的な対象との関わりから三次元的な関わりへの移行が阻害されていると考えた。(32)やはりメルツァーも自閉症児が「分離」を体験することの難しさを指摘しており、タスティンは先にも引用した著書の中でメルツァーの「付着同一化」を「粘着性合体 adhesive fusion」と概念化して次のように述べている。

通常では、分離の認知と「合体」との間を交互に変動する正常状態である液状のような振幅（共感を育成する）は、「粘着性合体」という異常な永続化的な堅固な状態（それは共感を阻害する）として、凍結されてしまう。（中略）共感、同一化、例えば「絆」と通俗的に呼ばれることなどの実際上のすべての発達、投影と摂取過程に関係する「心的誕生」と「個別化」の経験など、すべてが阻害される。(33)

タスティンは物理的・身体的な次元の誕生ではなく、心的な次元での誕生を問題にし、自閉症児は心的には誕生していないと考える。このタスティンの考え方は自閉症を的確に捉えていると筆者には思える。身体的な誕生とは、母胎からこの世界へと押し出され、母とのつながりを切断され、独立したみずからの身体を使って呼吸を開始することを意味する。心的誕生もおおよそ同じイメージで捉えることができ、それは他者からは独立したものとしての個の誕生を指す。ただし身体的な誕生が客体的・物理的な分離であることに対し、心理的な分離はそれほど単純ではない。なぜならこれまでの章でも既に論じてきたように、「私」という認識には「他者」が必要とされるため、「私」には常に「他者」が含まれるからである。

この点については次節でさらに検討を加えるが、この時点で既に、心的誕生が阻害された状態――すなわち、「私」そして「他者」が成立しない状態――として捉えられる自閉症に「対象関係論」という二者関係を基本とする治療理論を当てはめようとすることの難しさが明らかになるのではないだろうか。「私」という認識をもたないものが、他者との関係の次元において理解されるとは考えにくい。また、誕生以前の状態にあるものに「保存すべき自己」が存在していると考えることはできないし、「私」という定点がなければそこには過去も現在も未来も存在しないのだから、過去の外傷体験を想定することもできないのではないかと指摘することができるだろう。

（2）なぜ自閉症児は同一態の維持に固執するのか？

「神話的主体」は神々や自然に取り囲まれ、主観と客観という区別のないままに出来事の流れの中に存在するあり方を指し、「近代的主体」はそうした神話的世界から抜け出し、出来事の流れから解放され、行為する「私」としてみずからを定位すると先に述べた。近代になり、人間の意識は主客未分化な神話的世界から誕生し、個になったのである。このことと、自閉症児をまだ心的に生まれる以前の状態にあると捉える視点とを合わせて述べれば、自閉症児においては「近代的主体」の確立を前提とすることは難しいということになる。それでは、自閉症の主体は「神話的主体」と等しく捉えることができるのだろうか。

自閉症における「近代的主体」の成立それ自体を問うという意味で、次に挙げる山中および伊藤の指摘は重要である。山中は自閉を「《自己の未成立》の事態を辛うじて守るかりそめの自己の示す防衛反応[34]」とし、あくまでも「かりそめの」という留保を置いて自己という言葉を用いる。また伊藤は自閉症児について「この外的世界のみを執拗に探求し続けねばならない状態に追い込まれている。その結果、自閉症児の自己は外的世界の中に埋没してしまう[35]」と捉え、他者から切り離され、一個の輪郭をもつものとしての自閉症児の「主体」を前提としない立場を取っている。

ここで自閉症児の主体のあり方について、一九四三年の論文でカナーが既に明記していた「同一態維持への強迫的な固執（anxiously obsessive desire for the preservation of sameness）[36]」という行動特徴をもとに考えてみたい。固執の対象はそれぞれに異なるものの、小さな変化に対する極端な拒絶や柔軟性を欠く思考や行動パターンは自閉症（自閉性障害）の診断基準[37]にも明記されるものであり、すべての自閉症児に観察される。そしてそれが妨げられたときには、自閉症児が激しいパニックを起こすことが多いということは良く知られた事実である。

「同一態への固執」という自閉症児の特徴について、山中は次のように理解している。

自閉症児たちはものの持続性をすなおに信ずる自然な自明性を完全に喪失しているために、かつ、そのよりどころとなる自己が未成立なために、安定した基盤を欠き、不断に外界のうち状態が変わらないものにしがみつき、やっとのことでかりそめの「自己の同一性」を維持する。(38)

外界が不変であるということが大きな重要性をもち、客観的には些細であると思われるような外界の変化が自閉症児に激しいパニックを引き起こすということは、外界と自閉症児自身の区別の曖昧さを示していると考えられる。同一態が維持されなかったときに自閉症児が挙げるすさまじい叫び声は、あたかも彼ら自身の身体が二つに引き裂かれでもしたかのような痛切な響きをもつ。先にタスティンの理論との対比においても述べたが、筆者はこれを、過去の外傷体験が現在に入り込むことによって引き起こされる叫びとして理解する立場を取らない。

常に同一性を保ち、自由な動きのない世界に突如現れる変化は、世界に異質なものが存在し、世界は予測不可能性に満ちているということを自閉症児に示す。不動不変であるべきの世界に突きつけられる、明確な「否」である。それは自閉症児にとって、有無を言わさぬ暴力的なやり方で「他者」が姿を現す瞬間であるということが推察される。「他者」の現れと「私」の生成は同時的に生起するため、「他者」の顕現は、否応なくそれに相対する「私」を規定しようとする。それが、自閉症児には堪え難い苦痛なのではないだろうか。「私」としてみずからを打ち立てることは、自閉症児にとって非常に困難な、あるいは不可能な、課題なのであろう。同一態が打ち破られる際に自閉症児が示す激しいパニックは、迫りくる「私」としてのエネルギーの集約を察知して自閉症児の内に起こる恐怖の叫び声であると筆者には思える。そしてそれは同時に、逆説的にではあるが、泣き叫ぶ「私」として自閉症児がその主体を明確にする瞬間でもある。心的誕生以前の、何の変化も区別もなかった世界に亀裂が走り、「今」という特定のポイントがはじめて発生する。そのとき、まるで新生児がこの世に生まれ、みずからの力で呼吸を開始したことを示す産声を上げるように、自閉症児はあらん限りの力で泣き叫ぶ。

このように考えれば、自閉症の「同一態維持への固執」という行動特徴は、自閉症児の分離の体験や心的な誕生を遮断するものであるということが推察される。不自然なまでに同一態を維持することによって自閉症は「他者」の現れを阻み、「私」と「他者」という区別のない世界に留まり続けているのではないか。このことはすなわち、自閉症児においては「私」と「他者」の分離を前提とする「近代的主体」が認められないのみならず、その主体のあり方が「神話的主体」とも区別して捉えられるべきだということを意味している。

次の引用に見られる通り、タスティンは神話的な世界であるアニミズムと自閉症をはっきりと区別する立場を取っている。

アニミズムと自閉症は、どちらも原初的な心の働きであるが、正反対の様式のように思われる。アニミズムは、対象に生命を授けることから成り立っている。一方、病理的自閉状態は、「死」を扱う過程である。(39)

河合もまた、自閉症児の「同一態維持への固執」を取り上げて次のように述べている。

これは石やトーテムに主体が投影される神話的主体に似ているようであるけれども、対象に対する親近感を持つアニミズム的関係、主観と客観がつながっているウロボロス的関係がないところが異なる。(40)

自閉症においては「関係」ということそれ自体が成立しないという点で、「近代的主体」のみならず「神話的主体」としても、その主体のあり方を捉えることはできない。神話的主体が朗々と紡ぎだした、人間以上に人間らしく、生き生きと躍動する神々への賛歌を、自閉症児（者）の体験世界として想像することは極めて難しい。[41] 自閉症を考えるときには「今ここ」の、他者と共有される世界を生きる「主体」を見つけようとする考え方それ自体を放棄する方が、適切にその世界に迫ることができるであろう。それは「主体がない」と表現せざるをえないような、「私」や「今」といったような特定のポイントも、点と点との間の関係も存在しない世界だと考えられるのである。

（三）自閉症という暗闇

さて、自閉症における主体のあり方について考えてきたところで、ここからそれを暗闇との関連で論じていきたい。「神話的主体」は暗闇の中にひたすらに内在し（そこで光は、その生成のたびに常に新しいものとして拝まれる）、他方で「近代的主体」はその内側に「無意識」という暗闇を抱え、暗闇を見る「私」として定位されるということは既に述べた。自閉症の主体なき世界には、闇がやがて明けるといったような出来事の自然な流れを享受する感性は存在せず、また、暗闇を内に抱え、それを外から眺める「私」という意識も想定できない。自閉症に見出される暗闇は、人間を縛りつけ、やがて時間の流れとともにおのずから明けるようなものではない。また、個人の内に閉じ込められ、「無意識」として「私」という一点から眺められるものでもない。このように考えを進めてくると、筆者には、自閉症それ自体が中心点なくただ茫漠と広がる暗闇そのものだと映るのである。当然ながらここで自閉症児が暗闇の中にたたずんでいるというイメージをもつことはできない。それでは自閉症児に固有の輪郭が与えられることになってしまう。そうではなく、自閉症という現象が、外界に存在するあらゆるものの固有性を奪い、すべてを飲み込みながら微動だにしない暗闇そのものとして理解されるのである。それは実在するそれぞれのものがもつ固有の輪郭がすべて失われ、「他者」が、それゆえ「私」も、「他者」と「私」の間の境界も、すべてが

消滅した世界である。(42)

(四)「静止する暗闇」

自閉症を暗闇とするメタファーは、本書のこれまでの論考を踏まえてより詳細に表現することができる。アニミズムに関連する先のタスティンの引用にも通じるが、たとえば自閉症児が電車のおもちゃを動かすとき、それはたいてい、むしろ「静止された動き」とでも表現できそうなものであり、動いているにもかかわらず、動いているという印象を与えることがない。同じ動きが延々と繰り返されることによって、逆に動きが本来もたらすはずの変化は均質化され、刺激や変化のない世界がそこに広がるのである。「反復的な行動」や「同一態維持への固執」に代表されるような自閉症児の行動特徴は、彼らの世界においては静止状態こそが重要であるということを示唆している。第四章までで、暗闇は常に生成する「私」を「飲み込み続ける」という動きにおいて捉えられた。しかし、そもそも主体という定点をもたない自閉症の世界に満ちている暗闇には、それが飲み込むべき固有の輪郭をもつものが存在しない。ゆえに、自閉症という暗闇は静止状態に保たれているということが推察される。

しかしながら、彼らが常に反復行動や同一態維持への固執といった行動を示すのは、それが本来的に静止状態にあるわけではないということも意味している。たとえば自閉症児がプレイルームに入ってすぐにおもちゃの向きを変えることによって、私たちはそれがいつもと違う並びであったと気づくことがある。暑くなったので上着を脱ごうとして、それを自閉症児に制止されることによって、それが大きな変化なのだということを教えられたりもする。「静止する暗闇」は、その静止状態を維持するという目的のために、驚くべき敏感さで変化を感じ取っている。「静止する暗闇」に生じる変化、すなわち暗闇の静止状態を破りかねない動きは、暗闇の静止状態を維持しようとする力によって早々に見出され、その芽を摘まれる。反復行動や同一態の維持といった、それら動きと呼べない動きによって暗闇の静止状態は常に創り出され、維持されていなくてはならないのである。ただし筆者は自閉症に主体を認めない立場であって、この静止状態の創造と維持が自閉症児の意思によってなされていると言いたいわけではない。同一態を維持することに腐心するという行動を取らせるものもまた、暗闇の内に存在する力の一つだと考えるべきである。暗闇の静止状態は常に行動によって維持される必要がある。このことは、自閉症の暗闇には、その静止状態に留まろうとする力が内在することに加え、それに拮抗する動き、すなわち動きだそうとする力もやはり内在しているということを示唆している。そして通常、自閉症においては暗闇の静止状態にとどまろうとする力が支配的になり、先鋭化された形で現れているのだと理解することができる。自閉症が静止する暗闇と表現されるのだとしても、その内側には、静止を破ろうとする力もまた存在する。このことは心に留めておく必要がある。

そして静止を志向する力と動きを志向する力のこのバランスが逆転するとき、すなわち暗闇の静止状態を破ろうとする力が優位になり、そこに動きがもたらされたとき、先に検討した自閉症児の激しいパニックが出現するのであろう。パニックを起こし、必死に泣き叫ぶ自閉症児は、否応なくその輪郭をあらわにする。その瞬間、暗闇として理解されるような自閉症は消滅し、泣き叫ぶ「私」として自閉症児の存在がそこに集約されることになる。

さて、思索的な検討はここまでとし、次節では自閉症という「静止する暗闇」がいかなるものであるのか、また、そこにいかに静止を破る力が作用して亀裂が入るのかという点について、心理療法実践の場で見られた自閉症の世界に則して考えていきたい。以下、ある自閉症女児と筆者の心理療法過程から「静止する暗闇」と、その静止した暗闇に亀裂が入るときという点に着目し、いくつかのエピソードを取り上げて暗闇に内在する動きを捉えていく。

三．事例検討

（一）事例の概要

クライエント（以下、仮にミチルと呼ぶ）はインテーク時五歳七ヶ月の女児であり、自閉症との診断を受け、主治医から紹介されて筆者（以下セラピストと記すこともある）の所属する相談室に来談した。プレイセラピーの構造は一週間に一回（五〇分）、有料である。

母親から聴取したミチルの生育歴の概要を記す。切迫流産になりかけて入院、その後逆子であることがわかり帝王切開により出産。出生時の体重は約二九〇〇グラム。母乳混合。初語は一歳頃で「あんぱんまん」。おむつが取れたのは三歳一一ヶ月。人見知り、偏食、喘息、アレルギー（乾燥肌・アトピー）がある。これまで一歳時に肺炎、三歳時に気管支肺炎、二歳および五歳時に風邪による高熱のため、計四回の入院歴がある。

ミチルはインテークの段階で言葉がほとんどなく、他にも視線の合わなさ、ぼんやりと空を見つめる様子、積木に関心を示しつつもカートからは決して出そうとしないといった同一態維持への固執、セラピストに触れるときの硬さなど、自閉症児特有の症状を多く示していた。

（二）暗闇の充満とその外側

プレイセラピーの初回からミチルと筆者の間では、鏡を見ながら二人並んでトランポリンを跳んだり、筆者がミチルをおんぶして「くるくるー」と言いながら回ったり、滑り台を滑り降りるミチルを筆者が下に立って受け止めるという身体を使った遊びが繰り返された。ミチルは筆者が疲れてソファに座っていても、筆者の言葉を真似て「くるくる？　くるくる？」と際限なくおんぶを求めてくることが多かったが、プレイセラピーの開始から二ヶ月が経過する頃からはミチルが筆者とともにソファに寝そべる時間も増え、一回のセッションの中で、おんぶをしてジャンプするなどの激しく動く時間と、何もせずにソファで休む時間とが交互に過ぎるようになった。

この時期はダイナミックに、かつ限定された動きを繰り返すことによって、プレイルームという新たな場面やセラピストという新たな他者を巻き込みながら、「静止する暗闇」が徐々にプレイセラピーという時空間全体に広がっていく時期であったと捉えられる。インテークからミチルは退室する際にぎゅうっと筆者を抱きしめ、それはその後もしばしば繰り返された。表情の変化も柔らかさの感覚もなく、ただ強引に抱き寄せられるその行為にミチルの感情や意図を読み取ることは難しく、ミチルに身を任せながら、筆者はおぼろげにその行為をミチルからの何らかのメッセージであるように感じていただけである。しかしそれは、厳密には「ミチルからの」と表現することはできず、「静止する暗闇からの」、静止する暗闇への招待であったと理解されるべきなのであろう。筆者には何の自覚もないままにプレイセラピーという空間が次第に暗闇に覆われてゆく過程が、ミチルとの出会いから開始されていたのだと考えられる。

ここでプレイセラピーの開始から二ヶ月が経過し、筆者がはじめて生身のミチルを見たと感じたエピソードを挙げる。そのミチルの姿は筆者にとっても驚きで、それは逆に、それまで筆者が「生身のミチル」というものを想像することと自体がなかったのだということを明らかにした。ミチルはあまりにも自然に暗闇の一部であり、自閉症という暗闇それ自体もまた、それが破られたときにはじめてそこが暗闇だったのだと気づかれるほどの自然さで世界を覆うということなのであろう。

＃8

退室の時間になりセラピストが「ミチルちゃん、時間になったよ」と言うが、ミチルは反応しない。セラピストが「お靴履こうか」と言うと、その言葉が信号になっているようで、ミチルはダッと靴のところに駆けていく。セラピストと二人でかがんで靴下を履いていると、ミチルが突然体を起こして大声を出す。セラピストが顔をあげてミチルを見ると、ミチルは「たのしかったぁ」と単調ながらも必死の様子で叫び、涙を流している。ミチルが涙を流していることにセラピストは驚く。ミチルは少し靴下を履いては立ち上がり、その都度大声で「たのしかったー！　ありがとうございました！」と叫ぶ。セラピストは「うん、楽しかった、また来週もおいでね」と返すがミチルにはまったく届かない印象で、ミチルは泣きながらドアの周りをうろうろする。叫びながらもミチルは靴下と靴を履き終え、ドアを開けて外に出ようとする。セラピストも一緒にドアを開けて外に出る。プレイルームを出て母親と合流するとミチルはいっそう激しく泣き、「あーたのしかったぁ！」と大声で叫ぶ。

このエピソードからはプレイセラピーの終了あるいはプレイルームの内から外への移行がミチルの「静止する暗闇」に亀裂を入れているということが読み取られる。酒木らは自閉症児の心理療法過程の検討から、彼らに「絶対的に固有な「ここ」空間をもたらすこと」の治療的意義を示した(43)が、このときミチルが激しく泣き叫んだという事実は、プレイルームという「ここ」を出ると、そこがもはや「ここではない」とミチルが気づいているということを示している。茫漠と広がることを本性とするはずの暗闇に、「ここ」という定点が生まれているのである。静止状態の暗闇に溶け込み、その世界そのものであったはずのミチルは退室を迫られ、あたかも唐突に媒液を失って結晶するように、むきだしのミチル自身としてプレイルームの外に放り出される。ここでミチルの挙げた大声は、静止していた暗闇の内に動きが開始され、その静止状態が引き裂かれる音であると同時に、ミチル自身の身体を使って絞り出されるミチルの誕生の産声であったと言うことができるだろう。その泣き叫ぶという全身を震わせる行為が、ミチルに他でもないミチルという固有の輪郭を与える。

(三) 暗闇に現れる区別

次のセッションで、今度は筆者とミチルの間に亀裂が生じ、鏡に映し出された自分自身の輪郭を目撃した筆者が一瞬の叫びをあげることになる。

#9—1

ミチルをおんぶしてセラピストが鏡の前に正面を向いて立っていると、突然ミチルがセラピストの鏡越しの視界から消えてしまう。セラピストは何が起こったのかわからず、思わず「きゃあっ！」と叫ぶ。ミチルは両脚だけでセラピストにしがみついて上体を反らし、そのまま頭を下にして、ぶらーんとぶら下がっている。セラピストが興奮の冷めないままに「びっくりしたぁ！」と言うと、ミチルは笑いながら「びっくりしたぁ」とセラピストの真似をする。セラピストはその後もしばらく茫然としながら「ほんとにびっくりした…」と繰り返す。ミチルも楽しそうに笑って「びっくりしたー、びっくりしたー」と繰り返す。

ミチルを背負いながら、筆者は何を見るともなく、ただ漠然と鏡に映るミチルと自分自身を眺めている。ミチルとともにいるそこは既にすっぽりと暗闇に覆われた世界であって、鏡に映し出された二人を眺めているとは言っても、そこでミチルと筆者の境界はさほど明確にされていない。しかしミチルが鏡の中から姿を消すことによって、そこに取り残された筆者の姿だけがぎょっとするほどの生々しさで筆者に迫ってくる。実際には、鏡の中に普段見慣れた自分自身の姿が映し出されただけのことである。そのため、そこで筆者を驚かせたものは、そこに映し出された筆者自身の姿であると言うよりも、そこに映し出されたミチルの不在であったと言う方が適切であるのかもしれない。境界が飲み込まれた暗闇の中ですっかり区別を失い、「おんぶ」という姿勢によって一体になっていたはずのところに、突如ミチルの身体が消滅する。するとそこには、残された筆者の姿だけがくっきりと浮き彫りにされる。そのとき、筆者はハッと目の覚めるような新鮮さで自分自身に出会う。ミチルは筆者が思わず口に出した「びっくりした」という言葉を真似て繰り返すが、それはオウム返しと呼ぶにはあまりにも鮮明で、生き生きとした言葉として筆者の耳に響いた。それは繰り返すことによって静止状態を創り出すための言葉ではなく、生きて響き合う言葉であると筆者には感じられた。

続けて、同じセッションからその後のエピソードを取り上げる。

#9―2

ミチルはセラピストにおんぶされたまま、床に落ちていたものを拾おうとする。セラピストはミチルを背負ったまま腰を落とす。ミチルは足をセラピストの腰に巻きつけて離さず、セラピストはどうやってミチルを降ろせば良いのかよくわからないままに少し腕を緩める。ちょうど同時にミチルが上体を反らそうとしていたらしく、ミチルは背後にあったトランポリンに後頭部をぶつけてしまう。コンッという音がして、セラピストはびっくりして振り返る。ミチルは後頭部を手で押さえ、ぎゅっと目をつぶって「うぅーっ」と唸るような声を出している。今にも大声で泣き叫びそうな様子。セラピストは「大丈夫？　痛かったねぇ」と言う。ミチルはしばらくグッと堪えるような表情をした後、何ごともなかったように遊び始める。

ミチルは先に鏡の前でセラピストの視界から姿を消したと同様の動きをするのだが、今度は自分の後頭部をトランポリンにぶつけてしまう。自閉症児が不思議な器用さで怪我をすることが少なく、また痛みに対して極端に鈍感であるということはよく知られている。それは暗闇の観点から考えるならば、暗闇にはすべてのものが輪郭なく溶け込んでいるため、暗闇に覆われた融合的な世界にあっては障害物さえ障害物として存在することがないと説明できる。そのため、ここでミチルが後頭部をトランポリンにぶつけたという事実は驚くべきことであって、それは暗闇という匿名的で均質化された世界にトランポリンが異物として成立しえていることを意味している。

先に検討した八回目のセッション中のエピソードでは「静止する暗闇」それ自体に「ここ」が生成することで亀裂が入り、そこからミチルという個が産み落とされる様子が見られたが、ここでは暗闇の内側で、ミチルとトランポリンの間に分離が生じている。そして同時にミチルには自分自身の身体に走る「痛み」という、まったく個人的な体験がもたらされている。伊藤は自閉症児が身体像を獲得することの重要性を指摘し、そのことによって、ただ外的世界に流れ出していた彼らの心理的なエネルギーが「器」を与えられ、象徴形成へとつながってゆくと述べる[44]。ミチルはぶつけたその場所に的確に手を当て固く目を閉ざす。既にミチルは相当に身体像を獲得しており、「痛み」を表出するかしないかの瀬戸際にいることがわかる。「痛み」の表出は、当然ながらその痛みを体験したミチル自身にしかできないことであり、そのためにミチルの固有性が明確なものにされる。

ここで八回目のセッションで起こったプレイルームから退室する際のミチルの叫び声を思い起こすならば、このときミチルがその痛みに大声を挙げて泣き叫ぶことによってこそ、「静止する暗闇」に現れたミチルとトランポリンの区別は暗闇を引き裂くほどのものになり、暗闇に動きがもたらされることにもつながるということが推察されるだろう。しかしながら、ここで筆者は「大丈夫？　痛かったね」とミチル自身に固有の痛みが到来することを未然に防ぐような言葉かけをしている。そしてミチルは、何事もなかったかのようにいつも通りの遊びへと戻っていく。その結果、ここでは暗闇の静止状態を破ろうとする力が存分に生かされることのないままに、出来事は収束してゆく。

（四）「他者」の取り込み

退室時に激しく泣き叫ぶことを何度か繰り返した後、しばらくするとミチルは退室前にはプレイルームの電気を消し、退室後には手で両耳をしっかりと塞ぎ、母親の背中にぎゅうっと顔を押しつけて帰ってゆくようになる。八回目のセッションにおいて見て取られたように、プレイルームの内と外という境界は暗闇を引き裂きかねない。そのため、これはすべての刺激を遮断することによって、暗闇がその静止状態を維持しようとする試みであったのだと理解できる。

先に取り上げた八回目、九回目のセッションでのエピソードでは、まだその暗闇には生き生きとした生身のミチルが姿を現す瞬間の可能性がすぐ近くにあった。しかしプレイセラピー開始から一年ほどが経過した頃から、ミチルは独特の仕方で筆者に身体接触をしてくるようになり、あたかもミチルと筆者の皮膚が溶けて一つになってしまうかのような強烈な融合の時期を迎える。たとえば次のようである。

＃37
ミチルがソファで寝そべり、セラピストは床に腰かける。ミチルは時々じぃっとセラピストを見つめる。やがてミチルが手を伸ばし、セラピストの頭を触り始める。ミチルは時々笑い声をあげながら、セラピストの髪の毛をぐるぐるとなで続ける。次にミチルは腕全体を使って、セラピストの頭をなぞるように動かす。何分もそうした後、ミチルがソファから降り、あぐらをかいて座っていたセラピストの股の間にすっぽりと入ってセラピストをぎゅうっと抱きしめる。

筆者はミチルに触れられながら、どこまでもミチルと融合してゆくような不思議な感覚を抱きつつ、何の抵抗感を覚えることもなくミチルの行為に身を委ねていた。ミチルに触れられながら、筆者はそれがまるではじめて出会った未知の生物を丹念に調べるかのようだと感じていたが、その感覚はもう少し明確に吟味されるべきだったのだろう。果たしてそれは未知の生物を「他者」として知るための行為だったと言えるだろうか。それはむしろ未知の生物という「他者」の他者性を奪い、均し、暗闇に同化してゆく行為だったのではないか。これはミチルがミニチュアを手当たり次第に口に入れるようになった時期でもあり、暗闇があらゆるものの境界を貪欲に飲み込んでいく過程の一つだったように思われる。プレイルームにあってセラピストは唯一みずからの意思で行為する主体となりうる存在であるはずなのだが、この時期、筆者はミチルに身を任せながら、暗闇のさらに深くへと足を踏み入れていくことになったと言える。もはやそれはミチルの「静止する暗闇」と言うことはできず、セラピストであるはずの筆者もまた、そこにすっかり飲み込まれている。

（五）静止状態の維持に向けるエネルギー

激しい密着の時期が続く中、ミチルの体調不良や筆者の都合などの理由により五週間の休みが入った後のセッションを取り上げる。

＃58

定刻に廊下から大きなわめき声が響いてくる。ミチルの声だとわかりセラピストがドアを開けると、ミチルは大声で泣き叫びながら、わき目もふらずプレイルームの中に入る。ミチルを連れて来た両親によると、来談前に相談室のすぐ近くの川岸で座ってのんびりしていたが、時間になったので相談室に向かおうと川岸を離れた途端にミチルがパニックを起こした、ミチルはもともと川を眺めることがとても好きなので、もっと川を眺めていたかったのだろう、とのことであった。

セラピストがプレイルームに入りドアを閉めると、ミチルはいつもどおりドアのすぐ脇で靴と靴下を脱ぎ、部屋の奥のソファの上で泣きながら飛び跳ねている。ミチルはすさまじい大声で叫びながら、ソファの上で飛び跳ねては正面から倒れこみ、突っ伏してミチル自身の身体よりも大きい犬のぬいぐるみをぎゅうぎゅうと抱きしめるという一連の動作を何度も何度も繰り返す。セラピストはミチルの激しさにただ圧倒される。やがてミチルの叫び声の中から「あーたのしかったぁ」「あーたのしかったぁ」という言葉が聞き取られるようになる。

十分ほどすると次第にミチルは黙ってソファに寝そべるようになるが、突然また何かを思い出したかのようにソファの上で飛び跳ね、抑揚のない大声で不自然に語尾を強めて「あーたのしかったぁ、あーたのしかったぁ」と涙ながらに叫ぶことを繰り返す。

やがてミチルが、毎回セッションの最初に決まってやるように、ホワイトボードの前でペンを取って一本ずつセラピストに手渡し、「ドーナツ」、「ハッピバースデー（ケーキ）」、「カステラ」、「イチゴ」とをセラピストに描かせる。それらをセラピストが描く横で、ミチルはぼんやりと宙を見つめていたかと思うと、また突発的に泣き叫ぶ。セラピストがすべて描き終えるとミチルが放心したように「おんぶ？」と小声で言うのでおんぶをするが、その間にも時々セラピストの背中で大声を出して叫ぶことがあり、その叫びには、いつも同じ抑揚で「あーたのしかったぁ、あーたのしかったぁ」という言葉が混じる。

来所前、川を見ながら心地よい体験をしていたミチルにとっては川やその空間と自分自身の区別は明確ではなく、そこには「静止する暗闇」が広がっていたと考えられる。そこで川の流れという動きはおそらく問題にならない。川は常に同じリズムを刻むものであって、それは「静止された動き」とも言えるためである。しかしプレイセラピーの時間が近づき、ミチルをプレイルームに連れてこようとする、両親にとってはごく自然な、しかしミチルにとっては圧倒的で不条理な、意思の力が動き出す。その力は川とともにあった「静止する暗闇」において、まったくの異物として姿を現し、ミチルを歩かせ、ミチルと川の間の距離をぐいぐいと広げてゆく。「静止する暗闇」に亀裂が入り、その一部であったミチルはその空間から強引に引き裂かれるのである。この分離がミチルにもたらした破壊的な力は、その後のミチルのパニックから明らかである。ここでもやはり、ミチルがプレイルームからの退出時に泣き叫んだ八回目のセッションと同様に、ミチルの激しい泣き声は暗闇に裂け目が入るときの音であり、同時にミチル自身の固有性を表明する誕生の声でもあると理解できるだろう。また、この爆発的なミチルの叫び声は、それまで暗闇が静止状態を保つために必死に抑え込んでいた、静止の逆を志向するエネルギーの大きさを示唆するものでもある。

しかしながら、八回目のセッションのエピソードとこのエピソードとの違いは、前者がプレイルームの内から外へとミチルがむき出しの状態で放り出されたことに対し、こちらではミチルがプレイルームの外から内へとむき出しの状態で入ってくるという点である。ミチルはプレイルームに入り、ソファの上で飛び跳ねてはうつ伏せに倒れこむというパターン化された行為を繰り返す。暗闇に亀裂が入り、それと同時に上がるミチルの叫び声の中には、行為する主体としてのミチルの萌芽が確かに認められる。しかしその一方で、同じ言葉を繰り返し、常同的に跳びはね、筆者にいつも通りおんぶや絵を描くことを求めたミチルの行為にミチルの主体性を認めることは難しい。これが、先にも触れた、動くことによって逆に動きをなくすための行為であり、「静止する暗闇」がまさに創り出されるときであると考えられる。繰り返される行為は暗闇に刻み込まれた裂け目を塞ぎ、分断された暗闇を今度はプレイルームの内側で急速に拡散し、世界を再び均質化してゆく。暗闇に亀裂を引き起こす激しい力に対し、「静止する暗闇」もまたすさまじい力でその静止状態を回復しようとするのである。

このとき、大声で泣き叫びながらプレイルームに入ってきたミチルはいつも通りの「静止する暗闇」ではなかった。それにもかかわらず、いつもと同じようにミチルを迎え入れ、ミチルの要望にいつも通りに応えた筆者の対応は「静止する暗闇」の覇権に加担し、ミチルの自閉的世界を保証するものであったと言うことができるだろう。ここで筆者は暗闇を破ろうとする動きの存在に対してあまりに無自覚であり、静止する暗闇に入った亀裂、それによって輪郭を明確にすることを余儀なくされたミチルの誕生という視点が抜け落ちている。九回目のセッションに続き、暗闇の静止を破る力はまたしても生かしきられることはなく、「静止する暗闇」へと飲みこまれてゆく。

（六）静止した暗闇への沈滞

セラピー開始から三年が経過し、セッション数が八〇回を数えるようになった頃からミチルがしばしば繰り返した、積木を積んでは崩すというエピソードをいくつか提示する。

ミチルが積木の入ったカートを逆さ向けにして積木を勢いよく机の上にばらし、一つずつ上へ上へと積み上げていく。ミチルの手の届かない高さになると、ミチルはセラピストの手を使ってさらに高く積み上げさせる。積木の塔がぐらぐらするのをミチルは両手、セラピストは片手で支えながら、積木がなくなるまで積む。やがて塔が崩れ、積木がばらばらと降ってくる。ミチルのおでこに当たり、ミチルは「ぎゃあーッ！」と悲鳴を上げてソファに飛び込んで、ばたばたともがく。

ミチルが積木を一つずつ高く積んでいく。高くなるとミチルは崩れないように積木の塔を片手で支え、「つみきください」とセラピストに言う。セラピストが積木を取ってミチルに手渡し、ミチルが積む。手が届かなくなるとミチルは両手で塔を支え、セラピストに「つみきくださいつみきください」と繰り返す。今度はセラピストが積木を積んでいく。最後の積木を置いたところで塔が大きく揺れ、セラピストも両手で塔を支える。二人とも塔を支えて身動きが取れない状態でしばらく立ちすくむ。

ミチルが積木を積んでゆき、高くなり過ぎて手が届かなくなったところで隣に二列目を積み始める。続いて三列目を積む。三列目は早い段階でバランスを崩し、上の積木が落ちる。ミチルは少し積み直すが、わざと崩す。次いで二列目も倒す。残された一列目を前に、セラピストにはミチルが少し逡巡しているように見える。ミチルは他の遊びに移動してからしばらくして積木の塔の前に戻り、エイヤッと手を出してガラガラと塔を崩す。

ぐらつく積み木を支えてミチルと筆者がともに身動きが取れなくなる状態は、まったく見事なまでにこの時期のセラピーの状態を表現している。この時期、直接的な身体接触は減少するものの、ミチルは毎回プレイルームの玩具棚の上に上がり、天井との隙間で横になってセッションの多くの時間をぼんやりと過ごすようになっていた。筆者の中には積木が思い切りガラガラと音を立てて崩れてしまえばいいという思いと、積み上げた積木が壊れることへの躊躇があり、と言ってその両極の間で葛藤するほどの心の動きさえ起こらず、ただ漠然とミチルの動きにつき従うばかりであった。一方ではミチルが積木のぶつかった痛みに叫び、みずから積木を崩そうとする動きを見せていたことを思えば、この時期「静止する暗闇」にすっかり溶け込んでいたのは、他でもないセラピスト自身であったとさえ言えるだろう。身体接触が減少したのは、もはや直接的に身体を密着させる必要もないほどに筆者自身が個別の存在であることを放棄した状態にあったためだと考えるのが妥当だと思われる。棚の上と下に離れていてもまったく離れているという感覚をもつことができないのは、結局のところそれぞれが輪郭をあらわにしないまま暗闇に溶け込んでいるからである。

毎回のセッションを棚の上と下で過ごしながら、筆者の中で次第にミチルとの融合状態、そこでの筆者自身の主体的な動きの喪失への自覚が生じ、筆者は「ミチルから離れなくては」と考えるようになる。しかし、ただ頭で「離れよう、離れよう」と思ってみても、そもそも物理的にはずっと棚の上と下に離れているし、積木を積むにしても筆者が手を貸さなければミチルはフイッとその場を離れ、ぼんやりと一人の世界に入り込んでしまう。その「静止状態」への自覚だけは確かに生じつつあったものの、筆者はなす術もなく途方に暮れるばかりであった。

（七）暗闇の内側にはじける閃光

「静止した暗闇」にあって「離れよう」と意識することは、暗闇に溶け込み、その一部になっている自分自身を否認し、暗闇の「外側」に立つ自分自身を捏造する。それは暗闇に外側から光をもち込もうとする感覚に等しい。そこでは、暗闇に光を持ち込もうと意識的に思考する筆者自身が、既にどうしようもなく暗闇に飲み込まれた状態なのだということをまず認識しなくてはならない。ミチルと筆者はひたすらに「静止した暗闇」それ自体である。その状態にあっては「離れる」ことが可能なほどに、まだ筆者もミチルも個として存在してはいない。そこには離れて身を置くべき外側も存在しない。

「静止状態」への自覚から、積んだ積木は崩れることにむしろ意味があるのだと筆者が覚悟を決めるのと時期を同じくして、ミチルは棚の上からオセロや将棋のコマなどをカツンカツンと勢いよく床に落とすようになる。積木が崩れてがらがらと音をたててテーブルにぶつかるとき、あるいはコマが床に衝突し、真ん中から割れて弾け飛ぶとき、そこには何か二つのぶつかりあうものがある。勢いよく落下する積み木とテーブルの出会い、そこで身体に直接響く音、そこではじける火花のようなもの、それは深い眠りの先に訪れたハッと目の覚めるような瞬間であった。ミチルと筆者の「静止する暗闇」は今や圧倒的な濃さで辺りを覆ってはいるが、だからと言ってその静止状態を破ろうとする力が失われるわけではなく、その力は積み木やコマの衝突という動きとして筆者の目の前にあった。

八回目や五八回目のセッションのように現実的な制約をきっかけとして暗闇が引き裂かれることはもはや期待できないように見える今、九回目のセッションで検討したのと同様の、暗闇の内で生じる亀裂や分離が重要性を増していたのだろう。暗闇が大きな力で音を立てて分断されるという形ではなく、暗闇の中に溶け合ったもの同士がある衝突の瞬間だけ分離され、出会い、すぐにはじけて再び姿を消すという形で、ここでは暗闇に小さな動きがもたらされている。「離れる」というすでに主体が想定された行為ではなく、暗闇に外側から光を当てるのではなく、二つのものが出会うその瞬間、「静止する暗闇」の内側に一瞬の「光」が舞う。

次に挙げるのは本当に小さな一場面だが、それでもほんの一瞬、暗闇が晴れ、筆者がミチルに出会えたような気がしたエピソードである。それはミチルが久しぶりに直接的な身体接触を求め、筆者におんぶをさせてぴったりと筆者の背中に身体を沿わせてきたり、筆者の背中でぎゅうっと身体を丸めて隠れるようにしたりという融合の感覚がひときわ強いセッションの、不意に訪れた隙間の時間だった。

#126

ミチルはソファに寝そべって大きなぬいぐるみと戯れている。セラピストは近くのテーブルに寝そべって天井を見上げ、久々の強烈な融合の感覚に諦めにも似たような思いで途方に暮れつつ、それでもぼんやりミチルとの分離ということを考えていた。セラピストの口から知らず知らずに「ピッポピッポピポポポ…」という音が零れ落ちる。ハンプティ・ダンプティのメロディである。クスクスというミチルの笑い声が聞こえ、よくある空笑いとは違ったトーンにセラピストは何かあったのかと起き上がってミチルを見る。ミチルはおかしなものを見るかのような顔つきで、まっすぐセラピストを見ている。しばらく二人で見つめ合ってから、セラピストはさっきの笑い声は空耳だったのかしらと目を逸らし、先ほどと同じように寝そべって天井を見上げる。また「ピッポピッポピポポポ…」と繰り返す。今度はククッという笑い声に続いて「ピッポ・ピッポ・ピポポポ」というミチルの声が聞こえる。セラピストがハッと意識がクリアになるような感覚でミチルを見ると、ミチルとバチッと視線が合う。

ここには外的な現実は何も作用していない。「離れなくては」という意識も放棄されている。それどころか、暗闇の中でぼんやりと天井を眺める筆者は「静止する暗闇」に徹底的に沈潜していると言っても良い。

そのとき、筆者の口から意図しない奇妙な音が零れ落ちる。それは言葉としての意味をなさない、単なる音の連なりである。筆者は自分の口から音が零れ落ちたことに対して自覚的でさえなく、ミチルから聞こえてきた笑い声とそれを結びつけることもないままに視線を再び天井に戻し、なかば自動的に同じ音を繰り返す。するとさっきよりもずっとはっきりとミチルの笑い声が聞こえ、それに続けてミチルが奇妙な、しかし筆者には馴染みのある音を口にする。そのミチルの行為は筆者に言葉を返したというよりも、筆者の口から零れ落ちた奇妙な音を拾いあげたという程度だったと思われるが、それが自分の出した音と同じだということに気づき、筆者はハッと覚醒する。おそらくそれより先、筆者の口から奇妙な音が零れ出したとき、その音はミチルの何かを覚まし、ミチルにおいても新しく筆者の存在が認められていたのだろう。そこでミチルと筆者はしっかりと視線を合わせる。

ここではコマが床にぶつかるように、ミチルと筆者の間で音の、あるいは視線の「衝突」が起こっている。目を合わせるためには二人は分離されていなくてはならず、バチッと二人の視線が出会うとき、暗闇に火花が飛び散り、「静止した暗闇」には小さな亀裂と一瞬の動きがもたらされているのを認めることができる。

四．暗闇の観点から見る「自閉症」

（一）「静止する暗闇」を破る力

自閉症という「静止する暗闇」と、そこに内在する暗闇を破ろうとする力に着目して自閉症児とのプレイセラピー過程をたどってきた。そこでは「静止する暗闇」が異物を飲み込み、あらゆるものを均質化する動きを繰り広げながら世界を覆っていく様子と、暗闇に亀裂が入り、「静止する暗闇」に動きが生じる瞬間が捉えられ、「静止する暗闇」がみずからを創造し、維持する力の強さと、それを破ろうとする力との拮抗が確認された。

暗闇に亀裂を入れる力は、たとえばプレイルームの内と外の移動（#8、#58）といったような現実的な動きに伴って現れることもあるが、自閉症において、静止にとどまろうとする暗闇の力は強く、現実的な分離の契機もやがては暗闇の静止状態を破る契機としては作用しなくなる。さらにはセラピストまでがすっかり「静止する暗闇」の内に融解し、その深みへとただ沈み込んでいってしまう。たった一度の亀裂によって自閉症という暗闇の静止状態がすっかり解消され、そこに流れが生じるわけではない。そこに生じた動きを均し、亀裂を塞ぎ、再び世界を動きのない世界に戻してゆく力の強さが、自閉症である。本事例が示したものは、自閉症の世界の内側で起こる「静止する暗闇」の覇権とそれを破る力が生成する瞬間の繰り返しであったと言える。

事例の検討を踏まえ、暗闇の内側で動く力について若干の考察を付け加えることができると思われるので、ここでまとめておきたい。

最後に取り上げた一二六回目のセッションで触れたように、暗闇の静止状態はプレイセラピーの終了（#8）や心地よい時間の強引な終了（#58）といった現実的な時間や場所の変化によってのみならず、暗闇の内側に生じる衝突という形によっても破られることがある。これは九回目のセッションでミチルがトランポリンに後頭部をぶつけたエピソードや、積み上げては崩れる積木のエピソードにも見て取られる。それらの出来事において着目すべきことは、「静止する暗闇」への沈潜の先に現れる異質なもの、そして、「衝突」に含まれる分離と結合の同時性という二点にあると思われる。

事例の検討に先立つ箇所で、筆者は自閉症という「静止する暗闇」が「反復的な行動」や「同一態維持への固執」によって維持されなくてはならない背景として、暗闇の静止状態を破る力の存在を想定した。事例の検討（特に#9-1、#9-2、#126）を通じて明らかにされたことは、暗闇の静止状態を破る力が、静止を維持しようとする力に単純に対立するものとして存在するのではなく、静止状態の深みに沈み込んだ先に現れるのだということである。暗闇に突如現れたトランポリン（#9-2）や筆者の口から零れ落ちた奇妙な音（#126）がそうであったように、「静止する暗闇」に個を融解させ、身を任せたその先に、避けがたく異質なものが姿を現す。そしてそれが、暗闇の静止状態に瞬間的に姿を現す「他者」であり、暗闇に亀裂を入れることにもつながる一つの契機になるのではないだろうか。

補足になるが、八回目や五八回目のセッションで見られた現実的な変化に伴って生じた亀裂も、それが「静止する暗闇」の内側において静止を破る動きになりえたからこそ、泣き叫ぶミチルを生み出したのだと理解される必要がある。現実的な出来事に目を奪われることなく、漠然と広がっていた「静止する暗闇」の内側から、突如圧倒的な意思や動かしがたい時間の制約という「他者」が姿を現した出来事として、それらは捉えられるべきである。なぜなら自閉症という「静止する暗闇」に外側は存在せず、それらの制約がミチルの叫びを生む契機になったという事実は、それが自閉症の世界の内側に生じた引き裂きであったということを示しているからである。九回目や一二六回目のセッションにおける衝突がミチルとトランポリンやミチルと筆者という個人的な次元で起こったものである一方で、これらのエピソードは自閉症的世界と日常的世界という次元で起こった衝突だと言える。

（二）暗闇に生じる衝突と自閉症児の主体の生成

事例の検討から、暗闇の内側から生じる異質なものの存在は、「衝突」という運動によってそこにあることが知られるということが示唆された。分離されていなければ衝突することはできず、衝突の瞬間、それらは一つになるという意味で、「衝突」はその内に分離と結合という対立する二つの運動を同時に実現する。さらには、ここで考えている衝突が、個が融解した暗闇の中から生じるものであることを考慮すれば、そこには融合からの分離、そして結合という動きがすべて同時に実現されていることがわかる。

衝突は何をもたらすか。――二つのものがぶつかり合い、そこに火花が飛び散るように、その瞬間の出会いは光を生み出す。火花は一瞬のうちに消滅するものであって、それ自身において「今」という瞬間を具現する。衝突によって飛び散る光は「静止する暗闇」に飲み込まれるより先に、それ自体の必然性において消滅する。その光の自律性は暗闇を超え、過去も現在も未来も存在しない自閉症の「静止する暗闇」に「今」という区切りをもたらすと考えられるのではないだろうか。

先に述べたように「神話的主体」は客体としてあり、たとえば日の出の瞬間、太陽は神であり、彼らの主体はそこに認められる。自閉症児の主体を考える際にも「静止する暗闇」に区切りが生じる瞬間、たとえば泣き声が上がる「今」や火花が飛び散る「今」という観点は重要になる。しかし事例を通じて、ミチルの主体はプレイルームと外の世界の行き来に泣き叫ぶという行為によって、あるいはプレイルームのおもちゃや筆者の視線に「ぶつかる」という身体を使った体験において見られた。このことは、自閉症が「神話的主体」のように対象との親密な関係において主体を体験するということはやはり難しく、自閉症において、自閉症児みずからの身体によって「瞬間」が実現することの重要性を示していると考えられるだろう。河合は主体の確立において「一度自分を極端な形で風景や対象から引き離すという否定の作用が必要になるところが大切なのである。あるいはこれほどの否定の作用がない限り、対象に埋没していたところから主体が確立されることは不可能なのである」[45]と述べる。河合はこれを思春期の子どもが主体を確立するときという文脈の中で述べているが、これは自閉症にも当てはまるであろう。漠然と広がる「静止する暗闇」が徹底的に引き裂かれ、自閉症児がその痛みに激しく泣き叫ぶその行為において、自閉症児の主体は生成する。あるいは暗闇の内側に衝突が起こり、光がはじけ飛ぶ瞬間、その光は自閉症児の主体の萌芽である。その一度の体験が自閉症児の主体を持続的に確立するわけではないということは事例からも明らかなので繰り返さないが、自閉症児の主体もまた、実体としてではなく行為として、暗闇に飛び散る自律的な「光」として生成すると言える。

おわりに——光の集積としての主体

自閉症の「静止する暗闇」については次章で引き続き検討を加えるが、ここまでを踏まえ、主体なき世界に一瞬の火花として生成する自閉症児の主体というあり方が、「近代的主体」にとっても決して無関係なものではないという点を最後に指摘しておきたい。

本章では「近代的主体」と「自閉症における主体」を区別して自閉症の世界について考えてきた。しかしながら事例を検討した際に考えられた、暗闇に弾け飛ぶ一瞬の火花としての主体とは、「近代的主体」を確立した者が絶えず繰り返し生成している「私」でもあると考えられるのではないだろうか。「近代的主体」を確立した者は呼吸する自然さで連綿とそれを営むために、その瞬間の動きが突出したものとして体験されないに過ぎないのではないか。本章第二節において、「近代的主体」が暗闇を自分自身の内に取り込み、暗闇（あるいは「無意識」）を見るという行為によって、その否定としてみずからを主体として定位するものであると述べた。しかし自閉症の世界を通じて見てきたように、暗闇はたとえ静止しているように見えてもそれ自身の内に静止の力と静止を破る力を含み、時としてその激しい攻防を繰り広げている。それは「近代的主体」を確立した者の内側に閉じ込められた暗闇についても同様で、そこには絶えず動きが存在し続けており、その結果として現れる一瞬の光の集積として「近代的主体」の「私」があるとは考えられないだろうか。

第六章　暗闇の変容と光の生成

本章では心理療法場面における自閉症児とセラピストという治療的二者関係のダイナミズムを視野に入れ、自閉症という暗闇に内在する動きをさらに明瞭に描き出すことを試みる。まずは前半で「近代的主体」を前提としない自閉症の心理療法が暗闇という観点からいかに捉えられるかについて、心理療法以外の自閉症へのアプローチについても検討しながら筆者の立場を明確にする。そして後半では、筆者の自験例をもとに「暗闇の変容」と「光の生成」いう観点から、静止する暗闇の変容過程として自閉症の心理療法を論じていく。

一．自閉症の心理療法における「主体」の問題

（一）自閉症の心理療法の「前提」

現在、自閉症児に対しては多様な専門的支援が用意されているが、その中で心理療法理論に根ざすプレイセラピーが占める割合は決して高くない。むしろ心理療法に対しては否定的な見解も散見される。たとえば、前章でも言及した自閉症スペクトラムの提唱者であるウィングは、自閉症における「想像力の欠如」という特徴を根拠として自閉症の心理療法（プレイセラピー）をはっきりと否定する。[1] ここで彼女が批判の対象としている心理療法は、アクスライン（V. M. Axline）の有名な「八つの基本原理」[2] が示すような、子どもの主体性を尊重し、治療者と子どもの関係性を重視する非指示的プレイセラピーであると考えられ、その治療論において前提とされているものそれ自体が自閉症の定義に合致しないとウィングは述べるわけである。

このウィングの見解は確かに理に適っているが、しかしながら、ここで彼女が批判する「心理療法」はあまりにステレオタイプ的であると言わざるをえない。ポスト・クライン派の立場から自閉症児の心理療法を実践する平井[3]が、自閉症児に対しては象徴化能力に焦点づけた新たな心理療法が必要であると論じるように、心理療法は一度その原則や原理が確立されてしまえばそのまま固定され続けるようなものではない。それは変化する時代や文化を生

きる生身の人間を相手にするものであって、新たな対象とのその都度の出会いを通じて崩されたり再考されたりするようなもののはずである。田中は発達障害の心理療法について論じる中で、心理療法は発達障害という新たな観点を得、これまで心理療法が前提としてきた「物語」やセラピストの「中立性」、「適応」といったような観念を放棄し、新たなものへと変容する必要性に迫られていると指摘する。(4) セラピストが子どもとの間に信頼関係を築くことによって子どもが自由な遊びを展開し、遊びを通じて自己治癒がもたらされるといったような従来のプレイセラピーの枠組みは、他者と関係を築く基盤となる子どもの主体性を前提としてはじめて成立するものである。前章で検討したように、自閉症を主体のなさによって捉える筆者の立場は、そのため従来のプレイセラピーの前提を否定していることになる。当然ながら、そこで筆者は新たなプレイセラピー（心理療法）の枠組みを再考しなくてはならない。

（二）心理療法における「主体」

自閉症が心理療法にとって新たな対象であると考えられるのは、私たちの主体のあり方と心理療法という営みが密接に関わってこれまで発展してきたことによる。心理療法の始まりを古代のシャーマニズムに辿るエレンベルガー（H. Ellenberger）は、古代の世界における病と治療者について次のように述べる。

古代の概念によると、病気とは魂が――自発的にであれ偶然的にであれ――身体を離れる、あるいは亡霊や魔術師によって盗まれることによって起こるものである。治療者は、失われた魂を探し出し、奪還し、それがそもそも属していた身体に再び納めるのである。(5)

古代にあっては悪くなった部位や原因の特定が重要視されることはなく、また、「仮に治療者が、その技法がある種のいかさまであると知っていたとしても、治療者が自分自身の力を信頼していること」(6)が治療を効果的なものにするために必要とされる。そこでは魂の奪還方法さえも、定式化されたり最重要視されたりすることがない。さらにはシャーマンによる治療は共同体の中で行なわれるのが通常であったから、そこでは魂を喪失した個人への、なぜその人の魂が失われたのかという問いも重要ではなかったと考えられる。それは人間が「近代的主体」を確立し、「心と身体」といったような二分法的世界観を獲得する以前、人間の身体が魂の運び手に過ぎなかった世界における「心理療法」である。

時は流れ、現代の心理療法はその源流を一九世紀末のウィーンで活躍した精神科医フロイトにたどることができる。フロイトが、ブロイアー（J. Bleuer）との共著になる初期の論文「ヒステリー諸現象の心的機制について―暫定報告」で示したヒステリー治療についての見解は、先に示した古代の病あるいは治療のあり方との相違を明示している。

　われわれの経験は、ヒステリーの自発的な、いわゆる特発的な作用とみなされる多様な症状は、そのきっかけとなるトラウマと非常に密接な関係があることを示している。(7)

　はじめは大きな驚きであったが、われわれは個々のヒステリー症状が、そのきっかけとなった出来事の記憶を完ぺきな明瞭さでよみがえらせ、同時に、そこに随伴した感情を呼び覚ますことに成功するならば、そしてさらに、患者が可能な限り詳細にその出来事を描写し、その感情に言葉を与えるならば、ただちに、そして再帰することなく消失するということを見出したのである。(8)

本来目で見ることも数値で表すこともできないはずの「心の病」が、ここでは過去の外傷体験という原因をもち、その原因を究明し、それをきちんと体験し直すことで症状は除去されるという治療論が明確に示される。心理療法の形態にしても、フロイトは患者と一対一で会うこと、治療者は極力患者に見えない位置に座ることなどといった厳格な構造化を行ない、患者を一人の個人として扱う「個人心理療法」の基礎を作り上げた。フロイトが晩年に述べた「精神分析は、自我がエスを次第に征服してゆくことを可能にすべき道具である」[9]という有名なことばが端的に表すように、近代の心理療法とは私が私の内の未知なる部分について語り、それを明るみにだす（洞察する）ことによってなされる。それはもはや古代の心理療法のように非個人的な魂の存在を感じ、その魂との関係において症状を捉えようとする作業ではない。それは私という一個人の内にある自己関係を前提とした治療法であり、私という意識の光によってみずからの心の内にある闇を照らす作業なのである。

個人の主体の問題をフロイトがいかに考えていたかについては、心理療法場面において患者が治療者に向けてくる感情、すなわち転移（transference）に関するフロイトの見解からもうかがうことができる。転移という概念それ自体は古くから存在し、フロイトも一八九五年に発表された論文「ヒステリー研究」の中で既にそれに言及している[10]が、当初フロイトは転移を極力起こさないことに重点を置いていた。しかしエレンベルガーが「フロイトの新たな功績とは、抵抗や転移といった概念を導入したことではなく、それらを治療上の基本的な道具として分析するという考えにある」[11]と指摘するとおり、後にフロイトは転移を治療の道具として積極的に意味づけることになる。一九一四年の論文「想起、反復、徹底操作」の中でフロイトは転移について次のように述べる。

（精神分析治療においては）彼［患者］がおおよそ完璧に自由な状態でみずからを開示することが許され、分析対象となる魂の生命の内で、病的本能という形において隠し持っていたすべてのものをわれわれの前に披露する場としての転移を、彼に開くのである。[12]

転移という現象によって通常の神経症は「転移神経症」という人工的な病気に置き換えられ、治療者の介入があらゆるところで作用しうるものになるとフロイトは考えた。そこにおいては治療者の主体的な意図によって操作されうる客体として、転移という現象はある。先に指摘したように、フロイトは心理療法を通じて自我の成長に重みを置く。エスという未知なる「闇」は、観察する治療者の、そして患者自身の自我の「光」のもとに照らし出されなくてはならない。意識と無意識、すなわち光と闇を引き裂き、二極的に捉えることでフロイトは近代の心理療法の基礎を構築したと言える。

（三）ユングの転移論に見る心理療法の「主体」

フロイトとともに精神分析を推し進め、やがて見解の相違から袂を分かつことになったのが、ユングである。彼がフロイトの「転移とは何か」という問いに対して「それは分析的手法におけるアルファでありオメガである」と答えたことが、フロイトからの信頼を得、彼らがともに精神分析という運動を主導していくことになったというエピソードは有名である（*GW16*, §358）[13]。しかしフロイトとの決別以降、ユングは独自の分析心理学を構築し、転移についてもフロイトとは相当に異なる見解を示すに至る。

まず治療者の立場についてユングは「治療者にとって患者の影響から身を隠し、父性的で専門的な権威という煙幕を張り巡らせることは無益である。そうすることによって治療者は非常に重要な情報器官を放棄することになるだけである」（*GW16*, §163）[14]と述べる。治療者と患者の区別を明確にし、治療者が客観的な観察者としてあることはできず、むしろ治療者が積極的に関与する態度が心理療法には必要だとユングは考える。なぜなら「治療者は患者と同程度に『分析の内側』にいる」（ibid., §166）からである。現象の内側への参入という姿勢はユングによる分析心理学の基本にあり、それはユングの神経症の捉え方にもよく表れている。ユングはフロイトのように過去の外傷体験に現在の神経症を還元することなく、「神経症は日々育ち、いわば日々新たに創り出される。そして神経症が『治癒』されうるのはまさに今日なのであって、昨日においてではない」（GW10, §363）[15]と考えた。

「転移」においても「分析」や「神経症」と同様、ユングはその現象の内側で動くイメージに関心を向ける。転移についてのユングの考えはその後期の著作である『転移の心理学』[16]からうかがうことができる。ユングは、患者から治療者への無意識的内容の投影が不可避である以上、患者と治療者は「共通の無意識に基盤を置く関係のうちにある」（GW16, §364）ことも避けられないと考え、転移は「治癒のために必要不可欠なもの」（ibid., §359）であると述べる。転移においてこそ、意識に対して相補的に働く無意識的内容が開示されるとユングは考えたのである。治療者や患者の個人的な意識や個人的な次元での治療関係という観点に立つのではなく、より普遍的で客体的な心──集合的無意識とユングが名付けたもの──の観点に立ち、そこから魂の現象を捉えようとするユングの姿勢が、そこには反映されている。

さて、『転移の心理学』で転移を論じるにあたってユングが用いるものが、「哲学者の薔薇園」という錬金術のシンボル体系である。そこには①メルクリウスの泉、②王と女王、③裸の真実、④浴槽の水に漬かること、⑤結合、⑥死、⑦魂の上昇、⑧浄化、⑨魂の帰還、⑩新たな誕生というタイトルがそれぞれに付された十枚から成る一連の絵が並び、王と女王という対立物が「第三のもの」としての魂の変容に襲われ、その内側で王と女王もまた変容してゆく過程が描かれる。

ユングが「哲学者の薔薇園」をもちだすに際し、「治療者が患者とともに無意識に取り組みながら観察し、発見することは、それらの挿絵の意味内容と不思議なほど一致している」（ibid., §401）と述べることから明らかなように、ユングは治療者と患者の関係性を王と女王によって象徴させて還元的に論じようとしているわけではない。これら十枚の絵は、患者とともに既に分析の内側にいる治療者の体験そのものなのである。

王と女王という対立物の結合は、ユングが繰り返し述べるように王と女王の近親相姦であり、はじめから結びついていたものの対立であり、結合である。このように王と女王という結合物の対立、対立物の結合という動きはそもそも矛盾を内在する。一つの課題を達成して次に進むというように、徐々に段階を経て実現してゆくものとして、それをイメージすることはできない。そのため、それは「奇妙な無意識的時間の流れ」（ibid., §376）が開始された世界で展開する、論理的な動きとしてしか捉えようがない。ユングにとっての転移は治療のための道具として用いられるようなものではなく、治療者と患者の瞬間的な「無意識的同一性」（ibid., §376）であり、奇妙な無意識的時間の流れる世界へと二人をさらうものである。そして治療者は、その転移の内側で、魂の論理的な動きを見出し、それを体験するのである。

二．暗闇の観点から見る自閉症の心理療法

（一）セラピストの「私」の融解と凝縮

自閉症に主体の成立を認めない筆者の立場にとって、セラピストとクライエントそれぞれの個人的な自我や主体を絶対視せず、セラピストとクライエントがともに一つの現象の内側にあると捉えるユングの転移理論は非常に示唆に富むものである。自閉症の心理療法においては自閉症児のみならず、セラピストもまた一個の明確な輪郭をもつ主体であることをやめ、その自閉的な世界に完全に飲み込まれるかのような状態に陥ることがしばしばある。たとえば山中は自閉症児とのプレイセラピーを論じる中で「治療が進展すると、距離が一時期《零《ゼロ》》になる密着、共生状態が必ず起こる。これは距離をいわば消去する過程である」と述べ、それを「共人間世界への道程の中に位置する一過性の状態」として理解している。[17] この山中の指摘は、自閉症という主体なき世界にセラピストが共に融解していくことに対して積極的な心理療法的意義を認めるものだと言えるだろう。自閉症の心理療法においては、「近代的主体」を確立しているセラピストが、つまり「私」と「他者」との間の区別を当然のこととしているセラピストが、その「私」を手放すことができるかどうか、そして自閉症という現象の内側へと飛び込むことができるかどうかという点が重要になる。

このことを「静止する暗闇」という表現を用いて捉え直せば、自閉症の心理療法においてはセラピストが自閉症という暗闇に飲み込まれることは当然であると考えたほうが良いということになる。暗闇が自閉症児を飲み込み、その一部としているのと同様に、セラピストもまた暗闇に融解し、その一部になる。心理療法が「理解や共感だけではなく、その人のすべてに挑む」(GW16, §367) 営みであるからには、セラピストは自閉症の「静止する暗闇」にみずからの「私」が失われるまで巻き込まれざるをえない。そしてそこを満たしている暗闇それ自体の変容に自閉症児とともに襲われてゆく過程として、自閉症の心理療法は存在すると考えられる。

しかし前章で考えられたことを鑑みれば、セラピストがただ「私」であることをやめ、自閉症の暗闇に溶け込んだとしても、それはセラピストが自閉症において不自然に維持され続けている暗闇の静止状態の一部になるに過ぎないということは、当然ながら考慮されなくてはならない。

この点を考えるにあたって、先にも取り上げた山中の論文で報告されている事例は参考になる。ある時、セラピスト（山中）は、固められた積み木を蹴り崩すというある自閉症女児の反復的な行為に気づく。それからセラピストと女児の間で、セラピストが積み木を集めては彼女がそれを蹴り壊すということを延々と繰り返す。しかしふと、セラピストは彼女が積み木を蹴ろうとした瞬間に積木を腕の輪の中に抱え込んで彼女の行為を妨げる。それによって女児はひどいパニックに陥るがセラピストは譲らない。そしてその後に、他のハプニングも手伝って、彼女が生き生きとした表情でセラピストに抱きつくという出来事が起こる。(18)

固められた積み木を見つけては壊すという、言わば常同的に繰り返されるその行為に、セラピストはその意味を問うことも、無意味だと断罪することもない。セラピストは、そうしたみずからの日常性や主体性を放棄し、ただその一連の行為に参入する。セラピストが「なぜ」と問うことを放棄した場で起こったことを考える際には、私たちもまた、セラピストがなぜそれをしたのかを問うよりも、まずはそれによって何が実現したのか、それが何によってもたらされたのかという点に目を向けることから始めるべきであろう。このエピソードで実現されていることとは、セラピストと自閉症児の生き生きとした出会いである。そしてそれを可能にしたものが、自閉症児のパターン化された行為の一部になりながら、ある瞬間、わけもなくそれに対立し、その連続性を断ち切ったセラピストの行為である。セラピストの瞬間的なひらめき、そして自閉症児の激しいパニックを引き起こしながらも手を緩めることのなかった徹底した姿勢が、セラピストと自閉症児の出会いを可能にしたのだと考えられる。自閉症児の反復的な行動に加担しながらも、すなわち自閉症の「静止する暗闇」に溶け込みながらも、セラピストはある瞬間能動的に行為することによってはっきりとその固有の輪郭を明らかにする。それは「静止する暗闇」の内に凝縮する異物であり、異物の生成は「静止する暗闇」の均質性を覆し、そこに差異を生じさせ、暗闇に動きをもたらす。そのことは、山中の事例において自閉症児の示したひどいパニックがまさに証明している。従来の心理療法では言及されることのなかったセラピストが「私」を手放すことの必要性と、さらにはある瞬間に結実するセラピストの「私」が、自閉症の心理療法においては重要であると考えられる。

（二）自閉症の心理療法における「枠」

ユングの転移理論を参照して主体を前提としない自閉症の心理療法について考えたが、ユングの転移理論が自閉症を念頭に置いて構築されたものではないという点については、当然ながら注意が必要である。ユングが分析治療の対象としていたのは主に神経症や統合失調症という既に確立された主体に関わる疾患であるため、主体の生成そのものに困難がある自閉症とは区別されなくてはならないだろう。そしてその区別は、心理療法の「枠」あるいは心理療法という作業の「器」をいかに捉えるかという点にもっとも顕著に現れると思われる。

心理療法においては時間や場所、料金といった外的な条件、加えて、クライエントからの要望にいかに応じるか、応じないかといったセラピストの態度によって、面接の場が構造化されている。それが「枠」と呼ばれ、心理療法の実践の場においても非常に重視されるものである。その枠組みによって心理療法の場は日常から一線を画す特別な場所になり、それは限定されながらも守られた空間として、クライエントの内的な語りを引き出し、受け止めることを可能にする「器」になると考えられる。

しかし自閉症という暗闇の内で進行する心理療法において、時間や場所といった現実的な構造化が、すなわち心理療法の枠組みとなってその場を特別にすると期待することはできない。自閉症児においては、それらが必ずしも彼らが内的に体験する区切りに一致しないためである。さらにそこでは、近代的主体の成立を自明のこととしているはずのセラピストの思考も次第に曖昧になり、自他の境界が失われていく。自他の区別を前提とする関係性が成立しないその暗闇の中で、セラピストの態度によって枠組みを作ることは決して容易ではない。自閉症の心理療法において、セラピストと自閉症児は茫漠と、果てしなく広がる暗闇に溶け込むことになる。確固たる輪郭をもつ器の枠内で進行するプロセスというイメージは、そこにはそぐわない。

このように、自閉症の心理療法にあっては実体としての枠を期待することができないと考えたときにも、「奇妙な無意識的時間」（GW16, §376）の内で展開する論理的な動きとして転移を捉えるユングの考えは大いに参考になる。自閉症の心理療法において重要なことは、決して現実的な枠組みを意識し、遵守しようとするセラピストの行為ではない。そこを支配しているものは暗闇の力動であり、枠組みというものがその場にもたらされうるのだとすれば、それもまた暗闇の力動の必然としてしか生じえない。たとえば山中の事例がそうであったように、治療者が自閉症児の行為を妨害し、厳然とした壁のようにしてその「私」を明らかにするとき、何もなくただ茫漠と広がる暗闇に一つの果てができる。そしてそこで自閉症児と治療者のぶつかり合いが生じる。それはすべてを飲み込む暗闇の中に異質なものが立ち現れるときであり、暗闇に差異が生じるときである。この差異こそが自閉症児の心理療法においては枠として機能すると考えるべきである。その差異の生成という動きこそが、自閉症の心理療法における器になる。それはクライエントや心理療法の場を日常から区切り、包むものという具体的なイメージではない。むしろそれは区切りの生成それ自体であり、境界は衝突という動きとともに、その動きの中に見出される。自閉症の心理療法は「静止する暗闇」の中でしか進みえない過程でありながら、同時にそこに動きをもたらし、境界を生成する作業を進めていく過程でもあると考えられる。

ここで暗闇の内から生成する枠は、それが暗闇に飲み込まれることがないという特徴から、自他の区別なく広がっていた闇に現れる「他者」、あるいは「光」として語ることができるだろう。自閉症という「静止する暗闇」の心理療法は、暗闇の内側に差異が生じること、すなわち、暗闇の内側に、何らかの形で光が生成することであるとも言うことができる。

三. 自閉症への関わりの批判的検討

ここでは心理療法とは異なる角度からの自閉症へのアプローチを検討し、それによって逆に、自閉症の心理療法を「静止する暗闇」とその内側に光が生成するプロセスとして捉える筆者の立場をより明確にしていきたい。まずは時代をはるかに遡って啓蒙時代の自閉症児への関わりを取り上げてから、現代の自閉症へのアプローチを療育的関わりと発達心理学的アプローチという二点に絞って検討する。

（一）啓蒙時代の自閉症への関わり――「アヴェロンの野生児」から

カナーによる自閉症の発見[19]に先立って、「歴史上、明確に状態像が把握され、公表された最初の自閉症児[20]」の記録が存在している。一八〇〇年、啓蒙思想が席巻するフランスの森の中で精神医学者ピネル（P. Pinel）によって発見され、その教育を担当することになった聾唖施設の医師イタール（J. Itard）によって後にヴィクトールと名づけられた「アヴェロンの野生児」である。

精神科医であり、先に紹介したローナ・ウィングの夫でもあるウィング（J. Wing）は現在の自閉症概念に基づいて、ヴィクトールに観察された視聴覚機能の敏感さのばらつき、クレーン現象、同一態維持への固執などの行動特徴から、現代の目から見ればヴィクトールにおいて自閉症が示すほとんどの診断的特徴が認められることは疑えないと述べている[21]。しかし「自閉症」という概念自体がまだ存在しない一八〇〇年当時、イタールはヴィクトールを教育の機会が与えられなかったための「白痴状態」であると捉え、彼への「教育」を開始した。イタールがその教育に試行錯誤する過程は、『アヴェロンの野生児―ヴィクトールの発達と教育』に収められた二つの記録[22][23]から詳細に知ることができ、そこでイタールが掲げたヴィクトールへの教育は次の五つのポイントにまとめられる。①「彼を厚くもてなし、彼の趣味や好みを大いに尊重すること」、ただし彼の「諸能力を不活発にさせるような欠点をもつ習慣」については制限を加え、教育的環境を整える。②「〔熱〕刺激」や「魂の感動という刺激」を利用して彼の諸器官の感受性を発達させる。③遊びを通じて注意力、判断力、視線の固定を引き出す。その際には「ご褒美、罰、はげまし、教育の新しい手段」として彼の好きな食事を用いる。④単語とその指示対象物を同時に提示し、模倣させることによって言語を習得させる。⑤彼の高所に対する極端な恐怖を利用し、訓練を嫌がって発作を起こしたときには敢えてその恐怖を喚起し、発作を中断させる。[24]

イギリス経験論の父とされるロック（J. Locke）およびコンディヤック（E. Condillac）から、啓蒙思想家であるルソー（J-J. Rousseau）に至る思想の影響を受けたイタールは、はっきりと教育的立場からヴィクトールに関わっている。カント（I. Kant）が端的に「啓蒙とは、自己責任による未成年性からの人間の出立である」[25]と述べるように、啓蒙（en-*lightenment*）という語がまさに示す通り、それは暗い（蒙）状態にあってうまく働いていない人間の本性である理性に光を当て、明るく（啓）照らして十分にその本来の力を発揮することに価値を置く思想である。そこでは光に照らされた状態が理想として掲げられ、それに比して、闇は光を当てられるべき未熟な状態を意味するものへと分極化される。啓蒙思想というと「自然に帰れ」という叫びが思い起こされやすいが、それまでの啓蒙思想を批判しながらさらにそれを高めたルソーは既に森を離れた人間が自然に帰ることの不可能性をはっきりと認め、次のように述べている。

わたしは、神の声に呼び掛けられて、人類が天なる知性の光と幸福へと招かれていると確信しているものである。こうした人々であれば誰もが、まず美徳を学んで知り、次にこれを実践する義務を負っているのであり、日々の徳行を積むことで、永遠の報奨をうけるにふさわしい存在となることに努力するだろう。[26]

もはや文明を捨てて自然に帰ることなどできず、それならば、人間はその本性である自由で道徳的な生物として生きるべきであるとルソーは強調する。そして、そのための情操教育の必要性を彼は指摘した。

しかしおよそ一〇歳を超えるまで森で育ち、その後文明の世界に連れ出されたヴィクトールの場合、ことはそれほど単純ではなかった。教育のためヴィクトールに厳しい懲罰を与え、彼が涙を流すのを見たときの思いをイタールルは次のように述懐する。

そんなとき私は（中略）いまにも自分に課した仕事を放り出しそうになり、無駄に時を費やしたと思い、この子を知ってしまったことをどれほど後悔したことでしょう。また、彼を穢《けが》れない幸福な生活から最初に引き離した人びとの、不毛で非道な好奇心をどれほど声を大にして糾弾したことでしょう。(27)

結局イタールは六年の歳月をヴィクトールの教育に費やし、諸感覚の活性化、他者との感情の交流といった面でそれなりの成果はあげながらも、ついに「聴覚および音声器官がほとんど完全に無能なため、この青年の教育はまだ不完全で、永久に不完全であるに違いない」(28)と結論を下すことになる。六年の教育ののちにイタールがヴィクトールの教育から見出したものは失望がほとんどであり、「野生児」と文明化された人間との埋めようのない断絶であった。それは、非文明的な闇は光のもとに照らし出されることが善であり、それは人間の義務でもあるという時代精神に対する一つの大きな挫折であったと推察される。

さらに次のようなカントの言葉を聞けば、イタールの苦しみのやり場のなさがさらにはっきりする。

未成年性とは、みずからの悟性を他者の導きなしに行使することのできなさである。この未成年性は、その原因が悟性の欠如にあるのではなく、その悟性を他者の導きに依らず行使する決断と勇気の欠如にあるとき、自己の過失なのである。(29)

ヴィクトールへのイタールの関わりは常にイタールからの一方向的なものであり続け、そのことが何よりもイタールを苦しめたのではないかと筆者には思える。教育を与えてもヴィクトールは拒絶するか、その場限りで根づかないかがほとんどであったから、イタールの徒労感は想像に難くない。そしてヴィクトールと直接に接していたイタールが、ヴィクトールの決意と勇気の不足を責めるべきだと思ったとは考えにくい。だからこそイタールはヴィクトールのために胸を痛め、彼を最終的には「白痴」であると結論づけたのであろう。教育によっても闇と光の距離が縮まることはなく、ヴィクトールは野生児の状態に、つまり啓蒙思想の立場から表現するならば、光の届かない闇のままであり続けたのである。

（二）療育的関わり——ＴＥＡＣＣＨを中心に

ヴィクトールの変わらなさがイタールを苦しめたと考えられるが、そのヴィクトールの変わらなさこそ、後に「自閉症」という概念に回収されてゆく特徴であった。既に触れたように、イタールはヴィクトールに記憶力や注意力の促進を試みる際、そのための導入としてヴィクトールの好物を利用した。これは行動療法的立場からの自閉症への関わりとして知られる応用行動分析（ABA; Applied Behavior Analysis）で用いられる、いわゆる「強化子」に相当すると言える。他にもヴィクトールへの教育に際してイタールが行なったことは、今から二〇〇年以上も前のことであるにもかかわらず、所々で現在自閉症への関わりとして広く利用されている療育的なアプローチに重なるところがあって興味深い。物の名前を覚えさせるためにその物のデッサンを用いた点、外出の合図として「外出の前に、彼がそれに気がつくような準備をすること」[30]を心がけた点など、自閉症児の視覚優位性を利用するＴＥＡＣＣＨプログラムで用いられる「絵カード」や「視覚的スケジュール」に共通する工夫であると言える。

さて、ＴＥＡＣＣＨ（Treatment and Education of Autistic and related Communication handicapped CHildren）プログラムとは、一九六〇年代後半からアメリカの心理学者ショプラー（E. Schopler）によって始められた自閉症児の療育プログ

ラムである。自閉症への療育的アプローチとしては、ＡＢＡが主に行動面に絞って焦点を当てる一方、ＴＥＡＣＣＨではＡＢＡの手法なども適宜取り入れながら自閉症者への教育・生活・社会活動に渡る包括的な支援法が考えられている。そのため、ここでは療育的関わりとして特にＴＥＡＣＣＨを取り上げてみたい。

佐々木はＴＥＡＣＣＨの基本理念を次の三点にまとめる。①ノーマライゼーションの概念を単純に実行することよりも、まず自閉症という障害の特性やその人の個性を理解して許容や尊重すること、②周囲の人や環境が彼らの特性や機能に対して歩み寄ること、③自閉症の人それぞれの適応機能の向上を図ること。(31) ＴＥＡＣＣＨの大まかな手法としては、自閉症児の視覚優位性やパターン化された行為を好む傾向を利用した「構造化」を行ないながら、自閉症児とその家族のニーズや状況に合わせ、それぞれの事例について個別のプログラムが作成される。そしてそのプログラムを遂行することで、自閉症児の教育と社会適応が目指される。

ＴＥＡＣＣＨの目標は自閉症児（者）が「地域社会の中で自分らしく生きていくこと(32)」であると内山が述べるとおり、当初ノースカロライナ州という特定の地域で公的なサービスとして始められたそれは、学校や地域との連携を積極的に行ない、幼少期から就労に至るまで、自閉症者とその家族をサポートする。内山は「ＴＥＡＣＣＨはもともと心理臨床学者や精神科医が『治療』の対象としていた自閉症の子どもを『教育』の対象としてとらえ直した(33)」とも述べる。イタールによるヴィクトールへの「教育」と、ここで内山がＴＥＡＣＣＨの姿勢として言う「教育」は、前者が「文明化」という社会の大多数に共有されうる理想を掲げていたことに対し、後者がそれぞれの自閉症児に適した形での生を目標として掲げている点において異なっているとは言えるだろう。しかしＴＥＡＣＣＨの理念においても、教育によってもたらされる自閉症者の社会適応への揺らぐことなき信頼は如実である。イタールが最終的にヴィクトールを教育不可能な「白痴」であったと結論づけざるをえなかった一九世紀と現代の社会的な違いは、イタールにヴィクトールを「白痴」と言わせしめたその特徴が、現在では「自閉症」という概念のもとに包括されているという点にある。そのため、現在では自閉症の教育の目標が文明化ではなく、自閉症が治癒することでもなく、自閉症者が「自分らしく生きる」というところに設定されうる。しかしながらそれは、「適応」という言葉の許容量が増したに過ぎず、形は異なるにせよ社会への適応という「光」が自閉症の外部に設定され、その光に照らし出された道のりを自閉症者が歩むことを推奨していることに変わりはない。

そもそも「自閉症者の個性の尊重」や「自閉症者の自分らしい生き方」と言うとき、そこで想定されている「個性」、「自分らしさ」とはいったい何か。ＴＥＡＣＣＨは理論先行ではなく「自閉症の子どもの行動特性や認知特性を客観的に観察することから支援を開始しようとする」(34)。それならば、そこで理念として掲げられる「個性」や「自分らしさ」が、客観的に観察される「自閉症らしさ」の範疇を超えることは難しいと言えるだろう。ＴＥＡＣＣＨは自閉症者の自閉症らしさを尊重し、彼らが社会の中で自閉症らしく生きることを支援するためのプログラムであると言える。

ここで筆者は自閉症者の「自閉症らしさ」を尊重する思想や自閉症者の社会適応を批判したいわけではない。ただ、自閉症に関わる際にＴＥＡＣＣＨが拠って立つ教育的な立場と、筆者の考える心理療法の区別は明確にしておかなくてはならない。ＴＥＡＣＣＨが語る理念は「自閉症」という概念を固定し、社会適応という目標を前方に設定した上で成立するものであり、自閉症という概念の内側に入り込み、自閉症それ自体を認識しようとする心理学的な立場とはまったく異なっている。自閉症に特有の行動特徴への知識は心理療法においても当然ながら必要である。しかしそれは、その特徴を利用して自閉症児を社会適応へと導くためではない。むしろ筆者が考える自閉症の心理療法は、自閉症の世界、すなわち「自閉症者の個性」も「自分らしさ」もすべてが飲み込まれる「静止する暗闇」へと積極的に参入する。そこにおいて、自閉症という世界の外側に設定される「適応」という光に導かれることはできない。

（三）発達心理学的アプローチ

続けて発達心理学的な観点からの自閉症へのアプローチについて検討を加える。生後数カ月から既に乳児には「自己感」が芽生えているというスターン（D. Stern）[35]に代表されるような近年の乳幼児発達研究の成果を受け、サメロフら（A. Sameroff et al.）は発達を、個体の「表現型」が環境と資質との交互作用を受けながら絶えず変化する過程として図式化し、自閉症はその一つの表現型であるとする。[36]すなわち自閉症の最大の困難は、養育者（環境）との間で育まれる情動的コミュニケーションの阻害であり、それがひいては社会生活を送る上での重篤な障害を引き起こすと考えられるのである。自閉症とは「関係障害」であって、そのため「適切な介入により、早期の母子の関係が改善されていくならば、これまで指摘されてきた自閉症に認められるような言語認知障害像などは改善していくことが期待される」[37]と小林は述べる。

そこで発達心理学的アプローチが着目するのが、自閉症児の愛着行動である。自閉症児は養育者に対して接近しようとする欲求と、その過剰な敏感さのために接近を回避しようとする欲求との葛藤状態にあり、それは養育者側にとっても子どもの求めていることを理解しにくく、自然な接し方を妨げるという悪循環を生むとそこでは考えられる。トレヴァーセンら（C. Trevarthen et al.）が「行為による対話の中でどうしたらその子に合わせられるか探っていくこと、回避的ないし自己志向的、常同的行動からその子を引っ張りだし、発達させるように注意を向けることこそ最良の原則」[38]であると述べるように、自閉症の治療においてはその接近行動と回避行動の悪循環を緩和すべく、自閉症児の主観的体験を養育者側が想像し、前後の文脈を踏まえて自閉的な行為を理解することが重視される。そのような養育者の接し方によって、自閉症児から養育者への愛着を育むことが目指されるのである。

自閉症児が示す愛着に関して、別府は自閉症児が主体的な他者という認識を獲得するのに伴って、具体的行動を求めるレベルから心的な支えを求めるレベルへと、自閉症児に見られる愛着のレベルが移行すると論じている(39)。ここで筆者はイタールによるヴィクトールの教育過程にあって、彼の身辺の世話などを担ったゲラン夫人のことを思い起こす。イタールの記録にはヴィクトールのゲラン夫人に対する「激しい愛着」が描かれている。

［イタールは］夫人から離れる時は、いつも悲痛な顔つきをし、また会うと、満足の気持ちをはっきり示すのだった。ある時、町中で夫人にはぐれてしまった。彼は夫人を再び目にすると、とめどなく涙を流した。数時間たってからでも、まだ激しい呼吸で息切れし、まるで発熱状態にあるみたいな脈搏だった(40)。

ここでヴィクトールは、たとえば手の届かない場所にあるものを取らせるために他者を求めているわけではない。つまりヴィクトールからゲラン夫人への「愛着」は、心的な支えを求める愛着だとみなすことができるであろう。確かにヴィクトールはゲラン夫人という存在を求めている。イタールがその情景を「感動的(41)」と描写するように、それは「野生児」が示す、「文明化された人間」にも十分に了解可能な感情であり、さらにはその感情が何によっても取り繕われることなくむき出しに表出されるために、見ているものに感動を与えたであろうことはよく理解できる。

しかしその「感動」は、あくまでも療育者や治療者側に視点を置いたものである。自閉症を暗闇として理解し、その無機物に身を委ねることを自閉症の心理療法の第一歩と考える筆者の目には、そのような反応はあまりにも人間的に過ぎると映る。私たちが生きるうえで他者との関係性が重要であることに疑問を挟む余地はないが、心理療法は、ただ他者とのコミュニケーションスキルを身につけることを目指すものではないはずである。

発達心理学的な見地は自閉症児を含む乳児が既に生後すぐの段階から「自己感」を獲得していると考えるため、自閉症児においても他者と自分自身の区別が成立しているということが前提とされる。ここで言われる「自己感」は純粋に乳児の客観的な行動から推察され、導かれるものであって、筆者が自閉症の心理療法において重要性を置く「主体」あるいは「私」とはまったく異なるものであるという点は強調しておく必要があるだろう。発達心理学的見地からは、他者の主体性の認識に先立つ自己の成立が前提とされる。しかし筆者が考える「私」の出現は「他者」の出現と同時でしかありえず、どちらかが他方に先行して確立されるようなものではない。「私」は常に「あなたではない」ものとして、「他者」の否定として現れ、「他者」もまた「私」に認められてはじめて「他者」になる。それは客観的に観察可能な行為によって測られるものではなく、純粋に認識の問題であって、その「私」という認識の成立が、自閉症児には想定することができないと筆者は考えるのである。そのため、自閉症の心理療法においては療育者や治療者という現実的な他者と自閉症児の関係性ではなく、自閉症の世界に現れる内的な他者、それと同時に生成する「私」、そして「私」と「他者」という異質なものの出会いが問題になる。

（四）「静止する暗闇」の心理療法

端的に述べれば、療育的なアプローチは自閉症児への教育、社会適応を強調することによって結果的に「闇か光か」という二項対置の思考に陥っており、発達心理学的なアプローチは自閉症の主観的な体験を尊重することによって自閉症の世界に歩み寄っているように見せながらも、他者とのコミュニケーションという現実的な次元にとどまり、その世界の内部へは足を踏みいれようとしない。いずれにおいても闇と光が分離され、それぞれの意味が固定されているという点が共通している。

繰り返しになるが、筆者は自閉症の世界を「静止する暗闇」として捉え、心理療法はその暗闇が動き出すプロセスであると考えている。啓蒙思想のように、やがて訪れると期待される光とのコントラストにおいて、「無知」というニュアンスを付して暗闇という表現を用いているのではない。自閉症の世界の境界のなさ、同じであることに固執し、あらゆる変化を均し、差異を飲み込む力の強さといった特徴から「暗闇」という語を用いているということは、既に第五章でも述べたとおりである。暗闇が世界のすべてであるそこでは、光はその内側からしか生成しえない。自閉症という暗闇の心理療法は、暗闇と光の二項対置を拒み、外側から暗闇を理解することを認めない。それは暗闇の内側へと入りこみ、そこに内在する静止と躍動という、対立しながらも互いに互いを規定し合う二つの動きが、その相互作用の流れを開始することである。そしてその動きが、結果として光を生みだすのだと考えられる。

次節では筆者の自験例をもとに、暗闇という観点から自閉症の心理療法についてさらなる検討を加えていきたい。

四．事例検討

（一）事例の概要

クライエント（以下、仮にソラと呼ぶ）は一〇代前半女児、クラスメイトへの突発的な暴力行為、集中力が持続しないこと、人の気持ちの読めなさなどから、アスペルガー障害を疑われて来談した。ソラは一見したところかわいらしい普通の女の子だが、言葉の使い方や表情、歩き方にはいつもぎこちなさが伴い、常に汗で湿った手の平からは緊張の高さがうかがわれた。また視線の動かし方にも奇妙さがあり、チラチラと視線を向けてくることはあるが、きちんと目を合わせるということはない。学校から医師の診察及び発達検査を受けることを要請された際、医師から「高機能自閉症」との診断を受けている。

筆者とは一週間に一度のプレイセラピーが五年にわたって続けられたが、ここでは面接開始から二年半頃が経過した時期のセッションをいくつか取り上げる。それらのセッションで、ソラはプレイルームの電気を消し、プレイルームに暗闇をつくりだす。そうした現実的なプレイルームの暗さが、筆者がここでそれらのセッションに着目するきっかけにはなっているのだが、他方、現実的な暗いプレイルームはソラと筆者の区別を視覚的にも困難にすることで、ソラと筆者の自他未分化な融合状態を象徴的に示していたに過ぎないとも筆者は考えている。ここでは

「暗闇」を現実的な状況としてばかりではなく心理的な状況としても捉え、提示されるそれぞれのセッションのどこに、どのような暗闇が認められるかという点に着目しながら、自閉症児の心理療法場面で展開する暗闇のダイナミズムについて検討していく。

（二）幽霊の棲む暗闇

プレイセラピーを開始した当初からソラと筆者はその多くの時間を黙々とウノやジェンガを繰り返して過ごしたが、ここで最初に取り上げる八九回目のセッションはセラピーの開始から二年半が経過し、突如としてダイナミックな動きが現れたセッションである。以下で取り上げる一場面に先立っては、ソラがカラーブロックを不器用に高く積み上げてその上に立ち、ぐらぐらする足元にさんざん悲鳴を上げた後、筆者にも同じようにそこに立たせるという出来事があった。ブロックの上に立って怖がる筆者を見たソラがますます興奮して「ぎゃっはぁ！　うっへぇ！」と奇声を上げた後、大声で「体験してぇーっ！」と叫んだのが筆者にはとても印象的であった。そしてその後、同じ八九回目のセッションの後半にプレイルームの電気がはじめて消されることになる。その場面とそれに続くいくつかのセッションを以下に記す。

＃89

ソラとセラピストがキャッチボールをしていると、何往復目かでソラの投げたボールがセラピストの顔面を直撃する。ソラは「げははは！」と笑った後、セラピストが怒っていると思ったのか、「ごめんなさぁーい」と取ってつけたように甘えた口調で言う。しばらくしてセラピストはソラに気づかれない位置からソラに向けて思い切りボールを投げつける。突然跳んできたボールにソラは驚き、「お化け」がプレイルームにいるということになる。ソラは「お化け屋敷！」と言って部屋の電気を消し、「うわーっ！」と一人で怖がる。セラピストは箱庭の影に姿を隠す。ソラが電気をつけ、セラピストがいないことに一瞬驚いてからセラピストを見つけて「せんせー！」と叫ぶ。それ以降、ソラは電気を点けたり消したりしながらその都度「ぎゃあああ！　どこー！　あはーっ！」と騒ぐ。

#92

電気を消した部屋の中でソラが背後からセラピストにがばぁっとしがみついてセラピストの髪の毛を引っ張り、さらにセラピストの頭に噛み付く。その後ソラはいったん電気を点けてからまたすぐに消し、セラピストから離れて「せんせーあほーせんせーのあほー」と呻きながらブロックを投げつけてくる。セラピストは黙々とボールを投げ返す。「んはーんはー」と息を吐きだしながらソラがセラピストに近づいてくる。セラピストが避けるとソラはその向こうのプレイルームの電気のスイッチのところへ行き、「いやや—いややーあはーん」と呻きながら電気をぱちぱちと点けたり消したりする。電気が消えた状態でセラピストが電気のスイッチをいじるのをやめさせようとソラの腕を掴むと、ソラは「うぎゃぁっ！お化け！　お化けいるーっ！」と激しく叫んでプレイルームの扉を大きく開け、外に飛び出す。

#94

カラーブロックを積み上げ、ソラがその上に座る。「先生も来るぅ？」と甘えた口調で言った直後、ブロックを降りて「先生死ね！」と言ってソラがプレイルームの電気を消す。すぐにソラは怯えた声で叫び、電気を点けようとする。セラピストはソラの身体を引っ張って電気のスイッチから遠ざける。「やーめーてーっ！」「はなせーっ！　いやーっ！」と叫び、ソラがセラピストを振りほどいて走り、プレイルームから外に出る。ドアの外で「先生魔女！」「先生を殺しに行く！」とひとしきり叫んだ後、ソラはドアを開けてプレイルームに戻り、つつつっとセラピストに近づいてセラピストをがばっと抱きしめ、「あはーん、あはーん、怖かったー」と言う。

ソラが「体験して！」と筆者をソラの住む世界へと参入することを誘いかけた後、プレイルームの電気が消される。そしてソラや筆者の身体は暗闇に隠れ、そこは「お化け」というより抽象的で曖昧なモノのうごめく世界へと変貌する。ウノやジェンガといった明確なルールに従って進む世界とは違って、「お化け屋敷」という不気味な、未知なるものたちが跳梁跋扈する暗闇の世界がそこに現れるのである。

しかしそれでもなお、その暗闇が「お化け屋敷」という意味を与えられていたということは重要であるだろう。「お化け屋敷」はその呼び名が示すとおり、一定の区切られた空間（「屋敷」）を指し、その中にはお化けが存在する。当然ながら「お化け」は存在と非存在の狭間にあり、実体をもつことは決してないものであるが、ソラが「お化け」という言葉を用いるきっかけには、ボールや筆者から実際に触れられたという体験がある。また筆者を「魔女」と呼んでいることも考え合わせるならば、ここでソラが暗闇の中に見出している「お化け」が相当に具体的なものであるということが推察される。ここでソラがプレイルームの電気を消して作り出した暗闇には他者が存在し、「屋敷」という空間的な限定もある。それはあらゆるものの境界を溶かし、飲み込む暗闇ではなく、「私」と「他者」、あるいは「この世」と「あの世」の区別がいまだ保たれた暗闇である。そのため、その内側にいてもソラは「お化け」を怖がる側にみずからを定位し、その恐怖が極限に達した際には暗闇の外へ出ることも可能であった。この時期の暗闇は、限定された暗闇という特徴を有していたと言える。

(三) 暗闇への融解

先に取り上げたエピソードの最後にソラが電気の消えたプレイルームの外から内に戻ってきて、筆者との身体接触を求める場面があったが、そうした身体接触はその後も加速しながら続いた。ソラは筆者を「お母さん」と呼ぶようになり、電気を消したプレイルームで「お母さん、怖いわ」「お母さん、こっちに来て?」と準備された台詞でも読むかのような口調で筆者に甘え、トンネルやブロックを組み立てて作ったベッドで筆者と一緒に寝ることを求めた。しかし二人で横になるとソラはすぐに「怖い怖い～! お母さん、怖いよう!」と言って立ち上がって電気をつける。かと思うと、部屋が明るくなった途端ソラは高らかに笑って、またすぐに電気を消して筆者の隣りで横になり、「お母さん、お母さん」と呼んで筆者の手を取る。こうしたやり取りが毎回のように繰り返された。ここではそうしたセッションの中から二つのエピソードを取り上げる。

#102

部屋の電気を消してソラとセラピスト二人で横になる。静かに眠るセラピストの隣でソラは「お母さん、お母さん、何時に起きるの?」「お母さん、もう朝じゃないの?」「お母さん、眠れないわ」と休むことなく言い続ける。「お母さん、暑いわ、(冷房を)消してもいい?」と言って冷房を消しに立ち、また横になった途端「お母さん、寒いわ」とあべこべなことを言う。ソラも横になり、少し離れた位置で寝ているセラピストの手を探り当てて握り締め、自分の身体に引き寄せ、そのままセラピストの手の甲をきつく抓る。

＃103

電気を消したプレイルームで並んで横になる。ソラがセラピストの手を取ったり話しかけたりと絡んでくるが、セラピストは無視して寝続ける。やがてソラはぷりぷり怒って電気を点ける。ソラが縄跳びの縄を取って戻り、「お母さん、一緒に死にましょ？」と言う。ソラがセラピストの首に縄を回し、「いひひ、いひひ」と笑いながら軽く結ぶ。「一緒に死ぬんでしょ？」とセラピストも縄を取ってソラの首に回して括り、引っ張る。ソラは最初だけ「やめてやめてやめて！」と悲痛な叫びを上げた後、一切の抵抗をやめて視線を泳がせ、されるがままになる。セラピストが力を緩めると、途端に元気になったソラが今度は「あはは！　あはは！　せんせ死ね！　死ね！」と言いながらセラピストの首を絞め、「出る！　外に出るーっ！」と叫びながら縄の端を持ってプレイルームから外に出、縄を挟んだままドアを閉める。プレイルームの外から「先生死ねー！」と大声で叫んでぐいぐいと縄を引っ張る。

ソラは暗闇の中に「お化け」ではなく「お母さん」を見出すようになる。筆者は「お化け」や「魔女」ではなく、ソラとの個人的なつながりの強い「お母さん」という意味を与えられ、暗闇の中、ソラと手を取り合って横になる。ソラと筆者の区別が融解し始めている様子をここに見て取ることができる。

また、先に取り上げたセッションにおいてプレイルームが「お化け屋敷」という意味に留まり、ソラが常にお化けに怯える側に自分自身を定位していたことに比べ、ここでは夜と朝が容易に変動し、寒さと暑さも一貫しない空間が創り出されている。ソラの口から休むことなく発せられる言葉によってプレイルームはめまぐるしくその意味を変化させ、定点のない世界がそこに現れる。ソラと筆者の世界は暗闇に包まれ、「暗闇の時間」あるいは無時間性とでも言うべきものが、そこを支配し始めていた。

このように暗闇の深まりとしてこれらのセッションを捉えれば、ここでソラが見出した「母親」が、ソラと個人的な関係を結び、その関係性を基盤として世界を築き上げることを可能にするような「母親」ではなかったということが明らかであるだろう。「母親」は抱き寄せる対象であると同時に死すべき対象としても扱われているが、だからと言って、そこに生々しい愛憎の感情が渦巻いているのを読み取ることも難しい。ここでソラに「お母さん」と呼ばれていたものはセラピストという個人ではなく、暗闇それ自体であったと理解するのが妥当であるように筆者には思える。ソラは「お母さん」と暗闇に呼びかけ、暗闇の手を取り、さらに深く暗闇に沈みこもうとしていたのではないか。一〇三回目のセッションでソラはプレイルームの外へ出るが、プレイルームに残された筆者とソラは縄でつながったままであり、その縄のために、プレイルームの扉が完全に閉まることはない。扉と壁や床の間に残された隙間から、暗闇は少しずつプレイルームの外へも広がってゆく。もはやプレイルームの内と外という現実的な境界の意味は失われている。

(四) 静止する暗闇

やがてソラは叫び声もきっかけも何もないままにプレイルームの内と外を頻繁に行き来するようになる。また、セッションの最初のプレイルームへの入室に際して、ソラは筆者をプレイルームの外に立たせたまま自分だけが入ってドアを閉めようとして筆者の反応をうかがったり、逆に筆者が先に入ったときには自分が中に入らず、外で筆者が迎えに来るのをニヤニヤと笑いながら待つようになったりする。筆者がいかに行為しようともそれらはすべてソラに絡め取られ、すべてがかつて起こったことの繰り返しへと回収されていく。この時期、筆者は自分の身体に、そこここを浮遊する「ジェル状の暗闇」とでも表現できそうなものが常にまとわりついてくるという感覚を拭い去ることができなかった。ソラの頻繁な出入りによって、今や暗闇はプレイルームという限定された空間をすり抜けて、辺り一帯に広がった状態にある。
　そこで筆者は暗闇をもう一度しっかりとプレイルームの内に閉じ込める必要があるのではないかと考えるに至り、ソラがセッション中にプレイルームから出ることを制止しようと決める。しかし一度広がった暗闇が簡単にプレイルームという小さな空間に収斂されることはなかった。たとえば一一一回目のセッションを取り上げる。

#111

ソラはプレイルームのドアの前でにんまりと笑い、セラピストがドアを開けて入室しようとすると「あ〜か〜ん〜」とセラピストを押しのける。セラピストが構わず入室するとソラが外側からドアを閉め、セラピストを部屋の中に閉じ込めようとする。「何やってんの？」とセラピストが冷たく言うも、ソラは「入ったらあ〜か〜ん〜」と絡みつくように言う。ソラが外からドアを閉めるが、セラピストはぐいっとドアを開けて「入りなって」とソラの胸元を掴む。ソラは途端に弱々しい表情になって「やめて！　やめて！」と金切り声を上げる。セラピストが手を離すとソラはまたにんまり笑って部屋の外からドアを閉めようとする。セラピストがプレイルームの中から手を伸ばし、「いや！　やめて！」と抵抗するソラを強引に部屋の中に引きずり込んでドアを閉める。ソラはすぐに「外出るの！」と言ってがちゃがちゃとドアを開けようとするが、セラピストは身体でドアを押さえて「時間までは出ない」と宣言する。ソラは「出してよぅ」と甘えてみたり、「出して！」「出て！」「押して！」「引っ張って！」と叫んでみたりする。その大声とは裏腹に、ソラのドアを開けようとする力はとても弱い。やがてセラピストがドアを押さえる力を緩めてもソラはガチャガチャと常同的にドアノブをいじるばかりになる。

外に出ようとするソラとそれを止めようとするセラピストとの間でドアの押し合いが繰り広げられても、そこには本気の意思がぶつかり合うような緊張が生まれない。ソラがプレイルームの外に出ようとするとしても、それはソラを内に閉じ込めようとする筆者の強い意思を受けた相対的な動きに過ぎない。そこに互いにぶつかり合う二つの点は認められず、ただ筆者の意思としてプロットされる一点が認められ、ソラはただ、その点に絡みつくばかりである。さらには、筆者が踏みとどまろうとする一点さえもソラによって常同的な遊びへと均され、回収されてゆく。自閉症児の反復的な行動が暗闇の静止状態を常に創り出し、維持していると前章で述べたことが、ここにも見て取られるであろう。今やソラは暗闇にすっかり溶けこんでいる。がちゃがちゃとドアノブをいじるという同じ動きを反復することによってソラは「静止する暗闇」の一部になり、また、「静止する暗闇」を維持していたのだと考えられる。

（五）暗闇における衝突

先に取り上げたセッションでは、ソラを外に出すまいと圧力をかけることで筆者は暗闇をプレイルームの内側だけに限定しようと必死になっていたと言える。しかしそのような筆者の意図的な行為は、今や圧倒的に拡大している暗闇を前にあまりにも弱々しいものであったと言わざるをえない。「静止する暗闇」にあってはドアを押し合っても押し合いにはならず、ボールをぶつけ合っても何のぶつかり合いも生じない。突発的にソラがむきになり真剣に筆者の力に対抗しようとすることはあっても、それはあっと言う間に終息し、元の何の起伏もない「静止する暗闇」に飲み込まれてしまう。本章で検討する最後のセッションとして、ソラと筆者との激しい衝突が生起した回を取り上げて「静止する暗闇」の内側から灯る光について考察する手がかりとしたい。

＃115

来談時からソラの表情は硬く、入室時にはソラが先に入ってセラピストを閉めだそうとする。セラピストが強引にドアを開けて入ると今度はソラが出ようとする。セラピストはソラを押し戻して「出なくていい」と言う。ソラはキッとセラピストを睨みつけ、セラピストを押しのけてドアノブに手をかける。セラピストはドアを背中で抑え、ソラの両腕を掴んでソラをドアから引き離す。「やめてっ！」とソラが金切り声を上げてドアの前に戻る。ソラはプレイルームの電気を消す。暗い部屋の中でドアの押し合い。ソラが力強くドアを引き、ドアが広く開いて外の明かりが入ってくる。「外に出るーッ！」と叫んでプレイルームを出ようとするソラに「出ないって言ってるでしょ！」とセラピストも叫び返し、ソラを部屋の中に突き飛ばす。ソラは「やめてよっ！」と叫んでドアの前に戻り、また攻防。セラピストは強い力でソラを抑え込む。ソラは「出る！」「出てって！」など大声で叫び、言葉にならないと「うおおおおっ！」と雄たけびをあげる。ソラが両腕をあげてセラピストに殴りかかる。セラピストがプレイルームにソラを突き飛ばす。ソラは「近寄るなーッ！」と叫んでセラピストを蹴飛ばす。それを受けて、セラピストは反射的にソラにすぱーんと蹴りを命中させる。あまりにきれいに決まったキックにソラもセラピストも驚き、一瞬動きを止めて顔を見合わせる。その後、ソラはもの凄い大声で「いたいーッ！」「うわあああっ！」と叫んでドアに近づき、ドアに手をかける。ドアが広く開いてプレイルームの中に光が差し込む。「出る！」と声を嗄らして叫ぶソラを追いかけ、セラピストも「出ないって言ってるでしょ！」と怒鳴り返し、ドアを押し返す。

ソラが逃げ、「近寄らんといて！」と叫ぶ。セラピストが一瞬怯んで距離を置くとソラはセラピストを背にして壁を向き、じっとする。突然の静けさ。やがてソラが指を吸う音が聞こえてくる。セラピストがソラを横から見る位置に移動すると、ソラがすぐにセラピストの方に顔を向け、「あっち行ってって言ってるやろ！」と叫び、セラピストに殴りかかる。セラピストがソラの腕を押さえつけるとソラは歯をむき出しにして「噛んでやるーっ！」と叫んでセラピストの腕に噛みつく。

このセッションで、ソラはすさまじい声で叫び続け、ソラと筆者の身体を使った応酬はお互いの身体に痣を残すまでになった。まったく気の抜けないその激しい動きの中で、それまでの何をやっても既知のものに回収されていく気持ちの悪さは姿を消し、暗闇はすさまじい形相で攻撃し合うソラと筆者の背景へと、また、その衝突を加速させる溶媒へとその位相を変化させた。ソラと筆者は互いの姿を暗闇に隠したままに殴り合っているに過ぎず、そこではやはりソラも筆者も暗闇に融合しているには違いない。しかし殴り合うためにはソラと筆者の間に距離が必要とされる。融合的な状態にありながらも、殴り合いの瞬間には分離と衝突が生起している。ソラと筆者の衝突は痣となって互いの身体に刻み込まれ、ソラと筆者がそれ以前の二人とは違う存在になったということを明示する。

ただし筆者からの強い圧力がなければソラがあっという間に暗闇に飲み込まれ、「静止する暗闇」が一瞬にして立ち返ってくるということも、このセッションでは明らかにされている。どんなに激しく衝突し合ってもそれは一瞬のことに過ぎず、ソラは何の抵抗もなく「静止する暗闇」にみずからを溶け込ませ、再び世界は暗闇に覆われることになる。

五. 暗闇に内在する対立と光の生成

前節で取り上げたセッションから、暗闇が次第に辺り一帯に広がり、やがて「静止する暗闇」となって世界を均質化してゆくまでをたどることができた。ただしこれは最初に取り上げた八九回目のセッション以前に「暗闇」が見出せないということではないだろう。ウノやジェンガを延々と二年以上も続けているという変化のなさは「静止する暗闇」と呼ぶに十分匹敵する。それはルールによって支配された代わり映えのしない、動きのない世界であって、ソラと筆者は固定されたルールに従い行動することによって、延々と暗闇を静止状態に保ち続けていたと言える。ソラと筆者が既成のゲームを手放し不安定な積み木の上に立った八九回目のセッションは、二人がそれまで暗闇を固定させていた鋲を抜き、暗闇を解放した回であったと位置づけられるだろう。ここから暗闇は自在に動き始め、やがて再び「静止する暗闇」へと至る。しかしながら、それは決して以前と同じ静止状態ではなく、動きの気配に満ちた静止状態であり、その内側ではときに衝突が生じた。ここでは前節で提示した事例をもとに、自閉症を暗闇として捉えたとき、その心理療法において重要になってくると思われる点を取り上げて論じていきたい。

（一）暗闇における「言葉」

ソラが暗闇の内側に見出す対象は、「お化け」（＃89）から「お母さん」（＃102）に変わる。そしてその後には暗闇に何らかの具体的な名前を与えられるものが見出されることはなくなり、ただプレイルーム（暗闇）の外に出ようとする行為だけになる。その行為にしてもはっきりとした自己主張や目的が認められたのは最初（＃92）だけで、やがてはドアノブをがちゃがちゃと動かすばかりの常同的な行為に収束していく。これは、はじめは「お化け」に対して恐怖していたソラの個人的な主体が次第に曖昧なものになり、ソラが主客未分化な暗闇の一部へと溶け込んでいく様子を表していると考えられる。

他方で筆者は、特に一〇二回目、一〇三回目のセッションとして提示した時期、ソラに「絡め取られる」という気持ちの悪さを拭い去ることができないままであった。これは第五章で検討したミチルの事例において、筆者が終始暗闇への融解に対して無自覚であったことと対照的である。自閉症の心理療法においてセラピストが暗闇に飲み込まれることは当然であると先に述べたが、ここで筆者に喚起された抵抗感は、自閉症児のプレイセラピーを考える一つの手掛かりになると思われる。この点について暗闇における「言葉」という観点から以下、検討してみたい。「高機能自閉症」という診断名にも表れている通り、ソラは日常生活を営むためには十分な程度の言語機能を獲得している。しかしソラの言葉には常にぎこちなさが伴う。特にソラが「お母さん」に向けた言葉（#102、#103）は、それ自体はソラが口にしたからと言ってさほどのギャップを引き起こすとも思えないものであったにもかかわらず、変転するその意味内容とわざとらしい甘えた口調によって、筆者に奇妙な居心地の悪さを喚起せずにはおかなかった。見慣れた外国語の映画を、ある時ふと吹き替え版で観てみたときに生じる違和感に似ていたと言えば良いだろうか。その言表行為と言表内容のズレに、以前は「お化け」と「お化けを怖がるソラ」という形で明確であった区別が、いくらか捉えにくいものになってはいるものの、やはり見出されるであろう。「お母さん」という言葉をめぐって、差異はソラが発する言葉とソラ自身の存在との間の埋めようのない裂け目として、そこにまだ残されている。ぎこちないソラの言葉はソラが暗闇に創り出す異質な「他者」であって、それはおぼろげにではあっても、ソラの居場所を暗いプレイルームの中で指し示していた。

セッションを重ねるごとにソラの言葉がますます空虚に、意味を伴わないものになり、ついにはもはや言葉と呼ぶこともできないような無意味な叫びに至った（#115）ことは、暗闇が言葉と存在の間に開いていた差異をも着々と飲み込んでいったことを示している。「言葉」と「叫び」の違いは、前者が何らかの指示対象をその言葉の外側にもっていることに対し、後者が何の指示対象をもつこともなく、ある瞬間にだけ、それそのものでしかありえない閉ざされたものとして現れるという点にある。叫びは発話者の存在あるいは体験そのものであり、発話者との間に差異を生じえない。夜空の流れ星のように、叫びは暗闇に飲み込まれることなく自律的に現れ、やがて消える。この「叫び」の絶対性は、暗闇における「光」と呼ぶに相応しいものであると言えるだろう。暗闇が言葉と存在との間の差異を飲み込み、ますますしっかりと立ち込めてゆくのと同時に、「叫び」という形を取って暗闇の力に絡め取られることのない「光」が生成しているのを読み取ることができる。

このように言葉が次第に無意味な、ますます非象徴的なものになっていき、その極限としての「叫び」に光を認める視点は、言語能力や象徴機能の発達という観点から見るなら完全に逆行的であると言える。前章でも取り上げたが、ポスト・クライン派の立場から自閉症の治療に携わり、独自の自閉症理論を構築したタスティンは、自閉症児が母親との間の「裂け目」や「身体的分離性」に気づくことを重視し、プレイセラピーの場面でもそこを的確に解釈することを治療の第一義とする。タスティンが解釈について述べるところを取り上げてみたい。

> 注意深く解釈をすれば、それはいつでも子どもに大きな安堵をもたらし、子どもは具象的な機能水準からより象徴的な水準へと向かう動きをしはじめる。(42)

> 患者が、目に見えない、名づけようのない恐怖に姿と形を与えることを可能にするイメージ喚起的な象徴的表現を用いはじめることができるようになるまで、治療者はこの点で患者の代行をしなければならない。(43)

自閉症児における分離の体験を重視するタスティンの考えは、自閉症を自他の区別のない暗闇とし、そこに入る亀裂に着目する筆者の立場にも共通する。しかし分離の体験に際して子どもが安堵すること、「名づけようのない恐怖に姿と形を与える」ことを重視する点で、筆者はタスティンとは見解を異にする。「裂け目」の体験が自閉症児にとって恐怖でありうるのならば、それは均質に拡散していた暗闇に密度の変化が起こり、恐怖としてのエネルギーの凝縮が自閉症児という個人的な次元で実現しているということである。その恐怖それ自体が、筆者に言わせれば、紛れもない光なのである。

名づけようのないものを名づけること、つまり象徴的な機能を操ることは、体験の直接性から距離を取ることになるため、自律的な光の生成を困難にする。ラカン（J. Lacan）が指摘するように[44]、「言葉」は避けようもなく発話者にとっての「他者」であり、主体を疎外し続ける。暗闇というすべてを均質にする世界においては、発話者と言葉との間の差異が誤魔化しようなく、はっきりと浮き彫りにされる。その本質として差異を内在する「言葉」は容易に暗闇に絡めとられるため、それを暗闇に対立する光として認めることは必ずしも容易ではない。暗闇の心理療法においては、言葉が奪われた先に根源的な言葉としての「叫び」が生まれる次元が待ち受けている。叫びは暗闇を切り裂く光でありうる。名づけようのないものを名づけられないままひたすらに恐れ、「叫び」が発せられる瞬間こそ、自閉症という「静止する暗闇」に光が灯り、自閉症児がその姿を明らかにするときだと考えられる。

（二）暗闇に生成する光

暗闇に生じる光という観点から、もう少し事例の考察を進めてみよう。その際にはユングが暗闇と光について次のように述べていることが大いに参考になると思われるため、はじめに引用しておく。

> 暗闇の光に対する希求は、光がもはや暗闇によって解明されることのないときにのみ満たされることになる。暗闇には暗闇特有の知性と、極めて真剣に受け止められるべき特有の論理が備わっている。「暗闇が掴んだことのない光」のみが、暗闇を照らし出すことができる。暗闇が自らの力で把握し、思考し、理解したあらゆるものは暗く、そのために、暗闇は予期しないもの、望まないもの、理解できないものによってしか照らし出されることはない。（GW14-I, §337）[45]

先に取り上げた一連のセッションを通じて、「叫び」の他にも「光」を見出すことができる。それらはユングが述べるとおり、すべて予測のつかないもの、あるいは論理的に説明することの難しいものとして現れている。以下、そのそれぞれについて検討を加えてみたい。

（1）段階1――プレイルームの外側としての光

まずは九二回目のセッションを見てみよう。ソラは恐怖が極限に達したとき、暗いプレイルームの「外」の世界に飛び出す。既に述べたように、そのセッションでは暗闇が「お化け屋敷」と呼ばれており、その言葉通りにソラにとって暗いプレイルームが有限のものとして知られていたのであれば、このプレイルームからの脱出はさほどの意味をもたないと考えられる。しかし自閉症が内と外の区別のない世界であることを思えば、「お化け屋敷」に真剣に恐怖するソラにおいてプレイルームの外、すなわち「ここではない場所」があらかじめ当然のこととして想定されていたとは考えにくい。それどころか、ソラはみずからプレイルームの電気を消して暗闇を創り出し、その恐怖へとますます沈潜していく。

河合はシャーマニズムにおけるイニシエーションについて「確固として存在する向こうの世界へと飛躍するのではなくて、いわば何もないところへ目がけて飛躍することで、向こうの世界がはじめて開かれるのである」[46]と述べる。このことは、ここで見られたソラの暗闇から光の世界への移行についても同様で、プレイルームの「外」はソラが思い切りドアを開け、足を踏み出すと同時に現れた光の世界であったと理解して良いだろう。それは暗闇の向こうに既に準備されていた光の世界への水平方向の移動だったわけではない。扉を開くというソラの行為によって「お化け屋敷」で煮詰められた恐怖がついに発露を見出した瞬間、暗闇にははじめて「外側」ができ、そこに眩い光が生成したのだと考えられる。

言葉の消滅と「叫び」の発生の同時性を先に見たが、恐怖が極限に達するときと恐怖が超えられるときもまた同時であることがこのセッションからわかる。言葉の消滅と原初の言葉の生成、恐怖の絶頂と超越、それら対立するものが同時に実現する場所に、光は生成する。そのため、このセッションの後に、プレイルームの「外側」を既に知ったソラがプレイルームの内と外とを行き来しても、それが光の生成という意味をもつことにはならない。もはやプレイルームの内と外が心理的な内と外という区別を実現していないため、プレイルームの内と外を移動するとしても、それは心理的には内から外への飛躍という意味をもちえないのである。一度開けられた扉が閉ざされることはなく、暗闇はあっという間に扉という現実的な境界を飲み込んで拡散する。プレイルームの外に出て、その後またプレイルームの内側に戻ってくるという一連の行為は既に暗闇の内にプログラムされ、そのプログラムに従ってソラは行為しているだけである。そこにはもはや暗闇におけるエネルギーの凝縮と光への飛躍という意味を見出すことはできない。それどころか、それは暗闇の静止状態を維持するための反復的な行為へとその意味を転じている。

（2）段階2――暗闇の内側にはじける光

次に一一五回目のセッションを見てみたい。ここでもソラが大きく扉を開け、外の光がプレイルームに差し込むということがあるが、このセッションにおいて「光」はそれ以前、ソラと筆者との生身の衝突として見出すことができる。

それ以前にはいくら筆者がソラの自由な行き来を制止し、プレイルームを区切られた空間にしようと行為しても無駄であったことに対し、一一五回目のセッションではプレイルームの外に出るか出ないかをめぐってソラと筆者の間で激しい攻防が繰り広げられている。物理的な扉の存在がそのまま心理的にも二つの世界を区切る境界として機能することはなくなっているが、ここでは扉に対して内向き（セラピスト）と外向き（ソラ）の二つの対立する意志が作用しているために、それが心理的な「境界」という意味を帯びることになっている。ソラがありったけの力で扉を開けようとし、筆者もまた必死の力でそれを押し返すときだけ、プレイルームの扉は内と外を区切るものとしてしっかりと機能していたのだと言える。ここではソラが外の世界に出るかどうかということが重要なわけではない。扉をめぐってソラと筆者の間で生じた激しいぶつかり合い、それ自体が重要である。なぜならその扉がかつて既に越えられた（#92）ものであるという事実は厳然としてあり、プレイルームを出るということが純粋に光の世界への飛躍としては、もはや捉えられないからである。それどころか暗闇は着実に拡散し、今や扉の内側も外側も、すべてが暗闇に飲み込まれていると捉えなくてはならない。そのような状態の中では二つの力の衝突が起きてはじめて扉が「境界」としての意味を回復し、その向こうに暗闇の外部が創り出される。この段階にあって、ソラの「外に出る」という意思は現実的な移動によってではなく、このように外へ向かう力と内に向かう力が激しく衝突し、扉が「境界」としての機能を回復することによって、つまり外に出ることを現実的には禁止されることによってのみ、実現すると言える。

それでは扉をめぐる攻防のどこに光が見出されるだろうか。ここでは扉が開き、外の光に照らしだされるまでもなく、ソラと筆者がぶつかり合う瞬間、二人の存在が互いにしっかりと確認される。ソラが外に出ようとするのは光を求めてのことでも恐怖に衝き動かされてのことでもない。ソラがプレイルームを出ようとすることに目的や意味を読み取ることはできず、それはまったく純粋に「扉の外に出る」という行為それ自体を志向している。そしてそれはソラをプレイルームに閉じ込めようとする筆者の行為についても同様である。ソラがプレイルームを出てはいけない理由など、実際のところは何もない。そこではただ、相手の動きに反して動くということが重要だったのである。ソラと筆者の行動は互いに切り離し難く、相手の動きを規定し合っている。その上で、ソラと筆者それぞれの行為は決して折り合うことなく対立し、どちらかがもう一方の動きに回収されることもなく、ひたすらに拮抗する。ソラがプレイルームの外に出ようとし、筆者がソラをプレイルームの内に閉じ込めようとする、その相反する二つの方向性をもつ力が衝突するとき、そこに弾け飛ぶ火花として、ソラと筆者の叫び声として、「光」は生成している。部屋の外側に現実的な光を見出すことができない代わりに、暗闇の内側で対立する二つのものの出会いとして、光は現れる。

（3）段階3――暗闇に照らし出される虚空

一一五回目のセッションにはもう一つ、暗闇に灯った「光」を見つけることができる。それはソラに蹴られた筆者が反射的に蹴りをソラに命中させ、ほんの束の間、ソラが呆気に取られたような表情で動きを止めたところにある。ここでの筆者の蹴り返しは、ぽかんと動きを止めたソラによって逆にはじめて自分の行動の認識が可能になるほどに、まったくの反射的な行動であった。驚いたソラが動きを止めた瞬間、筆者にとっては自分の行為に思い至るその直前の瞬間、きょとんと顔を見合せた二人の間に「虚空」という形で暗闇の晴れ間が認められるだろう。

暗闇の内側に、この虚空を照らし出したものはなにか。先に引用した「暗闇は予期しないもの、望まないもの、理解できないものによってしか照らし出されることはない」（*GW*14, §345）というユングの言葉から考えるならば、ここで何にも予期されることのなかったものは筆者の反射的な蹴りである。暗闇の存在を感じることも忘れて繰り広げる激しい衝突の先に、反射的な蹴り返しという誰にも予期できないものが筆者の身体において実現する。それは驚いたソラと筆者が動きを止めて視線を合わせる、そのソラと筆者の間を照らしだし、そこに虚空が開ける。これは暗闇を照らし出す光と言うよりも、暗闇がさらに口を開いたかのように、世界を覆っていた暗闇のさらに奥が開けると表現されるようなものであるかもしれない。暗闇の外側という現実的な光が扉を開くソラの行為とともに現れ、次にはソラと筆者の生身のぶつかり合いとして光が認められたことに対して、これは暗闇の内側に、あるいは暗闇のさらに向こうに、ソラと筆者が見る「無」としての光であると言える。

しかしそこに開いた虚空は筆者が自分の行為を認識し、われに返ったソラが一層激しい声で叫ぶときには既に消えてしまうような、何によっても把握されない間にだけ光でありうるようなものである。その行為が認識された瞬間から光はどこかに消え、それまでと同様の扉の押し合いや殴り合いが再開する。

（4）対立物の結合としての光

ここまでソラとの心理療法に現れた「光」を追ってきたが、それぞれを「段階」として順に取り上げたのは、先に提示した一連のセッションが暗闇と光の果てしない循環であり、一度生成した光はすぐに暗闇に飲み込まれ、また次なる光の生成のプロセスへと進んだ過程として理解されるためである。その都度述べてきたように、筆者は「明かり」「火花」「虚空」のいずれについても、暗闇に予想外の動きが生じ、暗闇が照らし出されたその一瞬だけ、光としての輝きを認めている。

暗闇における光とみなされるそれらは、いずれも自律的なものであるという共通性をもっている。それらは暗闇に飲み込まれることのない絶対性で輝き、光が到来する以前の暗闇を消し去る。しかし一瞬で消え去ることも光の本性であって、その瞬間的な輝きの後には再び暗闇が世界を覆う。そしてその暗闇の内側では、再び対立する二つの動きの衝突が開始される。暗闇の中に異質なものが生成し、すぐに再び暗闇に覆われるという、その循環に打たれる一つの鮮烈な句点として、光は位置づけられる。

ただし、その循環は単純な繰り返しの過程であるとは言えない。筆者が事例の経過に沿って認めた光を順に並べてみるならば、「明かり」「火花」「虚空」というように、それらが次第に抽象性を高くしていることがわかる。はじめはプレイルームの外側として、実際にも電気のついた廊下として認められた光が、その次には暗闇の中でぶつかり合う二つの動きが散らす「火花」になり、最終的には「虚空」としてしか表現できないような何ものかになる。突発的な行為や反射によってしか光はもたらされないため、暗闇の内側に光が生成する作業は常に新たな、未経験の世界へと漕ぎ出されなくてはならない。このことは、「静止する暗闇」の心理療法を具体的な方法論によって語ることの不可能性を示している。「静止する暗闇」の心理療法は、決まった手続きに則って行なえば暗闇から光が必ず生成するといったようなプロセスではない。光それ自体が決して固定された形で、固定された方法によって生成するものではないために、それはいかに光が生成するかを常に考え続ける作業であり、同時に「反射」という思考の及ばないものを必要とする作業であると言える。

（三）セラピストの思考の介入

今、暗闇の心理療法が「考え続ける作業」であると述べた。その点について、暗闇を意図的に閉じ込めようとした筆者の行為を手掛かりに、さらに考察を深めたい。

八九回目のセッションから自由に動き始めた暗闇がやがてじわじわと辺り一帯を覆っていくのに伴って、次第に筆者は暗闇をプレイルームに閉じ込める必要性を感じ、そのように行為している（#111）。暗闇はその本性からして際限なく拡大するものである。暗闇を有限の空間に閉じ込めようとする筆者の行為は、拡大し、静止しようとする暗闇の動きに反し、それが暗闇の内側に相対立する二つの動きを作り出し、光の生成につながったのだと考えられる。

自閉症児とセラピストがともに暗闇の一部になり、その暗闇の内側で二つの対立する力の衝突が起こる過程を、筆者は自閉症という「静止する暗闇」の心理療法であると捉えている。そこにおいて、行為の主体はセラピストでも自閉症児でもなく、暗闇に認められる。そのため筆者が「意図的に」暗闇を有限の空間へと押し込めようとしたとは言っても、その筆者の行為の主体を筆者自身に認めるわけではない。事実、先にも言及したとおり、プレイルームの外に出てはいけない実際的な理由など何もないことは、筆者も自覚していたのである。それでもやはりドアを開けるわけにはいかないというその確信は、際限なく広がろうとする動きに拮抗しようとする暗闇の内部にある力に、筆者が駆り立てられていたためだと理解できるだろう。

しかし、ここでもう少し踏みとどまって考えてみたい。暗闇をプレイルームに閉じ込めようとする筆者の行為の主体をあくまでも「暗闇」に認め、暗闇の動きを回復するという要請を受けての筆者の行為であったという理解に加え、やはりそこに筆者の思考が介在していたという点も重要だと思われるのである。九二回目のセッションから既に、筆者は電気を点けたり消したりするソラの行為を妨げるという形でソラの行為に反してはいるが、一一一回目のセッションではそこに筆者の明確な思考が介在しているという点で、それはそれ以前の筆者の行為とは質的に異なっている。本章の第二節で指摘したセラピストの揺るがない確信や徹底した姿勢が、そこには認められる。

ユングは次のように述べる。

> 錬金術師たちの考えでは、術者は作業のしもべであり、彼ではなく自然が作業を実現する。しかしながら、やはり人間の側にも能力と意思が必要であって、その両方が存在しなければ衝動は単なる素朴な象徴性の次元にとどまり、何を生み出すこともなく、ただ全体性へと向かう本能が拡散するばかりである。(GW16, §471)

ここでユングが述べる「人間の側の能力と意思」が指し示すものを理解するには、ギーゲリッヒが錬金術について述べることが参考になる。ギーゲリッヒは錬金術について、「その構造上、観察する主体を要求し、本質的には主体自身の活動を巻き込む過程として、錬金術はそれ自身気付かないうちにすでに思考している」(47)と述べる。さらに続けてギーゲリッヒは言う。

思考は思考する者（＝術者）と思考されたもの（＝錬金術の過程およびその産物）との間の差異を築く。（中略）しかし思考はじっくりと観察できる「客観的な」実体であるかのように視覚化されることはない。むしろ思考は奪いようもなく主観的でもあり、現実的に私、あるいは私の精神によって思考されるものとして理解される。それは私の「主観的な」活動と「客観的な」産物の結合なのである。(48)

セラピストが思考し、行為することは暗闇に凝縮する異物として暗闇に差異をもたらすばかりではなく、その思考それ自体の内に差異を既に含むのである。先に言葉に含まれる差異について述べたが、言葉が発せられるよりもさらに以前、思考という行為において既に差異は生成している。それは言表行為と言表内容といったような、先にソラの言葉から考えられた差異ではない。思考という異物は、むしろ叫びに近いと言って良いだろう。それは思考対象となる他者をそれ自身の内に含み、そして思考する主体の内に閉ざされているものでもある。

ただ暗闇に溶け込んでいては、思考を生みだす主体にはなりえない。漠然と拡散する暗闇を思考によって捕らえることで、はじめて「暗闇を閉じ込めなくてはならない」という考えが導かれる。すなわち思考するということは、暗闇の内にいながらその外に出るということであると言える。その思考は暗闇の内側から生じてきた、暗闇の論理によって要請された思考でもあって、理性的で合理的な、日常的な思考ではあるとはとても言えない。つまりその思考には、暗闇の内部と外部が同居しているのである。

一一五回目のセッションに現れているように、筆者が暗闇を閉じ込めようとすればするほどソラにおいて暗闇の外へ出ようとする動き、つまり暗闇の拡散への動きは強くなり、筆者が手を止めれば暗闇はあっという間に静止する。このことは、暗闇をプレイルームに閉じ込めようとする筆者の試みこそが、裏腹に、暗闇をいっそう拡散させることにつながっているということを示してもいる。「暗闇を閉じ込める」という筆者の思考は、翻って暗闇の解放を促進する。ここに、「思考」という作業が内在する矛盾と、逆説的な形での暗闇の本性の実現が認められる。「暗闇を閉じ込める」という筆者の行為に対する暗闇からの真の要請は、文字通りに暗闇を閉じ込めることではなく、暗闇に拡散と収斂という二つの動きの緊張状態を創り出すことだったと考えられるのではないだろうか。それによって暗闇の内に一瞬の光が生成し、そのすぐ後には再びより深い暗闇が訪れるのである。

おわりに――暗闇の心理療法の最終目標

本章では自閉症を「静止する暗闇」と捉える立場から、その心理療法において暗闇がいかに変容し、光の生成へと導かれてゆくのかを論じてきた。最後に自閉症という「静止する暗闇」の心理療法の「最終目標」について、筆者の見解を述べてこの章のまとめとしたい。

自閉症の心理療法において、暗闇の内側で二つの対立する力が拮抗しながらぶつかり合い、それが必然的に生み出すものとして光はある。しかし光は一瞬現れた後にすぐに消え去るという、その自律性によってこそ暗闇の中でも異質なものとして輝きを放つことができるものであって、光の生成が暗闇の終焉を意味するわけではない。光の生成は確かにその瞬間の暗闇の消滅ではあるが、それは同時に新たな暗闇の始まりでもあるということを、本章で取り上げた事例は示した。

伊藤は自閉症の心理療法を、自閉症児の「発話者としての〈私〉」が生成するプロセスであると捉えるが[49]、先に「叫び」においてこそ「光」あるいは「主体」が見出され、そしてそれがすぐに消滅するという特徴をもっていたことを考え合せるならば、暗闇に生成する自閉症児の「私」は光と同様、永続的に固定されたものとして捉えることはできないと考えられるであろう。光を固定したものとして捉えた瞬間、「静止する暗闇」の心理療法は暗闇と光の二極分化的な思考に捕らえられることになってしまう。光の生成は暗闇における対立の終焉であると同時に始まりでもあって、暗闇の観点から自閉症の心理療法を見るとき、それは暗闇と光が交錯しながら、終わることなく常に最初の状態（暗闇）へと立ち還り、繰り返される作業であると言わなくてはなるまい。

そこで変化するものがあるとすれば、それは暗闇の深さや濃さであり、しかもそれは次第に薄くなるよりもむしろ深みや濃さを増してゆく。なぜなら常に未知なるものによってしか暗闇は照らしだされることがないからである。今ここにある「静止する暗闇」を克服したとしても、その経験は暗闇によって回収される。そして暗闇はさらに深く圧倒的なものとして現れ、光の生成はますます容易には起こらなくなる。そのとき、セラピストは新たな暗闇を思考によって捕らえ、反省し、みずからの内に思考という差異を生みださなくてはならない。より深くなった暗闇の一部になりながら、同時にその外に出ることを実現しなくてはならないのである。確かに自閉症という「静止する暗闇」の心理療法の目標として「光の生成」を掲げることが、とりあえずはできるのだろう。しかしそれを掲げるとき、光が常に動きの中に実現するものであり、新たな暗闇へと展開していく開始の地点でもあるということが、同時に指摘されなくてはならない。その終わりのなさゆえに、自閉症を暗闇と捉える心理療法は否定されるだろうか。――この問いに答えるには、そもそも心理療法の「終わり」とは何かというテーマについて考える必要があり、それは本書の議論の範疇を超える。ただしそこに暗闇があり、それが不自然な静止状態に置かれている限り、心理療法には取り組むべき課題が常に提示されているのだと言うことはできるだろう。

終章　暗闇の心理学

一．暗闇の論理

本書の第一章で、筆者は本書が全体として暗闇を一つのレトルトの中に閉じ込め、「暗闇がいかに存在しているのか、その内側にはどのような論理が働いているのかを認識すること」[1]を目指すと述べた。結びとして、ここでは本書全体を包括的に捉えることによって、暗闇への探究がどのようなプロセスをたどって展開したかについて振り返っておきたい。まず、本書が六章にわたって明らかにしてきたことは、次の三点にまとめられる。

（一）行為する主体としての瞬間的な体験である「私」を失い、さらには日常的な「私」の連続性という意識を放棄し、暗闇への探究の主語は暗闇にとって代わられなくてはならない。

（二）主語が「私」から「暗闇」へと転換するとき、暗闇は「私」に対し、それを消し去るほどの圧倒的な暴力を行使する。「私」の側から述べるならば、「私」は暗闇のその圧倒的な暴力に徹底的に晒されなくてはならない。

（三）ひとたび暗闇の内側へと参入すれば、そこには「静止」と「躍動」、あるいは「融合」と「分離」という、互いに相反する力が存在し、常にそれらが拮抗する動きを繰り広げている。暗闇の内部でそうした動きがダイナミックに展開し、暗闇の本性が実現してゆくとき、暗闇の最奥に光が灯る。それは暗闇がみずからを解放し、新たな世界に暗闇が充満するときでもある。

二．暗闇を知ろうとする意識

（一）暗闇からの入場拒否

第一章では、本書が近代的な価値判断に囚われることなく暗闇を捉え、その内側に入り込むことによってその論理を解き明かそうとするものであるということを述べた。しかし「暗闇の内側へ入る」ということは容易ではなく、第二章から第四章にかけては暗闇へと参入することの不可能性、暗闇との隔たりを繰り返し体験しなくてはならなかった。そしてそれでもなお参入を試み続けた結果、第五章からは「自閉症」という対象を見出したことによって、その探究は暗闇の内側へと導かれることになった。それまでの章では暗闇への参入を繰り返し阻止していた「私」が、「私」を自明のこととできない自閉症を取り上げることによって失われ、第五章および第六章においては、暗闇を語る際の主語は既に暗闇にとって代わられていたと言える。

このように本書全体を概観すると、暗闇との隔絶を体験し続けた第二～四章と、暗闇の内側へと参入し、暗闇の動きを捉え、その論理に従って進んだ第五・六章との間には何らかの飛躍、または非連続性が存在していたと指摘できる。前半は結果として暗闇の外側にとどまり続けることになった章であったと言えるが、それでは、それらの章において繰り返された暗闇への接近の困難さとは一体何だったのだろうか。暗闇への参入を果たすことができなかったそれらの章での試みは、「暗闇への探究」という本書の目論見に対して失敗であったとみなされるべきであろうか。あるいは、そこで認識された暗闇との隔絶は、第五・六章の暗闇への参入に何かしらの意味をもっていたと考えることができるだろうか。

第二〜四章を通じて繰り返し私たちの暗闇への参入を阻んだものは、暗闇を「見る」ことに固執する「私」であり、「私」という体験の連続性であった。このことはより根本的には、「私たちは暗闇をいかに体験するか」という問いを立て、調査を通じて暗闇体験を観察するといった方法で暗闇を客観的に知ろうとした筆者の意識のあり方それ自体が、暗闇への参入を阻むものであったということを示唆している。それらの章を通じて浮き彫りにされた暗闇との隔絶は、「暗闇を知る」「暗闇を体験させる」といったような意識のあり方に対して暗闇が突きつけた否定、そのような意識で暗闇の内側へと参入しようとする本書の試み全体に対する暗闇による「入場拒否」の宣言であったと考えられる。

第四章で考えられたことを思い起こせば、そのような暗闇による「否定」や「入場拒否」の宣言は、私たちが暗闇へと参入するために必要不可欠な、暗闇からの「暴力」でもあったのだろう。ギーゲリッヒは「心理学」という思考的実践への入場に際し、「入場を認められたい者は古い自己同一性を後にし、新しい同一性とともに、あるいは新しい同一性として、参入しなくてはならない」[2]と述べる。第二〜四章で感じ取られた暗闇との隔たり、暗闇への参入の困難さは、第五章において果たされた暗闇への参入と無関係ではない。暗闇による拒絶は暗闇へと参入するための入口であり、それはただ、そこを通過する際には私たちが意識をすっかり変えることが必要だということを繰り返し教えていたのだろう。暗闇に拒まれ、否定されることによって、逆にそこには暗闇への入口が明示されてもいたのである。暗闇からの否定に晒され続け、それでもなおそこに留まり続けたことが、暗闇を外側から知ろうと考える筆者の意識を失わせ、第五章以降の暗闇の内側への跳躍を可能にしたのだと考えられる。そこで闇を照らす光としての意識を確立した近代的主体ではないものとして自閉症が取り上げられたことは、決して偶発的なものではないと言えよう。

心理学、そして心理療法の誕生がフロイトの「無意識の発見」(3)にたどられるという事実によって明らかなように、私たちがみずからの内に「暗闇」を抱える存在になったことが、心理学が始まる契機としてある。しかしこれはより正確には、ギーゲリッヒの言葉を借りるならば、「心理学の誕生の瞬間とは、意識が自らを意識するようになった瞬間である」(4)と表現される必要がある。無意識が実体として存在するものではないということは既に第四章の前半部分で論じたのでここでは繰り返さないが、ある瞬間に無意識、あるいは暗闇という実体的な何かが発生したことが心理学の誕生なわけではない。そのように無意識や暗闇が実体化され、意識の内に取り込まれるならば、それらは直ちに意識を構成する一部になり、そこに「深層心理学」が成立する余地はない。「意識がみずからを意識する」という表現が必然的にはらむことになる意識と意識の、本来名づけようもない隙間が生じたことが心理学の誕生であって、その隙間を名づけられることのないままに保ちながら、ただその隙間の深みへと落ち込んでいくことによってこそ、「深層心理学」は成立する。

この点に関して、田中は次のように述べる。

> 心理学は、「隙間」を埋めるものとしてだけでなく、「隙間」を開くもの、そして「隙間」それ自体として、つまり、「AでもありBでもある」と「AでもBでもない」との間の弁証法的・論理的な運動として、自らを認識しえた時にはじめて、その「隙間」へと参入し得ると言える。これこそが真の深層心理学の在り方なのではないだろうか。(5)

「意識がみずからを意識する」という表現は「光」という言葉を用いて「光がみずからを照らす」、あるいは「光がみずからを知る」と言うこともできる。つまり本来外側のものを照らすはずの光がみずからを照らすとき、そこでは照射する先を外側から内側へと反転させることが必要であり、「光がみずからを照らす」という表現の最初の「光」と、後の「照らす」光源として想定される「光」との間には隙間が生じざるをえない。

（二）知りたがる「白」から湧き出す「黒」

光と光との間の隙間は、あらかじめ措定され、意識に取り込まれてはならない——光に照らされてはならない——という意味において、名づけられることのないままに保たれなくてはならない。しかしながら、それでもやはり光と光の隙間となって光の連続性を切断しうるものがあるのだとすれば、それは暗闇として現れることになるのだろう。この点について思弁的になり過ぎて隙間を埋めてしまうことを避けるためにも、一つの夢を取り上げることによってさらに検討を加えたい。筆者がカウンセラーとして関わっていた、ある中年期の女性によって報告された夢である。

台所で私の友人と母が一緒に喋っている。母は見た目が二十代くらいの、華奢で少し小柄な女性になっていて、白いワンピースを着ている。母は私の友人に、私の子どもの頃の変わったところとか、話して欲しくないことを披露している。私は、はじめは余裕をもって聞いているが、母が執拗にその話題にこだわり、私がなぜそんなことをしていたのか、深層心理的なことを知りたそうな様子が伝わって来て、だんだんと腹が立ち、ついに怒りが爆発してしまう。私は母の手首を掴んで別の部屋へ連れて行き、怒りにまかせて母を罵倒する。すると母はとても傷ついたようで、窓から外に飛び出して刃物で自分の腹を刺す。それから母は私のところに戻って来て（服が黒いものに変わっていた）、憎々しげに何か言い、傷口にあてていた血に染まった布をギリッと噛んで私を一瞥し、向こうへ行ってしまう。

ここでは激しい暴力に介在され、母が「知りたがる白」から「黒」へと反転する様が読み取られる。その「知る」ことに重点を置く態度から「白」を意識や光、対する「黒」を無知や闇のメタファーとして重ねながら、以下、「白」と「黒」という色に着目してこの夢がいかに理解されるかを考えてみたい。

この夢が最初に提示する「台所」は、水や火が用いられることによって物質の変容が促進される場所である。そしてこの夢において白から黒への反転が生じる舞台となる「母」は、この夢の主語としての「私」と強く結びつき、決して切り離すことのできない人物である。ただしここでは、本来であれば私より一つ上の世代に属するはずの母が現実よりも、さらには夢見手よりも若い姿を取って現れている。そして「白いワンピースを着ている」という表現によっては、「母」が無垢な乙女というイメージを備えていることが推察される。この夢の最初に提示される「白」には、母であり乙女であるといったような矛盾が内包されている。

黒がすべての色を吸収することとは対照的に、あらゆる色を反射し、外側へとはじき返す色が白である。このような白の特性は、この夢において白が執拗に既に過ぎ去ったことを掘り返し、そこにさらに「深層心理的なこと」といった、知りえないことまでを知ろうと固執したことに現れている。白を身にまとった母は幼い頃の「私」を知っているからこそ、それを友人に語って聞かせることもできたはずである。しかし白はそれでは満足せず、既に自分自身が知っているはずのことを、それでもなお、さらに深く知りたがる。ここで重要な点は、白がどこまでも知ることを求め、照らし続けようとした、その動きである。白が知りたがる「深層心理」など、実際には存在するかしないかもわからないような曖昧なものである。それは白が照らし続ける結果として、あたかも実在するはずの何かとしてつくり出されてゆくに過ぎない。白は無垢な白の本性として突き進み、知りたいと思うまさにその背後で、「深層心理」といった不可視的な知りえないもの、つまり「黒」や「暗闇」を生成してゆくのである。

白の執拗さに対し、ついに「私」は怒りを爆発させ、白を罵倒する。ここで「私」は、すべてを等しく照らし出そうとする白の世界における異物になる。これは白が知りたいと願い、追いかけていた対象である「私」が突如振り向き、白に対して突きつけた「入場拒否」である。

しかしこの「入場拒否」は、同時に「入場許可」をも意味しているようである。なぜなら、舞台は「別の部屋」へと移り、そこに二人がともに入っていくからである。「私」による白に対する罵倒は、それまで「余裕をもって聞いていた」はずの、すなわち白による照射の外側に身を置いていた「私」が、白の照射を真摯に受け止めたことの証に他ならない。つまり「私」による「入場拒否」の宣言こそが、白と「私」を一つにし、新たな次元への入場を可能にしているのである。二人は変容を促進する「台所」のさらに内側へと入り込む。そして夢の場面はさらに展開する。「私」に罵倒された白はとても傷ついた様子で「窓から外に飛び出て刃物で自分の腹を刺す」。「私」によって閉じ込められた空間から外に飛び出すという形で、ここで二度目の爆発が生じる。ここでの「外」は文字通りに部屋の外を意味するのではなく、先の「別の部屋」への移動と同様、ある一つの世界の内側での、新たな次元の幕開けとして理解する必要があるだろう。その新たな深みにおいて白は刃物――すなわち光を、みずからの中心部分である腹へと突き刺す。光が、みずからにその光を向けるのである。

象徴的に血は光と対立するものであり[6]、混じりけのない白から流れる血は犠牲や供犠を連想させる。白が突き刺されることによって流す血は、照らし出す光としての白の生命が供犠として差し出され、その深層にあった黒に触れたことを示していると考えられる。「知る」という行為において、白、あるいは光がそれ自身であることをひたすら追求した先に否定が突きつけられ、白の向かう先は自分自身へと返る。そしてその体内から黒は現れ、白い服は黒い服に取って代わられる。

過去へ、深層心理へと向けられていた光は一見したところ内を向いているようでありながら、実はそうではない。それはあくまでも知りたがる対象を外側に措定している。この夢で生じていることは、白が発する光の照射先の、外側から内側への劇的な方向転換である。光が外（母あるいは現在）から内（「私」あるいは過去）を照らし出すことではなく、今、この場所で、光それ自体がみずからへと向きを変えることによって、深層に到達する。真に「深・層心理学」を始めるのなら、光は光それ自体を志向し、みずからを貫き通し、黒にならなくてはならない――これが「光がみずからを照らし出す」ということであり、その結果としての隙間、そして暗闇の生成であると考えられる。先の田中の引用に倣えば、深層心理学はそこで生成する光と光の隙間をさらに開き、暗闇それ自体として暗闇へと参入してはじめて深層心理学であることを実現するのだと考えられる。

（三）暗闇の生成

夢から考えられたことを踏まえ、ここで再び本書の第二～四章において進められた作業について述べておきたい。

それらの章では、直接的か間接的かの違いはあるものの、いずれも暗闇体験とそれについての語りを重視した調査や事例が検討されている。そこでは暗闇それ自体になる、その内側へと入ることではなく、やはり暗闇を「知る」「照らし出す」という意識を捨て去ることができていない。その結果として、暗闇との隔たりばかりが認識されることになった。その隔絶が、暗闇を「知る」ことに重点を置く日常的な意識に対して暗闇が突きつけた否定であるということは既に述べたが、このことは次のようにも理解できる。第二章および第三章においては暗闇をそこに実体的に存在する何かでもあるかのように捉え、照らしだそうと試み、暗闇によって否定される。そしてその反省から、第四章では「私」が失われたその先に暗闇は立ち現れるのだという考えに基づいて、「私」の喪失という体験に焦点を当て、その先にある暗闇を照らし出そうと再び試み、そして否定される。そこでは「光による暗闇の照射」「その光に対する暗闇の否定」「それを受けての反省（reflection）」「新たな光による暗闇の照射」、そして「暗闇によるさらなる否定」と「暗闇の否定を受けての反省」というプロセスが繰り返されている。光がみずからを照らし出し、光と光の隙間を開き続ける作業が進められていたのである。

本書のはじめから、筆者は暗闇のことだけを考え、それに専心してきたつもりである。しかしながら、これらの章をかけて進んでいたプロセスは、暗闇を知ろうとする意識としての光がどこまでも光であり続けようとし、結果としてそこに光と光の隙間、すなわち暗闇をますます広げていったプロセスでもあったのだと今、理解される。裏を返せば、それはその背後で私たちが真に参入すべき暗闇を生成し続けたプロセスでもあったのであろう。

そしてそれこそが、暗闇への探究の入口として必要とされていたことだったのだと考えられる。

三．暗闇を知りつつ知らない意識へ

（一）暗闇を入れるレトルト

暗闇を対象として問う姿勢から変化し、第五章と第六章では暗闇の内側から、暗闇そのものの存在を認識する作業が進められることになった。ここでは錬金術におけるレトルトのあり方や重要性についての検討を行ない、その上で第五章および第六章で進められた作業を振り返りたい。

錬金術において用いられるレトルト（容器）は透明のガラスでできた球形をしており、ユングの「『容器 *vas*』は水、あるいは『永遠なる水 *aqua permanens*』、つまり哲学者のメルクリウスに他ならないと言われる。しかし容器は水であるばかりではなく、同時にその対立物、すなわち火でもある」（*GW*12, §338）[7] という説明が示しているように、それを何か物質的で具体的な、イメージ可能な容器として捉えることはできない。それは対立物の動きそれ自体という、生きた何かとして理解される必要がある。ユングは「錬金術における容器＝象徴の重要性は、術師たちが正しい内容のために正しい容器をもつことにどれほど腐心したかに示されている」（*GW*14-I, §277）[8] と述べるが、錬金術における容器の非物質的な性質を考慮に入れれば、ここで「内容」と「容器」は決して明確に区別しうるものではないのだろう。「正しい内容」は、すなわち「正しい容器」でもあるのだと考えられる。

内容を包み込むものであるはずの容器もまた内容であるという矛盾を考えるとき、レトルトが透明であり、錬金術師が一切の関心を透明な容器の内側へと注いだことの重要性が浮き彫りになってくる。第五章でも触れたが、ギーゲリッヒは錬金術において、透明なレトルトの内側を「観察する主体」としての錬金術師、あるいは錬金術師の「思考」の重要性を指摘し、次のように述べる。

> 思考を思考するという行為において、私は、主体であり錬金術師である私が、その思考に参与しているということを知っている。あるいは、それが私によって遂行されているということを知っている。私は、私が思考している客観的な自然の出来事が、私の反省の内容だということを知っているのである。錬金術において、主体は観察者であり、作業への積極的な参与者でもあるみずからに意識的である。[9]

観察され、思考の対象にされるという行為において、容器であり内容でもありえたものが、はじめて「真の容器」を得ることになる。そのため錬金術のプロセスは、単純に物質的な容器の内側で進むわけではなく、錬金術師の思考、あるいは意識をレトルトとし、その内側で進むのだと言うこともできる。

錬金術における透明なレトルト、そして錬金術師の思考あるいは意識について、ここで著書『結合の神秘』の中でユングが報告した夢を取り上げながら、さらなる考察を深めたい。先の夢で「白」と「黒」が衣服として現れたが、ここでも同様のモチーフを見出すことができる。以下、筆者による要約で夢の内容を提示する。

夢見手は一人の尊厳に満ちた老人の前に立っている。彼は黒い服を全身にまとった「白の魔術師」であるということが夢見手にはわかる。白の魔術師が夢見手に「黒の魔術師」の手助けを必要としていると語った瞬間、白の魔術師にそっくりの、ただし白い服を身にまとった老人がドアを開けて部屋に入って来る。黒の魔術師である。黒の魔術師は夢見手に対して疑わしげな視線を投げかけるが、白の魔術師による「気にせず話してくれて構わない、彼は無害だ（Er ist ein Unschuldiger.）」という言葉を受けて話し始める。その内容は次のようである。黒の魔術師の国の王がみずからの墓を求めて乙女の墓を開き、乙女の骨を取り除いた途端、その骨は黒い馬に変身し、砂漠へと走り去った。黒の魔術師が馬の足跡をたどってゆくと、その先で草を食む馬と「楽園の鍵」を発見した。しかし黒の魔術師はその鍵の使い方がわからず、白の魔術師に助けを求めてやって来たのだ。（GW14-I, §76；原文はイタリック）

ユングはこの夢を「墓に出没する霊」（ibid., §75）という文脈で取り上げているが、ここで私たちのこの夢に対する着眼点は、白と黒の相互性、および夢見手の意識という二点である。

この夢の中には「黒い衣服を着た『白の魔術師』」、「白い衣服を着た『黒の魔術師』」、そして「乙女の骨の黒い馬への変身」というイメージで白と黒が相補的に現れており、さらには「白の魔術師」は「黒の魔術師」に助けを求め、「黒の魔術師」もまた「白の魔術師」の助けを必要としているという構造においても、白と黒は互いに依存し合い、単純に分離することは不可能なものとして現れている。

そしてさらにもう一組、この夢には白と黒の対を見出すことができる。黒い服を着た老人が「白の魔術師」であることを「知っている」、しかし「白の魔術師」によって「知らない unschuldig」者として扱われる夢見手である。「白の魔術師」と「黒の魔術師」を中心として展開する白と黒の不即不離なあり方を可能にしたものとして、夢見手の「知りつつ知らない」という矛盾したあり方、「黒の魔術師」から疑わしげな視線を投げかけられ、「白の魔術師」からは（知っているにもかかわらず）知らない者として扱われることを許した夢見手のあり方は重要だと思われる。

夢見手は「黒い衣服」を見通し、その内にあるものが白であることを知っている。しかし「黒の魔術師」がここにやってきた理由、「黒の魔術師」の体験それ自体は知らない。つまり「白の魔術師」と「黒の魔術師」の世界に参入するための意識をもちながら、それでもなお、そこから夢の中で展開されることに対して夢見手は完全に自由だったのだと理解される。「白の魔術師」が夢見手に対して与えた「unschuldig」という語それ自体が、「潔白」「無垢」と捉えるならば白に結びつくし、「無知」と捉えるならば暗さにも結びつきうるような、固定化された価値づけから自由な言葉である。白と黒の戯れが展開するのは「知りつつ知らない」夢見手の眼前である。「白でありながら黒である」という矛盾（あるいは対立物）を内に抱える意識のあり方、これこそが対立物の自由な展開を可能にする「透明なレトルト」として理解される。

（二）暗闇の内にいながら外に立つこと

ここで今一度、先に提示した筆者のクライエントが語った夢に視線を戻そう。そこでは最初に現れた「白」が夢見手の過去の言動を知る母親であり、なおかつ、その母親は「深層心理」を知らない（ゆえに知りたがる）少女の無垢さをも備えていた。ユングの患者の夢から考えたことに倣えば、「白いワンピースを着た母」が象徴していた白には、最初から既に黒への反転に必要な「知りつつ知らない」という矛盾が含まれており、それそのものが、この夢におけるレトルトであったのだと考えることができる。「台所」がすなわち変容を促進するレトルトとして理解されるわけではなく、「知りつつ知らない」という対立するものが最初から与えられているということが、「台所」という変容の場によって示されていたのだと考えるべきなのであろう。そのため、白から黒への変容は夢の舞台となる場所の移動と同時に生起する。特定性の高い「台所」というイメージから単に「別の部屋」と表現される場所へ、さらには「窓の外」へとレトルトはその透明度を増してゆき、ついには白がみずからを照らし出し、その内側から血（黒）を流すという頂点を迎えるに至る。そのとき、はじめは潜在的であった白と黒の対立が顕在化し、白は黒へと反転する。

このように対立物の自由な動きに透明なレトルトの機能を認めるという観点から、本書の第五章および第六章でなされた作業を考えてみたい。

第五章において「もっとも卑近な形を取った暗闇」として自閉症に着目し、そこに「暗闇の静止状態を維持しようとする力」と「暗闇の静止状態を破ろうとする力」という対立する二つの動きを認めた。それによって、そこに生きた象徴としてのレトルトが生成したのだと言える。第五章から第六章への展開は、第五章で取り上げた事例においては筆者の意識があくまでも自閉的世界への参与者としてあったことに対し、第六章で取り上げた事例においてはセラピストの思考という「光」が、臨床の場で既に少なからず介在していたという点にある。そのことが、第五章においては「静止する暗闇」に個を融解させ、身を任せたその先に避けがたく「異質なもの」が姿を現すという偶発的な形でしか語りえなかった光を、第六章ではより明示的に、強く輝く光として捉えることを可能にしたと考えられる。

おわりに——暗闇への探究に出口は存在するのか？

ユングは錬金術を、未知なる物質という闇に向けて錬金術師たちがみずからの心的内容を投影する作業であったと理解し、「彼［錬金術師］が経験したことは、物質の性質としての彼の投影なのだ。実際のところ彼が経験したのは、彼の無意識なのである」と述べる（*GW*12, §345–§346）。それに対してギーゲリッヒはそのようなユングの視点を「ユング自身の投影」、「彼自身の近代的な心理学的偏見の後退」[10]であるとし、錬金術を心理学にとっての「内的な他者」——「対」となることのできる相手——とみなし、「錬金術においてはまだ潜在的で、粗野で未分化な知性によってつくられた混乱状態のもとに隠されていたものが今、近代性において、ユング自身の作業において、顕在的なものになる機会を得たのだ」[11]と述べる。私たちが心理学的な立場から錬金術を取り上げる際、それを錬金術師たちの自己実現のプロセスとみなすといったような形で、既成の理論を当てはめて理解しようとするべきではない。それでは錬金術は常に心理学の外側に、手つかずのままに留まることになってしまう。術者たちがレトルトの内側にみずからを融解させながら、同時にそれを観察する主体でもあったという論理の形式において錬金術を理解するとき、それは心理学化され、心理学にとっての「内的な他者」になるのだろう。このことは暗闇を考えるときにも同様で、暗闇をたとえば「無意識」として捉え、既存の心理学的理論をそこに当てはめるなら、真に暗闇へと分け入り、そこで心理学が実践されることはない。

心理学が「ものごとがそれ自体でいかに存在しているかを認識すること」（GW6, §203：傍点筆者）[12]である限り、仮に暗闇への探究に出口が存在するのだとすれば、それは暗闇を「知る」ということ、つまり暗闇に光を灯すことに他ならない。暗闇を知ろうとする意識を否定され、それを放棄することによって参入したはずの暗闇において、私たちは暗闇を「知る」ことを達成しなくてはならないのである。暗闇の内側にありながら、その現実的な外に足を踏み出すことなく暗闇を「知る」、「照らし出す」。そのような光のあり方が、第五章および第六章で暗闇の内側に灯る光として見出された。暗闇の内側にありながら暗闇を「知る」という行為において、暗闇を解き明かそうとする私たちもまた、暗闇の内側に灯る光になる。

暗闇の内側に光が灯るということは、つまり新たな意識の状態を獲得したということではあるだろう。しかし意識はまさに「知る」ことによって意識であり続けるために、本章で取り上げた夢の解釈から考えられたように、知ることを求めるプロセスは既にその背後で暗闇への参入を目指すプロセスでもある。そして知ることを否定され、ひとたび暗闇へと参入したのなら、次は暗闇それ自体に内在する論理によって暗闇を知ることへと、暗闇の内側に光を灯すことへと導かれてゆくことになる。そのため、それは光を灯しては再び暗闇に接近する、終わりのない循環するプロセスにしかなりえない。

最後に、第六章でも引用した、ユングのことばを再び引用したい。

暗闇の光に対する希求は、光がもはや暗闇によって解明されることのないときにのみ満たされることになる。暗闇には暗闇特有の知性と、極めて真剣に受け止められるべき特有の論理が備わっている。「暗闇が掴んだことのない光」のみが、暗闇を照らし出すことができる。暗闇が自らの力で把握し、思考し、理解したあらゆるものは暗く、そのために、暗闇は予期しないもの、望まないもの、理解できないものによってしか照らし出されることはない。(GW14-I, §337)

暗闇への探究は常に前へ前へと押し進め続けられなくてはならず、それは同時により強靭な暗闇を生み出す作業でもあり、そしてより強靭な光を私たちにもたらすことにもなるのだろう。

補章　暗闇の解放

本章ではローマ時代に書かれた「アモールとプシケー」という物語を取り上げ、暗闇のダイナミズムという観点からその解釈を試みる。ここから細かく検討してゆくことになるが、この物語の中では世界が暗闇に覆い尽くされ、そこに光が灯り、暗闇がその位相を変えてさらに展開し続ける過程を読み取ることができる。物語の流れに沿って暗闇が様々に姿を変えながら、光とのダイナミズムを繰り広げ、みずからの本性を実現してゆく様子を描き出していきたい。

一．物語の解釈

（一）「アモールとプシケー」

「アモールとプシケー」は、ローマ詩人ルシウス・アプレイウス（Lucius Apuleius）によって二世紀に書かれた小説『黄金のろば』（あるいは『変身物語』）[1]の中で、挿話という形で老婆によって語られたものである。『黄金のろば』という物語自体は、主人公のルシウスが魔女によってろばに変身させられ、様々な冒険を経た後、最後にはエジプト神話に描かれるイシス秘儀によって人間に戻されるというものであり、ギリシャ時代に書かれた『ルシウスまたはろば』や『変身物語』との関連や、さらにはオウィディウス（Ovid）による『変身物語』との関連も指摘される。[2]『黄金のろば』の中でも特に「アモールとプシケー」の物語はその甘美さによって有名で、本編からは独立して語られることも多い。物語の中では、人間の娘であるプシケー（Psyche）が姿の見えないエロス神（Eros／ローマ神話ではアモール Amor とされる）と恋に落ちるが、決して見てはならないという禁を破ってエロスの姿を見てしまったためにエロスを失い、エロスを求めて様々な困難な課題を乗り越えてゆく。その展開から、この物語には一般に「魂（プシュケ）が聖なる愛（エロス、アモル）を追い求める」[3]、「魂（精神、psyche）の鍛錬」[4]といったような主題が読み取られる。アプレイウスによる『黄金のろば』がローマ時代に書かれたということもあって、「アモールとプシケー」は正確にはギリシャ神話ではなくローマ神話と位置づけられるべきであり、さらには神話というよりもアプレイウス自身によって制作された物語として捉える方が適切であるとする見方もあるが[5]、本章では本編に登場する神々の起源をギリシャ神話にたどりながら物語を読み解いていくので、神々の呼び方はギリシャ神話のものに統一して、以下、論を進めてゆくこととする。

フォン・フランツによると、「アモールとプシケー」同様に異類婚や、夫の喪失から再獲得というテーマをもつ「美女と野獣」型の物語は世界各地に見られ、それらが二〇〇〇年以上前のものとして考えられることから、この物語の原型は非常に古くに求められる[6]。異類婚というテーマであれば、たとえばグリム童話にも「夏の庭と冬の庭の話」や「鳴いて跳ねるひばり」（KHM88）[7]があるし、本邦でも関[8]によって「美女と野獣」型の婚姻譚として分類される「蛇聟入」（101A）や「鬼聟入」（102）、「猿聟入」（103）など、多数の昔話が存在している。あるいは、見てはならないという禁を破って伴侶の姿を見て、それによって伴侶を永遠に失ってしまうという物語の展開に着目するならば、有名なギリシャ神話「オルフェウスとエウリュディケ」が思い起こされるし、本邦のものであれば記紀に記されるイザナギの冥界探訪[9]、昔話「夕鶴」（110）[10]などにそのテーマは認められる。特に「夕鶴」は、夫婦間で「見てはならない」という禁止が敷かれているという点のみならず、異類婚という点でも「アモールとプシケー」の物語との共通性を示している。

この物語は中世になるとより寓話化され、ルネッサンス期の一四六九年にローマではじめて出版された後、多くの国の言語に翻訳され、出版されることになった[11]。さらに近年にはルイス（C. S. Lewis）による、プシケーの姉の立場から「アモールとプシケー」の物語を語り直した小説『顔を持つまで（"*Till We Have Faces*"）』[12]も出版されている。また、美術の領域においては特に新古典主義時代（一八世紀後半〜）に多くの絵画や彫刻のモチーフとして用いられ[13]、これらの作品が現在も変わらず人々から愛され続けているように、この物語自体も長く人々を魅了し続けてい

われに提供するのである」[15]と述べる。

そのフォン・フランツも神話「アモールとプシケー」について論じている。彼女はアプレイウスの『黄金のろば』という物語全体の中でこの神話を捉え、主人公ルシウス（あるいは著者であるアプレイウス）の男性心理の観点から、アプレイウス自身の内なる女性像の問題に焦点を当てて解釈している。[16] ここで「内なる女性像」と表現される、男性の心の深層に息づく女性性が「アニマ元型」と呼ばれ、ユング心理学においては非常に重視されるものである。また、第一章でも言及したユング派分析家のノイマンによる「アモールとプシケー」の解釈もある。[17] この後、筆者が解釈を進めていく際にも折に触れ紹介していくことになるが、ノイマンの解釈はプシケーに焦点を当てたものであり、物語を通じてプシケーが実現してゆく女性の個性化や精神的な発達の過程が、そこでは読み解かれている。その際にはフォン・フランツの解釈とは対照的に、女性の心の深層に息づく男性性に焦点が当たることになるわけだが、それが「アニマ」に対して「アニムス」とユング心理学において一般的に呼ばれるものである。

フォン・フランツおよびノイマンの解釈は、男性性と女性性という、まったく正反対の方向から物語を読み解いていることになるが、より構造的な次元で捉えるならば、いずれもルシウスあるいはプシケーといった特定の人物を物語の中心に置き、その人物がアフロディテやエロスといった元型的イメージとの関わりを通じて成長してゆく様子を読み取ろうとするという共通性を示している。

そのようにプシケーやルシウスといった物語の登場人物に物語の主体を認める場合、その解釈において非個人的な層を想定する元型という概念が用いられるとしても、その議論は特定の登場人物の心の発達という個人的な次元へと帰着することになる。それはひいては「女性の」あるいは「男性の」と、いくらか抽象的な次元の議論に移行させることはできるが、それでも、そうした理解が現実的で実際的、倫理的な女性と男性という区別から解放されることは難しい。神話や物語について、それが普遍的なものを語っているというユング心理学的理解に忠実であろうとするならば、本来そうした価値観から自由なものとして、それらは理解される必要があるのではないだろうか。河合は物語を読み解く際、その主体を自我に限定してしまっては物語の動きが見えなくなることを指摘し、心理臨床の立場から物語を捉えるとは「そのつどそのつどの出来事やイメージを動きのあるものとして捉える」ことであり、さらには「そのつどの出来事が全体をなしているように見ること」だと指摘する。(18) それは個人や日常的な価値観を超えて理解されるべきものであり、その物語の背景で明かされ、実現されてゆく動きを捉えることこそが、分析心理学的な解釈であると言えるだろう。物語の表面で語られる文字通りの出来事や主人公の意図を超えて、客観的な心の真実に関わるものとして、それらは読み解かれなくてはならない。

本章を通じて筆者が試みようと思っていることは、「アモールとプシケー」の物語を動かしているものを暗闇に認め、この物語の展開を暗闇の自由な動きにおいて理解してゆくことである。物語の内容を先取りすることになるが、次に引用するノイマンの言葉は、彼の物語の解釈の立場、あるいは暗闇の捉え方を明確に表現していると考えられる。筆者の立場をより明確にするためにもここで取り上げておきたい。

> プシケーの個性化の過程は、これまで形のなかったウロボロス的な力に形式を与えることである。はじめに、彼女はエロスの竜の魔力の下に住んでいた。（中略）その闇は意識によって妨げられることもなく、光によって邪魔されたり、混乱を来たしたりすることもありえない。それは闇の中での衝動の生命、竜の感覚的な楽園、無意識の暗闇の中に始まっては終わる一つの循環をなしている「生命」である。プシケーの行為（光を灯すこと――筆者注）は、永遠にこの循環を断ち切る。光と意識が突入するのだ。個人としての関係と、個人としての愛が、えたいの知れない渇望や単なる衝動にしかすぎない暗闇にとってかわる。(19)（傍点筆者）

この引用から明らかなように、ノイマンの解釈では暗闇にプシケーが光を灯したという出来事は、プシケーの意識の光が無意識の暗闇を打ち負かしたこととして賞賛される。そこには暗闇は克服されるべきものであり、光の世界の訪れは喜ばしいものであるという、闇と光に対するあからさまな肯定／否定の価値づけがあり、暗闇の循環と光の生成は、独立したものとして捉えられる。

しかし本書が明らかにしてきたように、暗闇と光の両極への切断は決して暗闇の本性に従ったものではない。それは近代的な思考の産物であり、暗闇を、そして光を、平板な二元論へと貶めていることに他ならない。二分法的思考から自由になるならば、暗闇に光が灯るということを暗闇に対する光の勝利としてではなく、暗闇と光が正しく循環していることの証しとして捉えることに妥当性を認めなくてはならない。その光が真に暗闇を照らしうるものであるのならば、それは暗闇の外側から突入する異物ではありえず、暗闇の変容過程において暗闇の内側から生じるはずである。本章は、そうした暗闇と光の循環の中でこの物語を読み解く試みであり、それはノイマンやフォン・フランツの解釈のようにプシケーやルシウスという個に着目し、日常的な価値観をそこにもち込む理解とは一線を画すものになるだろう。

(三) アニマとアニムス

このような物語の解釈における立場の相違は、先に触れたアニマとアニムスという概念に対する理解の違いに関連している。先には簡単にアニマとアニムスについて説明したが、ここでもう一歩踏み込んで、ユング心理学においてアニマとアニムスがいかに捉えられるかという点について検討を加えたい。

フォン・フランツに代表されるような物語解釈の立場は、先に述べたようにアニマを男性の内的な女性像、アニムスを女性の内的な男性像として捉える。そうした読み解き方はユング心理学の一般的な理解にも通じるものであるとは思われるが、たとえばユングが『集合的無意識の元型』という論文の中でアニマについて次のように述べることは、アニマとアニムスをそのような女性と男性という対称性の中で単純に捉えることが本当に可能なのかという疑問を抱かせる。

アニマは、その言葉本来の意味における「factor」（「つくる人、行為者」を指すラテン語—筆者注）である。人間が、それをつくることはできない。逆に、それは気分、反応、衝動のア・プリオリであり、その他あらゆる心的自発性に関わるものである。それはおのずから生きるものであり、私たちを生かすものである。それは、完全には意識に統合されえない、むしろ逆に、そこから意識が生じてくるような、意識の背後にある生命なのである。（GW9-I, §57）[20]

このようなユング自身の言葉を根拠として、アニマの概念を批判的に再検討したのが、分析心理学を基盤として独自の元型心理学を構築したヒルマン（J. Hillman）である。ヒルマンは、アニマが単に男性の中に存在する女性像としてではなく、あらゆるものを特定のイメージとして実体化する機能として重視されるべきであると考えた。[21] ヒルマンの元型的心理学においてはイメージが魂であり、イメージをつくりだしていくこと、あるいは出来事をそのイメージとして「見通す」ことによって、魂が再活性化することが重視される。ヒルマンもまた「アモールとプシケー」を解釈しているが、そこでは特定の人物の発達ではなく、魂（プシケー）それ自体に物語の主体を認める立場から、そこにかかわる「エロス」という魂を活気づける（animate）機能の偏在性が論じられている。[22] このようなヒルマンの解釈は、先に筆者がフォン・フランツやノイマンを挙げて批判したような、個人的な次元にとどまる解釈の域を超えるものだと言える。

しかしながら、このようなヒルマンの捉え方ではあらゆるものが実体化され、過度にアニマ的な態度に陥ってしまう点を批判し、ヒルマンの「元型的心理学」をさらに展開させたのがギーゲリッヒである。ギーゲリッヒは、アニマの機能によって実体を与えられるイメージを否定し、省察する機能としてアニムスを捉え、それにアニマと等しい価値を置くことを強調する。ギーゲリッヒがアニマとアニムスについて述べるところを次に引用する。

> アニマがイメージと神話、実体と内容、物質化と人間化の元型である一方で、ポジティブなものではありえず、アニマとの等価物としての何かでもないものが、アニムスである。それは偶然的に他の実体的な何かによって特徴づけられる一つの姿として、（姉の脇に寄り添う兄のように）アニマの隣に存在する。アニムスはそれ自身の実体的な内容も、それ自身の質的な本性も、何ももち合わせてはいない。それはただ単に差異というだけではなく、それは根本的にアニマの「他者Other」であり、それ以外の何ものでもないということが、そのまさに本質である。[23]

ギーゲリッヒの理論ではアニムスはアニマの純粋なる否定、すなわち「他者」として存在するため、それのみを取り出すことはできない。魂の学問としての真の心理学が注目するのは、固定され、実体を与えられた何らかのイメージではなく、アニマとアニムスの間の相互作用、それらの弁証法的な連動として存在する魂であるという立場をギーゲリッヒは打ち出している。そのような立場から、ギーゲリッヒは物語の解釈について「われわれは、魂が両方の側に存在し、ある物語の真実はその二つのものの互いに対する関係全体であるということを理解しなくてはならない[24]」と述べる。

この見解を踏まえ、「アモールとプシケー」の解釈に際して暗闇をこの物語の主体とみなすという筆者の視点をさらに明確にするならば、それは暗闇か光かというどちらか一方に注目したり価値を置いたりするのではなく、その両者の関係全体、あるいは暗闇と光のダイナミズムを捉えていこうとするものであると言える。光は世界を照らしだし、それぞれのものに形を与える。他方で暗闇はあらゆるものを覆い隠し、その実体を否定する。そして暗闇は個別の実体を否定した先で、暗闇それ自体が絶対的な実体であるかのようなものとして姿を現す。また、あまりにも光に満ち溢れた状態では何も見ることができないということも事実であって、光も実体を与えるだけにとどまることなく、実体の否定という機能をもち合わせている。そしてそのとき、光に次第に闇が舞い降りてくるならば、闇はものの実体を回復するという役割を果たすことになる。暗闇と光は確かに対極に位置づけることができ、一方は他方の否定として定義づけられるものではある。しかしながら、暗闇と光のそれぞれに不変の、固定した意味を与えることはできない。それらは常にその状況や程度に従って機能が決定される。だからこそ、暗闇と光はその関係やダイナミズムによって捉えられることが重要なのである。そのダイナミズムが、筆者が本章で「暗闇」に視点を置きながら「アモールとプシケー」を解釈することによって明らかにしようとしているものである。

二．対立する同一物

（一）プシケーとアフロディテ

それでは物語の解釈へと進もう。まず物語の冒頭で、プシケーの人並み外れた美しさが描写される。(25)

プシケーの美しさは、その容姿を拝もうと国の内外から人々が訪れるほどであり、プシケーを前に人々は「皆々たぐえようもないお顔ばせのめでたさに胆を奪われて魂も中有《ちゅうう》に飛び、終いには右手を脣に当て、人差指を立てた親指に圧しつけたまま、まるでヴェヌスさま御自身でもあるかのように、うやうやしく崇《あが》め敬う」。さらに民衆はプシケーについて「きっとまた天上の滴の新しい萌芽《きざし》から、今度は海ではなくて大地が、もう一方の乙女の華に装われた（新しい）ヴェヌスさまをお産みしたのに違いない」などと噂し、海の泡から誕生したとされるアフロディテ（ヴェヌス）との対比においてプシケーを大地から誕生した新しい女神と称え、拝み、供物を捧げ、「そこにはおいでにもならぬヴェヌスさまの御名を呼んで」その慈しみを乞う。その一方で、真の女神であるアフロディテを奉るものは減り、アフロディテを祭る神殿が荒廃してゆく様子は「供物はとだえ社《やしろ》は毀《こわ》れ、神様の御座所も汚れて祭儀もろくろく執り行われず、御像に懸けた花環もなくて侘しい祭壇は冷たい灰にまみれたままです」と、プシケーの置かれた状況とはまったくの対照をなして描かれる。

ギリシャ神話においてアフロディテと言えば愛と美の女神であり、万物の起源である。そのアフロディテにとって、やがて死すべき人間に過ぎないプシケーが自分自身とその尊厳を分け合う、さらには自分以上に民衆から尊厳を与えられるというこのような状況は、まったく由々しき事態である。アフロディテは「見るがいいさ、いまにかえって自分の道に外れた容色《かおかたち》を後悔するようにしてやるから」と憤りをあらわにして猛り立ち、息子であるエロスを呼びつけ、プシケーを指しながら「あの小娘が世界で一番卑しい人間と、この上もなくはげしい恋におちいるように」、その矢を射ることを命じる。

このようにアフロディテとプシケーの対比をくっきりと浮かび上がらせる形で物語は幕を開く。アフロディテが絶対的に君臨する女神である一方、神々しいまでの美しさをもつとは言えプシケーは一人の乙女に過ぎず、アフロディテの烈しい怒りとプシケーの無力さとの間には相当な不均衡が見て取られる。しかしフォン・フランツは、アフロディテとプシケーがともにエジプト神話の女神イシスであるとするラインホルト・メルケルバッハの研究を参照しながら、アフロディテとプシケーの対立を「元型のうち本来のかたちのままにとどまろうとする慣性の傾向と、人間の姿に受肉しようと願うほかの側面との間」に生じる戦いであって、自分から神性が奪われ、他方で人間の意識が拡大することに対してアフロディテは憤り、嫉妬しているのだと述べる。(26)

筆者もアフロディテとプシケーを同一物であると捉えることには賛成だが、その同一物である両者に「神」と「人間」という、意味の次元での区別を設け、明確な対立図式をあてはめることには慎重になるべきだと考える。神と人間に対する倫理的な価値観をもってアフロディテとプシケーの対立が見て取られるとすれば、そこでは物語が日常的な意識によって解釈されていることになる。それは物語の中で展開する登場人物の自由で純粋な動きや、その都度そこで生成する意味を見落とす危険につながるだろう。アフロディテがプシケーに向ける感情は、アフロディテが神であるというまさにそのことによっても明らかなように、個人的な次元での感情として理解されるべきものではない。アフロディテがプシケーに激しい嫉妬を向けるという事実は、民衆によって同一視されているアフロディテとプシケーが、同時に対立物でもあるということを示している。ここではアフロディテとプシケーを、対立によって結ばれた同一物として、嫉妬というエネルギーの交換をはらんだひと組の「対」として捉えることが重要である。

そこにおいて、女神であるアフロディテと人間であるプシケーの間の明らかな不均衡は、その両者の間に流れが生じることを可能にする差異の役割を果たす。その差異のためにこそ、アフロディテはエロスを使ってプシケーに戯れを仕掛け、それによって生じる動きが、ここからこの物語を動かし始めるのである。田中が双子イメージについて「世界創世の原初の状態を表しているのであり、固定された関係やはっきりとした対極性の中で彼らを捉えようとするあらゆる試みから逃れ、バランスを欠いた永遠の相互作用を通して、創造にまつわるあらゆる営為を促進し続ける」[27]と描写するのと同様のことが、アフロディテとプシケーにおいても認めることができると言えよう。

（二）エロス

周知のように、エロスはその手にした矢を用い、それに射られたものに恋、あるいは嫌悪の感情を生じさせることができる。ケレーニィ（K. Kerényi）によると、エロスとは「求める愛」を意味し、「アフロディテとエロスは、本質的に相関連している力や原理のように相関関係をなしている。童児神エロスは、生まれながらにしてアフロディテの同伴者であり、道連れである」とされる。[28]先に物語から引用したように、プシケーに対して怒り心頭のアフロディテは、エロスを使ってプシケーが「世界で一番卑しい人間」との悲恋に身をやつすという苦しみを与えることを企てる。しかしエロスはアフロディテの思惑に背き、美しき神であるみずからがプシケーの恋の相手となってプシケーに幸福な時間を与える。すなわち、ここではアフロディテの「道連れ」であるはずのエロスがアフロディテを裏切っているということになる。この点についても、この物語が冒頭に示したアフロディテとプシケーという「対」に着目して考える必要がある。

先に、アフロディテからプシケーに向ける激しい怒りは「対」の一方がもう一方に向けて仕掛ける戯れであり、その戯れによって今はまだ遠く隔てられているアフロディテとプシケーとの間に相互作用が開始されるという理解を示した。しかし他方、プシケーにとってのアフロディテは偉大な女神であって、人間であるプシケーからすれば一線を画す存在である。アフロディテの戯れに応じるには、プシケーはあまりに無力である。そのようなプシケーを非人間的な世界へといざない、その夫となってプシケーに新しい生活を与えるのがエロスである。プシケーは、何も知らないままではあるものの、エロスを介してアフロディテの戯れに応じることになり、しかもそれがエロスのアフロディテに対する裏切り行為であるために、アフロディテはよりいっそう強い怒りをプシケーに向ける。そしてアフロディテとプシケーの間には、ますます強いエネルギーが満ちていくことになる。

確かにエロスはアフロディテの思惑を裏切る。しかし一方で、プシケーをアフロディテ自身へと近づけるという意味で、エロスはアフロディテの戯れをしっかりとプシケーへと届け、アフロディテとプシケーという「対」をますます活性化していると理解することが可能である。エロスはアフロディテとプシケーをより強く対立させ、同時に結びつける役割を果たしていると言える。

（三）プシケーに内在する分裂

さて、そのあまりの美しさのために結婚相手が見つからず、ひとりで家に籠もるプシケーを心配した父王はアポロンの神託を仰ぐ。その結果、プシケーは「死に行く嫁入りの、粧い」を施され、「人間の胤《たね》から出た者でなく、荒く猛しく蝮《まむし》のように悪い男」との結婚のために住み慣れた世界を後にし、未知なる世界へと足を踏み入れることになる。プシケーの結婚に際してはプシケーのみならずプシケーの両親、さらには世界中が悲嘆にくれ、葬送の行列が高い巌へと進む様子が描写される。いざ婚礼の行列が高い山の嶺に差し掛かったとき、プシケーは嘆き悲しむ両親に対して次のように言う。

「私を神様のように諸国の人々が敬い尊んだ時にこそ、口を合わせて私を新しいヴェヌスだと称えた折にこそ、お二人は悲しむなり泣くなり、私をもう他界した者のように悼んで下さったはずでございました。でも今こそ私もはっきりと解って参りました、自分がヴェヌスなどと呼ばれたばっかりに、この身を滅ぼすことになりましたのが。」

このプシケーの言葉は、プシケーの「死」がこの「死の婚礼」に先立って既に起こっていたのだということを示唆するものとして重要である。そのあまりの美しさのために夫になろうと申し出る者はおらず、神のように崇められてはいても、だからと言って真に神なわけでもなかったプシケーは、結局のところ何者でもなかったのである。この「死の婚礼」は、他でもない何者かとして人間の世界に存在することの許されなかったプシケーが真に「他界」し、具体的な何者かとしての存在になるための儀式であったと考えられるだろう。明示的なものではないが、このプシケーの言葉からはプシケーがアフロディテの仕掛けた戯れに応じようとしているということをうかがい知ることができる。プシケーは、自分がアフロディテの招きによって「死の婚礼」へと追いやられているということに気づいている。そして、プシケーはみずから覚悟を決めて「死の婚礼」を通過しようとしている。

アポロンの神託がくだる以前、プシケーは「あらゆる人から讃めたたえられる自分の容色を、自身はひそかに呪っている有様」であった。プシケーが「何者でもなかった」という表現は、すなわち、プシケーが自分自身の「美」を受け入れ、それにすっかり同一化していたわけではなく、彼女の中には「美しい容貌をもつプシケー」と「美しい容貌を呪うプシケー」の分裂が統合されることのないままに同居していたと言い替えることができる。プシケーとアフロディテが「対立する同一物」であることを思い起こせば、プシケーがあたかも神であるかのように崇められることに対するアフロディテのすさまじい怒りは、プシケー自身の、彼女が自分自身の美しさに対して向けていた怒りでもあったと理解することができるだろう。アフロディテは外在化された他者として描かれてはいるものの、プシケーの「内的な他者」として捉えられなくてはならない。そのため、「死の婚礼」によってもプシケーはその美しさから解放されるわけではない。むしろプシケーはそれによって、知らず知らずのうちにアフロディテという彼女自身の内的な他者への接近を開始し、人間的な世界の美を手放し、より真実の美に、みずから呪っていたはずのおのれの美しさに、深く捕らえられてゆくと理解する方が適切であろう。神でも人でもないプシケーには、人間の世界から追いやられ、アフロディテの待ち受ける世界へと参入することが、あらかじめ運命づけられていたのだと理解される。（ただし、後述するように、この後プシケーがますます匿名的な「暗闇」へと身を沈めてゆくことを考えれば、これは「儀式の始まり」と表現する方がより相応しいであろう。）

三．暗闇における融合と分離への動き

（一）融合的な暗闇への下降

「死の婚礼」によって高い巌の頂点に置き去りにされたプシケーは、穏やかな風（ゼルフィス）に連れられて谷の麓へと下降する。プシケーが降り立ったそこは花盛りの草原で、その先にある壮麗で壮大な宮殿の内部は素晴らしい彫刻や絵画に埋め尽くされ、蔵には贅沢な宝物がぎっしりと詰め込まれていた。プシケーはその宮殿に足を踏み入れ、自分がその宮殿の主人であることを「姿の見えない声」から教えられる。プシケーの宮殿の中では給仕人も歌舞の群も、夜になるとプシケーの床を訪れる夫（エロス）さえも、日が昇る前には去ってしまって姿を現すことがない。そこはきらびやかに光り輝く贅を尽くした世界であると同時に、誰一人として確かな他者の姿を認めることができず、ただ聴覚や触覚を頼る世界である。ノイマンがプシケーの宮殿におけるプシケーとエロスの「結婚」を「暗闇の恍惚状態」、あるいは「『見ず知らず』の状態」[29]であると解釈するように、筆者もまた、プシケーが下降

した先に開けたこの世界を「暗闇」として捉える。ここからプシケーは暗闇の世界へとひたすらに深く入り込んでゆき、物語は暗闇の動きそのものとして展開してゆくことになる。そのように考える根拠として、ここで二つの点を挙げておきたい。

先に、プシケーの内にみずからの容貌（美）をめぐる分裂が存在していたということを述べたが、プシケーに内在するそのような外見的な美をめぐる分裂のために、プシケーが「見ることの許されない世界」に参入せねばならなかったということはおのずと了解されるのではないかと思われる。暗闇は視覚を奪い、外見的な美しさをすべて覆い隠す。神でも人でもなく、ただその内に容貌をめぐる分裂を抱える者であったプシケーは、まさにその容貌に対して激しい憎しみを向ける者の導きによって、すべて覆い隠す暗闇へと参入させられるのである。

次に指摘する点は、プシケーの存在形式の曖昧さである。プシケーの婚礼は「死に行く嫁入り」と表現されることからも、ギリシャ神話のハデスによるペルセポネー略奪を思い起こさせる。ペルセポネーはハデスによって冥界へとさらわれるが、そのことに対して激しく怒ったペルセポネーの母デメテルはペルセポネーを地上へと連れ戻す。しかしそのとき既に冥界の食べ物を口にしてしまっていたペルセポネーは、それ以降も一年の三分の一を冥界で過ごさなくてはならなくなる。一般に乙女を現すギリシャ語である「*κόρη*（コレー）」とも呼ばれるペルセポネーについて、ケレーニィは次のように述べる。

> ペルセポネーがコレーであるのは、彼女が一切の女性的な関係―母に対する娘としての、また夫に対する妻としての関係―を超越しているからではなく、これらの関係を、極度に対立しながら互に平衡を保っている二つの存在形式として一体化しているからである。そこではひとつの存在形式（母に伴う娘）は生として、他の存在形式（夫に連れ添う若妻）は死として現れる。[30]（傍点筆者）

結婚によって娘が神との直接の接触をもち、異界において妻になるという点で、ペルセポネーとプシケーの共通性を指摘することができるだろう。プシケーは既に「死の婚礼」を通過した「妻」であり、他方では父母や姉を思う「娘」であって、ペルセポネーと同様、プシケーにとっても「妻」と「娘」という両方の存在形式が重要である。ただしペルセポネーが一年をはっきりと区切って地上と地下、すなわち母に対する娘である時期と夫に対する妻である時期を行き来する一方で、プシケーは見知らぬ夫に対する妻であり、次に見るように、姉たちを招き入れることによって「妻」として存在するはずの宮殿において「娘」になるという曖昧な存在形式を取る。その結果、プシケーはエロスの妻でありつつも姉や父への思いに囚われる無垢な娘として、その両者の間で常に頼りなく揺れ動くことになる。プシケーの場合、妻と娘という二つの存在形式の関係がペルセポネーのように洗練され、明確に区別されることなく入り混じっているのである。このようなプシケーの存在形式における境界の定まらなさも、彼女がここで参入した世界が、境界を飲み込むという特徴を備える暗闇であると筆者が表現する理由である。

はじめにプシケーは高い巌の頂上に上昇し、その後に谷へと下降するが、それは「頂上」という相対性において定位される一点からの下降であり、暗闇という上下左右のない世界への参入を示唆する儀式として理解することができる。ヒルマンが山（頂上）と谷を比較しながら、山を「高みへ駆り立てる精神」「精神への探求」、谷を「魂」、暗さ、「妖精たちの場所」などと互いに対比させて表現し、谷において「妖精はわれわれの視覚にヴェールをかけ、近視眼的で捕らわれた状態にする」(31)と述べるところは、まさに谷へと参入したプシケーの状態を表していると思われる。アフロディテによってけしかけられた戯れを受けてプシケーが参入したこの世界は、視覚的には捉えることのできない夫との融合的な夜に特徴づけられるように、自分自身や「他者」の輪郭が失われた融合的な暗闇の世界である。

（二）暗闇の「外」を作り出す姉

ある晩、エロスはプシケーに次のように話して聞かせる。

「本当に優しいプシケー、私の可愛い妻よ、運命の女神は前よりも一層意地悪く、おまえに命も危ないほどの難儀をさせようとしているのだから、もっともっと十分に気をつけて用心しなくてはいけないよ。今度お前の姉さん達がね、お前をもう死んだと思って大騒ぎして、お前のあとを尋ねさがして間もなくあの巌のところへやってくるのだ。だがあの人たちの嘆く声がひょっとして聞こえて来たにしたって、けっして返事をしたり、まして一寸でも顔を見せたりしてはいけないよ。さもないと私には酷い嘆きをかけることになるうえ、お前自身にも取り返しがつかない破滅を招く仕儀になろうから。」

エロスはプシケーが姉と会うことを禁じるが、ひとたび姉の存在を思い起こさせられたプシケーは姉に会いたい気持ちを抑えることができない。プシケーはエロスを説得し、エロスとの間で、姉に何を言われようとエロスの姿を見ようとはしないという約束を交わして姉たちを谷の宮殿へと招き入れる。また、エロスの忠告にあるエロス自身の「酷い嘆き」、プシケーの「取り返しがつかない破滅」が意味しているものは、後によりはっきりとプシケーの妊娠であることが明かされる。

姉が、エロスの言葉にあるように「運命の女神」が差し向けたもの、つまりはプシケーを破滅に導こうとするアフロディテによって操られた結果としてプシケーのもとへやってくるのだということを思えば、エロスがここで再びアフロディテとプシケーを媒介する役割を担っていることがわかる。エロスは姉たちの侵入から、あたかもプシケーと自分自身の世界を守るように見せながら、実際にはその訪れをプシケーに知らせ、その禁止によって逆に姉に会いたいというプシケーの思いに火をつける。姉たちはプシケーの優しさのために招き入れられるのではない。姉はアフロディテによって、さらにはその受け入れを禁止しながらも助長するエロスによって、暗闇に参入させられべく仕向けられているのである。「何者でもないもの」として暗闇に溶け込んでいるプシケーがそのような流れに逆らうことなどできるはずもなく、プシケーはただ流れに乗って姉たちを家に招き入れる。そしてエロスとプシケーが溶け込んでいた暗闇には、「姉」という新たな力が作用し始める。

「姉」がエロスとプシケーの融合的な暗闇にもたらしたものは、プシケーの意識の変化である。姉たちの訪れとエロスの禁止によって、プシケーはエロスとの生活を「楽しげな牢屋」と自覚するようになる。ここに、プシケーとエロスの世界を覆っていた融合的な暗闇の、劇的な変化を読み取ることができる。エロスとの融合的な暗闇が、プシケーの意識によって「牢屋」という有限の空間へと区切られ始めているのである。かつてはエロスとの融合的な暗闇だけを享受していたプシケーの中で、「姉たちとともにいる世界」、「夫のことを隠さなくてはならない世界」というもう一つの世界、すなわち暗闇の「外」の世界が生成することで、逆にエロスとの融合的な暗闇は「姉たちのいない世界」という意味を帯び始める。暗闇が「エロスとの融合」というたった一つの意味に満ち足りていた世界であったとき、暗闇は世界そのものであり、その外側は存在しなかった。しかし今や、エロスとの暗闇は「姉たちのいない世界」、「外部との交流を禁止された世界」、「閉じ込められる場所」として、それ自身のうちに「他者」（暗闇ではないもの）を含む形でプシケーに体験されるようになる。

姉たちの三度に渡る干渉は、プシケーのうちにますます窮屈さの感覚を生じさせ、それはつまり、暗闇がますます限定された空間へと押し込められることを意味する。その一方で、その暗闇の内で起こるエロスとプシケーのやり取りもまた、より一層甘美さを増す。そこには、ただ茫漠と広がっていた暗闇が不自然に狭められることによって、その密度が上がり、緊張感をはらんでいく様子を読み取ることができる。

他方、ここで再度「姉」というイメージに立ち返るならば、それが他ならぬプシケーと血を分けた存在であるということも見逃してはならない。アフロディテによってプシケーのもとへと差し向けられる姉たちは、アフロディテの分身であると同時にプシケーと血のつながった者でもある。暗闇の「外」の世界を作り出し、暗闇を有限の空間へと閉じ込める役割を果たす参入者として捉えられる姉たちではあるが、彼女らとプシケーとのつながりも見過ごすことのできないものであるために、姉たちは同時にプシケーのいる暗闇の内側から動き出した「他者」であると捉えることも可能である。矛盾した表現になるが、暗闇の内から生じた「他者」としての姉たちが、物語の中ではプシケーとエロスの暗闇を外から脅かす者として描かれているのである。

姉たちが表現している暗闇の内にある他者性は、彼女たちがプシケーにエロスを見るようそそのかすという点に如実に表れている。プシケーがエロスを「見る」ということはプシケーとエロスの間に距離が生じるということを意味し、それは「見る—見られる」という主体と客体の区別をもたらす。何かを「見る」ことができるとき、そこはもはや暗闇ではない。それはプシケーとエロスが浸っていた暗闇の融合状態が打ち破られ、そこに分離の亀裂が入るということを意味する。エロスが再三にわたってプシケーに「一度おまえが（私の姿を）見たら、もうそれからは見られなくなるのだから」と伝えてあったとおり、姉たちによるエロスを見ることへの誘惑は、プシケーがエロスを失うこと、すなわちプシケーとエロスの融合的な暗闇の終焉を志向している。つまりここで「姉」というイメージは、プシケーとエロスの融合的な暗闇を、その内側から引き裂く力としても理解される。

（三）暗闇に生じる緊張

姉たちの干渉を受け、暗闇を「牢屋」という有限の空間へ押し込めるのも、エロスを見る誘惑に駆られるのも、いずれもプシケーにおいてである。姉たちと相対しているときでもプシケーの中にはエロスによる忠告が作用している。そのためプシケーは姉たちに会うことを心から喜びつつも、夫について知りたがる姉たちにエロスとの約束を守ってその都度偽りを語って聞かせなくてはならない。このように夫のことを隠して姉と向き合うという事態はプシケーにおける妻と娘という存在形式の曖昧さを表面化させることになり、プシケーの内に「妻」と「娘」という、相反する存在形式の間での葛藤を引き起こす。プシケーが何者でもなかったからこそエロスとの融合的な暗闇に身を委ねることができていたことを思えば、彼女の存在形式の区別が明確になることによって暗闇が変容するということは想像に難くない。

しかしながら、プシケーは意識的に二つの相反する力の相克に苦しみながら、その均衡を保っているというわけではない。プシケーは姉たちの好奇と嫉妬の問いに対し、偽りの「夫」について、最初は「まだ若くて様子がよく、やっと綿毛のような髯が口許にうっすり（筆者注　本文ママ）生えた許りで、いつも大抵野山へ狩猟にばかり出かけているのだ」と言い、その次には「沢山な資本の商売をしていて、もう中年輩のちらほらとたまに白髪も混ってみえるほどだ」と語って聞かせる。これを、プシケーが確かにエロスの言いつけを守って夫の正体を隠し、あえて偽りを語って姉たちを攪乱しているのだと理解することもできるかもしれない。しかしもし、そのようにプシケーが意識的であったのだとすれば、その都度異なる夫の姿を語って聞かせるというような事態が起こりえただろうか。このとき、プシケーはまだ暗闇に融解している曖昧な存在であって、そのようなプシケーにおいてエロスやエロスとの世界を守ろうとする明確な意図があったとは考えにくい。さらには、そもそもプシケーが姉たちを前にエロスについて語ったことを、本当に偽りだったとみなすことができるのだろうか。

ここで、プシケー自身もその夫については声や触覚としてしか知らなかったということを思い出す必要がある。ただひたすらに暗闇に溶け合ってゆくような在り方で夜を過ごしてきた二人であるから、二人が出会うとき、二人の境界は常に曖昧で、プシケーがみずからの夫を一人の人として知ることはそもそも不可能だったのではないか。そのため、プシケーが姉たちに語って聞かせた「夫」とは、プシケーにとって、そのようにしか表現することのできない、あるいは思わずそのように表現してしまう、真実の姿だったのではないだろうか。プシケーは偽りを語ることさえしていない。彼女の知る限りの、正しい夫の姿を彼女は口にする。そして客観的には一貫性を欠く、無垢な語りであったからこそ、それは姉たちに疑惑を生じさせ、その嫉妬心にますます火をつけ、暗闇の一層の変容を促進することにもなったのだと考えられる。

（四）プシケーとは何者なのか？

ここまででプシケーがその内に分裂を抱え、それらが統合されることのないままに保たれているということ、その「何者でもない」という匿名性のためにこそ、プシケーの暗闇への参入が可能になったと考えられるということを述べてきた。そして今、エロスの禁止と姉たちの誘惑という、相反する二つの力に引っ張られるプシケーの行為を見てみても、やはりそこにプシケーの明確な意思や意図を読み取ることは難しい。プシケーは二つの力の間で激しい葛藤を体験する、明確な何者かになっているというわけではない。プシケーは暗闇に参入し、姉たちを招き入れ、エロスと姉たちという双方の力に引っ張られるが、そのいずれのときもプシケー自身の意思や主体は決して明確にならないのである。プシケーはその都度そこで働いている力に自然に身を任せ続ける。暗闇に参入する以前と同様に、プシケーはここでもやはり特定の輪郭を示すことのない匿名的な何者かであって、つまりは暗闇そのものである。エロスによる禁止や姉たちの干渉という明確な方向性をもつ力が互いにぶつかりあう、その接点としてプシケーは存在していると言える。

ここで姉たちの訪れと時を同じくして、エロスとの融合的な暗闇においてプシケーが新たな生命をその胎内に宿していたということに触れておく必要があるだろう。プシケーが接点としてある自分自身に意識的になり、何らかの行為をする主体としてくっきりとその姿を現すことはないが、プシケーの内にはその接点から新たに生み出されようとしているものが確かに育っている。それは暗闇の変容の結果であると同時に暗闇をさらに変容させる要因でもありえ、プシケーとエロスの融け合っていた暗闇が、二度とかつてのような融合状態には戻ることができないほどにその内側から確かに変容し始めているということを示しているのであろう。そしてそれは「娘」「妻」に続き、「母」という第三の存在形式をプシケーにもたらす。エロスによるエロスの喪失に対するほのめかし、姉たちの干渉による暗闇の不自然な囲い込み、プシケーの胎内に宿る新たな生命、これらによって、これまでは世界のすべてであった融合的な暗闇の変容が次第に、確実に迫ってきていることが感じられる。

四．暗闇の位相の変化

（一）暗闇に灯る光

姉たちは諦めることなく繰り返しプシケーとエロスの世界へと参入を繰り返し、やがてプシケーが夫の姿を実は知らないのだということを的確に見抜く。そして姉たちはプシケーに「夜な夜なそっとあなたの寝処へやって来るってのは、大きなうわばみですってさ。幾重にもとぐろを巻いて恐ろしい毒液《どくじる》をもった首筋は血を流したような、底も知れない大きな口を開けっ広げた大蛇《おろち》なんだって」と本当の偽りを信じ込ませ、プシケーに「大蛇」を殺してしまうよう、「とても鋭い剃刀《かみそり》をね、それも刃を滑っこくする掌にあててよく砥《と》いどいてから、いつもあなたが寝る筈の側の寝台の処へ、そっと隠しとくのよ、それから手頃な燭台《しょくだい》にね、油を一杯入れて、明るい光できらきらするのを、何かの容器《いれもの》の蓋《ふた》の下へ覆い隠しとくのさ」とその方策を語って聞かせる。プシケーはこの姉たちのたくらみにすっかり乗せられ、ついに「燭台をとり出し剃刀を手に」寝入る夫を照らし出す。

ここにおいて、ついに暗闇に光が灯ることになる。それは姉たちが暗闇の外から持ち込んだものでも、プシケーの明確な意図によって灯されたものでもない。それはまた、唐突に現れたものでも決してない。それはこれまでに暗闇の中で蠢いていた、融合と分離を志向するそれぞれの力の均衡の崩れとして闇に灯る光である。暗闇の中で保たれていた二つの力の均衡が崩れ去り、一方が他方を凌駕したことの現れとして、その光は理解される。そしてその光が灯る場所が、二つの力の接点としてあったプシケーの手の中なのである。

光はすぐさま暗闇の最奥部の、もっとも深く隠されていた秘密を暴き出す。

「差しつけた燭火《あかり》が、寝間に立てこもる秘密を照らし出すが早いか、いきなり目に映ったものは何あろう、あらゆる獣類のうちでも一番に優しい、一番に可愛らしい野獣、とりもなおさず、クピードーその方が、様子の好い神様のいかにも様子よく寝《やす》んでおいでのすがたです。」

光は眠る夫の姿を照らし出す。今や光を手にし、「見る」主体となったプシケーは、それがエロス神であったということを知る。

(二) プシケーの灯した光は暗闇を引き裂いたのか？

プシケーがエロスを照らし出す瞬間について、ノイマンは「まさにこのとき、女性は生まれてはじめて、無意識の暗闇を打ち破り、母性能力の露骨さから解放され、男性との個人的な出会いにおいて、はじめてエロスを愛し、エロスをみとめるのである」(32)と描写する。ここでノイマンは明かりを灯すという行為におけるプシケーの「アニムス」の働きを重視し、この行為をプシケーの主体性の表れとして理解している。しかし筆者は、このプシケーの行為を単純にアニムスの働きとして捉えることはできないと考えている。

繰り返しになるが、ここで灯された光は暗闇の外側から持ち込まれたわけでも、そこに唐突に現れたわけでもない。暗闇における融合と分離という、二つの相反する力の間で高まった緊張の破れが実現したものである。今、暗闇における融合を維持する方向性とは、プシケーがエロスの真の姿を知ろうとせず、彼を「見ない」ことである。そして暗闇における分離を生じさせる方向性とは、プシケーがエロスの真の姿を知るために彼を「見る」ことである。表面的にはこれらは確かに「見る」と「見ない」という対極を示し、前者を光、後者を闇になぞらえることが可能である。しかし、これらはいずれも隠された夫の姿に固執しているという点で同じである。姉たちは「見る」ことを勧めるという形で、エロスは「見るな」と禁止する形で、いずれにおいても問題になっていることはエロスの実体であり、そのいずれにも、あらゆるものを実体化しようとするアニマの機能の現れが見て取られる。そして「見る」「見ない」という両方向からの誘惑によって姿の見えない伴侶を「見る」という考えにとり憑かれたプシケーは、実体化を求めるアニマの機能にすっかり占有された状態だと言える。つまり暗闇に光が灯り、エロスに実体が与えられる瞬間こそ、アニマの機能が最大限に発揮される瞬間として理解されるのである。

他方、この光がプシケーとエロスを引き離し、彼らの融合的な暗闇を終わらせることになったのも確かである。なぜならプシケーの手にした燭台からエロスの右肩へと零れ落ちた熱い油はエロスの目を覚まさせ、プシケーに見られたことを知ったエロスはプシケーのもとを去るからである。

それでは、これを真に光が暗闇に打ち克った時であると捉えることができるだろうか。

ここで、このときに起こったことがエロス（大蛇）の「殺害」ではなく、エロスの「喪失」であるという点を厳密に捉えておく必要があるだろう。この場面がプシケーとエロスの融合的な暗闇の終焉であるのなら、プシケーはエロスをナイフによって刺し殺し、暗闇を徹底的に駆逐しなくてはならなかったのではないだろうか。しかしここでエロスは殺害されるのではなく、生きながらにして失われる。ナイフによる殺害は果たされず、エロスに去られ、プシケーは一人取り残される。ここで私たちは、プシケーのもう一方の手に握られていた「光」として、金属の輝きを放つナイフが果たした役割に目を向けなくてはならない。プシケーが暗闇を照らし出し、まだ眠ったままのエロスを茫然と見つめる場面を次に引用する。

「その景色を見ては燭台の明かりさえもはしゃいで光りを添え、剃刀も大それたことをたくらんだ刃の光を悔やむように見えました。けれどもプシケーは思いがけぬこの有様に胆を消《けや》して正体もなく、気も絶えだえに色蒼ざめて慄《ふる》えながら膝の上にくずおれてしまい、はては刃物《えもの》をとってあるまいことか自分の胸の中を深く突きこもうとまでするのでした。全くその場にもそうしかねないところを、刃物の方でそんな恐ろしい行いをするが怖さに、軽率《かるはずみ》な手元から滑り出て、すっ飛んでしまったわけでした。」

切断し、まさに分離の機能を果たすはずのナイフは使われることがなく、プシケーの手を離れて床に落ちる。暗闇の動きに視点を置く私たちからすれば、ここでプシケーが何を思い、何を体験したのかはさほど重要ではない。それよりもナイフが使われることなく落下することによって暗示される、暗闇が決して引き裂かれたわけではないということが重要である。ここで灯った光は一方でエロスを失わせ、他方でプシケーの手から離れ落ちるのである。

なぜナイフは使われることがなかったのか。

光によって照らし出されたそこに横たわっていたものが、プシケーが刺すはずの大蛇ではなく、美しきエロスだったからである。そこに大蛇はいなかったのだから、大蛇を刺すために握りしめられていたナイフは使われる必要がない。そして大蛇が姉たちによってつくり出された「本当の偽り」であったことを思えば、プシケーに握られたナイフには、そもそもその刃先を向ける相手が準備されていなかったとさえ言える。この場面において、むしろナイフは刺すためではなく、プシケーの手から離れるためにこそあったのだろう。ナイフがプシケーの手を離れたという描写は、この物語の——あるいは暗闇の——求めている光が、プシケーが夫と結合することを可能にするような個人的な「光」ではないということを私たちにはっきりと教えている。

これはアフロディテとプシケーという「対」の物語であって、この物語はプシケーの手に握りしめられたナイフという、小さな、そして個人的な光を問題にしているわけではない。アフロディテとプシケーを結ぶ役割を課されたエロスは、プシケーによって殺され、その存在をすっかり抹消されるわけにはいかない。ナイフはプシケーの手から滑り落ちなくてはならず、エロスはプシケーのもとを去ってアフロディテの元へと帰らなくてはならなかった。残されたナイフはみずからの光を悔やむ。光がみずからを反省するとき、そこに隙間としての闇が口を開く。

(三) 暗闇を抱えるプシケー

プシケーの灯した光が「エロスとプシケーの融合的な世界」として語りうる個人的な暗闇を照らし出し、その後、プシケーの手を離れるとき、かつてプシケーとエロスを包み込んでいた暗闇は劇的な位相の変化を起こしている。ここまではプシケーやエロスあるいは姉といったこの物語の登場人物すべてが暗闇の中に溶け込んでおり、そこでの動きや流れのようなものとして彼らの行為を理解することができた。しかしここからはそのような理解が難しくなる。なぜならプシケーの光によってエロスは失われ、エロスを求めてプシケーは宮殿を出て一人で彷徨することとなり、いまやエロスとプシケーの融合的な暗闇が物語の表面からは姿を消してしまうからである。しかし暗闇が消滅したわけではない。プシケーの光が闇を切り裂くことはなく、みずからを悔いる光がさらなる闇を開いたという理解を、先に示したところである。プシケーの個人的な光によっては照らしきることのできなかった暗闇が、まだどこかに潜んでこの物語を動かしている。今、暗闇はどこに見出されるだろうか。

ここでいま一度、プシケーが暗闇に光を灯す瞬間に立ち返り、プシケーの内側で起こったこととして、その出来事を見直してみたい。

光を灯し、その先にプシケーが認めたものはエロスであり、その神々しいまでの美しさによって輝く容貌である。プシケーは神とも見まがうほどの美によって定義される存在でありながら、その外見的美しさを覆い隠す暗闇へと沈滞し、そこで非常に抽象的で漠然とした融合を体験することになった。そしてプシケーが光を灯し、エロスを認めるに至り、プシケーは美しさを讃えられる側ではなくエロスの圧倒的な美しさを讃える側にはっきりと立たされることになる。物語のはじめにプシケーの内側に読み取られた「美しい容貌をもつプシケー」と「美しい容貌を憎むプシケー」という対立は、ここで「美しさを讃えるプシケー」として一つになる。先にアフロディテに導かれて「死の婚礼」を通過し、暗闇へと参入することによってプシケーはますますその「美」に囚われることになると述べたが、エロスを目撃し、その内在していた対立を越えて「美しさを讃えるプシケー」になったときこそ、プシケーがしっかりと美に捕らえられたときであると言える。そしてまさにそれが、美がプシケーのもとを去るときでもある。先には暗闇に覆い隠されることになった美が、今度は光によって奪い去られるのである。

この「美の喪失」は、物語の中ではプシケーの負った傷として読み取ることができる。そのことを示す重要な個所を引用する。

「それ［エロスの弓矢と箙《えびら》］を飽くことを知らない熱心さで、プシケーは好奇心に駆り立てられるまま、ためつすがめつながめては、自分の良人の武具《もののぐ》に感入しているうち、ふと箙から一本の矢を取り出して、親指の先で鏃《やじり》の鋭さを吟味してみました。ところが手の先が震えてついひどく圧したもので、かなり深く突き刺してしまい、皮膚《はだ》のおもてに紅《あか》い血のしずくが、可愛い露《つゆ》の珠《たま》を結びました。」

プシケーが刺すべき相手はエロスではなくプシケー自身だったのである。暗闇に灯った光はプシケーに喪失の穴を残す。プシケーが傷を負うのとエロスとの融合的な暗闇の消滅が同時的に生起したということを鑑みても、暗闇は、ここでプシケーがみずから自分自身の身体に穿った深い穴にみずからを滑り込ませたと考えることができるだろう。それまで世界そのものであり、プシケーをその内に含んでいた暗闇は、ここでその位相をプ・シ・ケ・ー・の・内・側・へと反転させる。今や暗闇は「美の欠如」として、プシケーの内側に存在する。みずからの内に欠如としての暗闇を抱えることになったためにこそ、プシケーはよりいっそう激しくエロスに恋い焦がれ、エロスを探す旅に出ることになる。そしてこのプシケーの彷徨は、その背後ではアフロディテへとプシケーを近づける役割を担っている。

五．プシケーに媒介される暗闇の旅

（一）アフロディテとプシケーの結合

火傷の痛みのためにエロスが母アフロディテの元へ戻ったことによって、アフロディテはエロスとプシケーのことを知り、激怒してプシケーを探し始める。一方、プシケーもまた、エロスを探すうちにアフロディテから自分に向けられた怒りの激しさを知る。血眼になってプシケーを探すアフロディテは世界を隈なく照らし出し、プシケーにはその身を隠すための闇が一切残されない。ついにプシケーは「さてこれからもこんなにどこからどこまで罠をかけられていて、どちらへまあ歩みを向けてゆくことができよう、またどの屋根に隠れ闇に潜んで、広大なヴェヌスの避ける術もない御目を逃《のが》れおおせよう」と、みずからアフロディテの屋敷を訪れることを決める。ここでプシケーがみずからアフロディテの屋敷を訪れ、そこでアフロディテと対面したことのもつ意味は大きい。これまでエロスや姉たちという形でアフロディテからの戯れを受けつつも、それはいつも暗示的なものであり、プシケーがその背後のアフロディテの存在を意識したことはなかった。しかしついにプシケーは自分の相手がアフロディテというまさにその人であると自覚し、その上で、なかば投げやりにではあるものの、アフロディテに会いに行くことをみずから決心するのである。

そしてプシケーとアフロディテの対面が実現する。はじめてアフロディテとプシケーが直面するこの場面は、アフロディテがプシケーへと向けるむき出しの怒りと徹底した暴力によって、非常に印象深く描き出される。

アフロディテの召使である「慣例《しきたり》」はプシケーの姿を認めると大声でプシケーを非難した後、「乱暴にもプシケーの髪の毛に手を突き込んで、何の抵抗もしないでいるのを引きずって」プシケーをアフロディテの前に差し出す。アフロディテはと言えば、身重のプシケーの姿を見て、あまりの怒りに笑いまでこみあげる有様である。そしてアフロディテは「これから立派なお嫁さんに相応な款待《もてなし》を十分にしてあげるからね」と、まずは侍女の「心配」と「悲しみ」を使ってプシケーを責め苛み、さらには「鞭で打ったりその他いろんな道具で散々虐め」させる。そしてその後、今度はアフロディテみずからがプシケーに辛辣な言葉を浴びせかけ、プシケーを「下司《げす》なはした女」呼ばわりし、ついには「プシケーにとびかかって、著物をびりびりに引き裂き、髪をふりほごし、頭をゆすぶったりして、さんざんに打擲《ちょうちゃく》」する。

この場面で何よりも印象的であるのは、それまではエロスや姉たちを使って間接的に貶めれば足りる相手であったプシケーが、アフロディテにとって直接の攻撃に足る対象へと転じ、しかもそれがここまでの徹底した暴力によってなされるということである。そのあまりの美しさのために、あたかもアフロディテのように崇められはしても、一人の人間として誰かから結婚を求められることはなく、暗闇という匿名的な世界に身を置くことになった「何者でもない」プシケーは、今、アフロディテからの渾身の怒りをぶつけられる何者かになる。ここで描かれるアフロディテの怒り狂う様子のすさまじさはもはや美醜を超えると言って良く、その一方で、この場面では暴力に晒されるプシケーの様子が一切描き出されることがない。悲鳴を上げることも抵抗することもなく、ただひたすら暴力に晒され続けるプシケーは、本当にそこに存在したのかどうかも不明瞭なほどである。アフロディテの徹底した、美醜の区別を凌駕するほどの暴力、そしてプシケーの徹底した暴力の受容によって、アフロディテとプシケーの区別は融解する。ここまで物語を動かしてきたアフロディテとプシケーという「対」が、ここにおいて結合するのである。

（二）冥界への下降――四つの課題が導く先

アフロディテとプシケーが結合して「一」になった今、暗闇はいよいよはっきりとみずからを主語の位置に置いて動き出す。ここからアフロディテはプシケーに、雑穀の選り分け、牡羊の黄金の毛を取ってくること、黄泉の沼地ステュクスの水汲み、冥界のペルセポネーから美を分けてもらうことという四つの課題を順に課してゆくが、アフロディテとプシケーの結合が果たされた今、これをアフロディテからプシケーに仕掛けられる戯れとして捉える必要はもはやない。アフロディテは課題を与えることによってプシケーを導き、プシケーもまた、アフロディテの願いをかなえることによってアフロディテを導く。そしてそのように二人を導くものが、プシケーの内なる暗闇である。

ノイマンはこれらの課題について、「男性のもっている圧倒的なヌミノースな力」[33]あるいは「エロスの構成要素が男性の精神的要素につぎつぎとともなわれて出てくるのが特徴」[34]であり、プシケーの課題達成は、その力によって「破壊されることなく、プシケーが男性性を受け入れ同化し、それに形を与えることができるという事実を意味している」[35]と述べる。ここからプシケーが一つずつ課題を達成してゆくことが、この物語が「魂（psyche／プシケー）の鍛錬」として理解される所以であるが、ノイマンの理解はあまりにプシケーという個人に重点を置き、個人的な次元で「魂」を捉え過ぎている。繰り返し述べてきたとおり、この物語はプシケーの個人的な光を問題にしているのではない。個人的な暗闇に個人的な光を灯したことによって穿たれた穴と、そこに入り込んだ暗闇によって、今や物語は動かされている。それでは、それら四つの課題を通じて暗闇は一体何を実現しようとしているのだろうか。

結論を先取りすることになるが、ペルセポネーは「破壊する者」という意味をもち、「冥界の支配者」であったとされる(36)。そのため、四つの課題のもっとも最後に位置づけられるものが「ペルセポネーの美」であるという点に、この課題を通じて暗闇が真に目指していたものが、冥界という真の暗闇へと立ち還ることであったということが明らかにされていると筆者には思える。

この点について、ここからそれぞれの課題をたどりながら検証していきたい。本項ではまず、三番目の課題までを具体的に検討し、その後に節を改めて四番目の課題を取り上げ、「真の暗闇」が意味するところについても検討を加える。

まず、第一の課題である雑穀の選り分けは、その言葉のとおり分離の作業である。それはアフロディテが帰宅する夕方までに完了させなくてはならないと命じられるのだが、このことは、選り分けの作業が「目で見る」ことの可能な明るい時間帯になされなくてはならないということを意味している。これは暗闇に光を灯し、美を讃える側に立ったプシケーであるからこそ、最初に課されねばならない課題であると言えるだろう。既に分離され、美を見、讃える側に立ったプシケーが懐古的に再び盲目的な、融合的な暗闇に戻ることはなく、プシケーは徹底的に見る側であり続けなくてはならないのである。この途方もない作業は「蟻」によって肩代わりされる。「蟻」は地下に住みながら、昼間には地上を這い回って食糧を探す生き物であって、昼と夜の世界を地上と地下で分離して生きる。物語の中では大量の黒い蟻たちが波のように大地を覆う様子が描かれるが、そこには明の世界へと忍び寄る暗闇を暗示していると取れる。

次いで黄金の羊毛を刈り取るという二番目の課題は、「葦」の忠告によって牡羊が荒れ狂う真昼を避け、牡羊が穏やかに落ち着く夕方を待ってなされる。夕刻は「たそがれ（誰そ彼）」、あるいは「twi-light」という語が示すように、視界をぼやかし、日中には明確であった区別を曖昧にし始める時刻であり、光り輝く黄金は闇に飲まれ始める。ここでは地下深くに根を伸ばし、同時に地上にも高く茎を伸ばす葦がプシケーを助けることになるという点も興味深い。先の「蟻」が大地の近くで地上と地下を這いまわるものであったことに比べ、「葦」によってもち込まれるイメージにおいて、地上と地下の垂直の振幅が大きくなっていることが読み取られる。上下左右の感覚を失わせ、無限の広がりをもつ暗闇が歩み寄りつつあることがうかがわれるだろう。

そして三番目の課題では、プシケーは黄泉の沼地（ステュクス）に流れ込む、真っ黒な泉の源泉の水を汲むために高い巌の上へと行かねばならない。この課題は、「黄泉へと流れ込む泉」というイメージが現れているという点でも、冥界へ下るという最後の課題の直接的な準備段階として位置づけられよう。この物語のはじめにエロスの谷への下降に先立って、プシケーが山の頂上へとまずは上昇しなくてはならなかったのと同様の構造が、ここに認められる。また、この課題を助けるのが天空を自由に舞う「鷲」であるという点には、「蟻」から「葦」において見られた垂直軸の広がりが、ここで一気に解放されているのを見て取ることができる。

このように第一から第三までの課題を捉えると、昼と夜、地上と地下といった区別を曖昧にし、超越しながら、少しずつ世界全体が再び闇に包まれていっていることがわかる。そしてついに第四の課題において、冥界という闇の世界が訪れる。

六．暗闇の解放

（一）ペルセポネー

最後の課題は、冥界へと下り、ペルセポネーからその美を分け与えてもらうことである。ここまで暗闇と光のダイナミズムと、美をめぐるプシケーとアフロディテという「対」の動きという視点からこの物語を追いかけてきたが、ここにおいて、「冥界の美」というかたちでそれらが統一されることになる。

ペルセポネーの母デメテルは豊穣の神である。その関連からケレーニィが「略奪されたデメテルの娘を種蒔き用の穀類である」とする解釈を紹介しているように[37]、ハデスに地下の世界へと連れ去られるペルセポネーは、地中に撒かれる種子としても捉えられる。その文脈で改めて四つの課題を捉え直すならば、それらは収穫を終えた冬（雑穀）から稲が実をつけ黄金に輝く秋（黄金の羊毛）、日照りや青々とした若い稲の茂る夏（水汲み）、地中に種子が撒かれる春（ペルセポネー）を順にたどってゆく過程であると理解することもできるだろう。植物の成長を巻き戻しながらたどってゆくかのようなその流れが、生命が息吹く以前の暗闇の世界へと私たちを連れてきたと言うこともできるかもしれない。そしてその暗闇に君臨するのが、ハデスの「妻」としてのペルセポネーである。

ケレーニィはペルセポネーの本質を、その「非存在の要素」であると捉え、次のように述べる。

それはもちろん純粋な非存在ではなく、生物が負の記号をもった存在を目前にしたときのように恐れおののく、あの非存在である。すなわち、それは想像できるかぎりの最高の美にとってかわり得る醜怪さ、昼間の面を最も願わしいものとするものの暗黒面である。(38)

このケレーニィの言葉を参考に考えれば、ペルセポネーは地上と地下、娘と妻、生と死、光と闇をみずからの内に共存させており、その両極の交錯する瞬間として、輝かしい美を具現する存在なのだと言える。暗黒という非存在を背後に抱えながらペルセポネーは「不在」と「在」の接点に現れ、絶対的な輝きを放つ。プシケーの内の暗闇がその最後の行き先として置いたペルセポネーは、暗闇の最も深い部分でありながら、同時に光と闇の交錯が実現する場所であると言える。プシケーの旅は、プシケーが実際に足を使って世界を渡り歩き、暗闇に下降してゆく過程であると同時に、彼女がみずからの内側に穿たれた喪失の穴の中へと深く入り込んでゆく過程でもある。暗闇は、プシケーがみずからの内に抱え込むことになった暗闇それ自体に徹底して深く入り込んでいくことを要請し、そしてその目指す先は、暗闇の最も深くにある、暗闇と光の交錯する場所なのである。

冥界へと降りてゆくとき、プシケーは「跛足の馭者《ぎょしゃ》」「年寄りの亡者」「機織《はたお》りの婆さんども」から手助けを頼まれるが、四番目の課題を導く「塔」の忠告にしたがって、プシケーはそれらすべてを無視して進む。これは、プシケーが再び他者不在の暗闇へと下降してゆく様子を表していると読むことができる。プシケーの冥界への下降は、暗闇を抱える器それ自体が、みずからの内側に向かって次第に自閉してゆく過程である。そしてこの暗闇への下降、暗闇それ自体の自閉過程が完了するとき、プシケーの手の中にはペルセポネーから手渡された小箱が現れる。ペルセポネーがプシケーに渡した「ペルセポネーの美」は、冥界という真の暗闇においても輝く光である。光と闇の交錯する場所から持ち帰られた小箱に入っているものは、もっとも濃い暗闇であり、かつ、光でもあると考えられる。

(二) 暗闇の「封じ込め」と「解放」

プシケーはペルセポネーから小箱に入った「美」を手に入れ、無事、地上の世界へと戻る。その際「塔」から決して中を開けて見てはいけないときつく忠告されていたにもかかわらず、プシケーは誘惑に打ち勝つことができずに小箱をこじ開ける。

プシケーが箱を開けた場面は次のように描写される。

「ところがその中には美しさどころか、どんな物もはいっていず、ただ幽冥界の、というより正真正銘の地獄《ステュクス》の眠りだけが、蓋を取られると見る見る立ち昇ってプシケーにかかり、昏迷の靄《もや》でひたひたと手肢《てあし》中を取り巻いてしまいました。プシケーは立ち処にその場にくずおれて、じっと身動きもせず横になった有様は、眼を瞑った死屍《しかばね》と何の相違もありません。」

物語の中では小箱の中には何も入っていなかったと語られるが、小箱の中は文字通りに空っぽだったわけではない。そこからは「幽冥界の、というより正真正銘の地獄の眠り」が立ち昇る。これこそが、ペルセポネーから与えられた「冥界の美」であると考えられる。

暗闇の観点から捉えるならば、小箱を開いたことをプシケーの失敗として捉えることはできない。その箱が開けられるとき、冥界から持ち帰られた暗闇であり光でもあるものが地上の世界において解放されるということが重要である。その瞬間、暗闇と光の結合は真に果たされる。この現実の世界において暗闇は光と結合して世界そのものになり、「一」あるいは「全」、そして「無」であることを実現する。

ここでもプシケーに課されていた禁止は「見てはならない」ということであり、この物語の中でプシケーは二度、同じ「見てはならない」という禁を破ることになっている。しかしその二つの場面の決定的な違いは、先にプシケーがエロスを見た場面ではナイフが何も切断することなくプシケーの手を離れたことに対し、この場面ではプシケーが箱を開き、冥界の闇によって息を断たれるという二つの切断が確かに起こっているという点である。

プシケーの内に入り込んで旅を進め、そのもっとも深いところ、すなわち冥界へと還った後、さらに世界に充満することがこの物語を通じて暗闇が遂行したことであると考えれば、その最後の段階として切断が果たされることは必然であると言える。この点を理解するにあたっては、「封じ込め」と「解放」についてギーゲリッヒの述べるところが参考になるだろう。ギーゲリッヒはグリム童話『ガラスびんのなかのばけもの』（HKM99）の解釈の中で、ガラスに封じ込められたメルクリウス（精霊）を解放した少年が、それによって危険な目に遭ったにもかかわらず、さらにもう一度同じことを繰り返してメルクリウスを解放する場面について、次のように述べる。

> われわれが理解しなくてはならないことは、二度目に同じことが起こるとき、少年がもはや文字通り、実体的な事実として精霊を逃すのではなく、精霊をガラス瓶の内側においてガラス瓶から解放するのだということである。[39]（傍点筆者）

ガラス瓶からのメルクリウスの「解放」は、文字通りの解放ではない。ガラス瓶の蓋を開け、メルクリウスが解放されることによってこそ、ガラス瓶はその実体性を捨てて無限のものになることができる。そしてメルクリウスは外的な、実体的な器に閉じ込められることなく自由に動くことができるようになると同時に、「彼自身、彼の概念、彼の真理の内に封じ込められる」[40]。ガラス瓶の蓋を開けることは、逆に封じ込めの徹底なのである。

小箱の蓋を開くという「切断」は、小箱に封じ込められた暗闇という暗闇の実体化の最終的な否定であって、暗闇と光が結合し、世界に充満するために必要とされた作業である。プシケーを動かし、ペルセポネーという暗闇と光の交錯する場所へと至った暗闇は、もはやそれを閉じ込める箱も、さらなる変容のためにみずからを連れて運ぶ器も必要とはしない。小箱を開けるというプシケーの「失敗」は、暗闇が箱という実体を否定し、その運び手であったプシケーを殺害することを可能にする。そして暗闇は解放され、その無限性という本性に還る。これが、この物語が描き出している暗闇の変容過程の終着点である。

おわりに

従来はプシケーに主体を認め、その成長過程として理解されることの多い「アモールとプシケー」の物語を、本章では物語に現れる暗闇という観点から読み解いてきた。解釈を進めながら適宜ノイマンの解釈を引用し、対比させることで筆者の理解との相違を明確にしてきたが、この物語の最終的な結末をいかに見るかという点においても、物語の解釈に対する態度の違いは浮き彫りになる。

物語の中ではプシケーの「死」の後、目を覚ましたエロスがプシケーを救い出して神々の仲間へと招き入れ、プシケーは神となってエロスとの間に子どもを産むという結末を迎える。ノイマンはこれを「こころ自体が変容され神性化されることを象徴的にあらわす」(41)と捉えるが、やはりそこでは人間と神の絶対的な上下関係が前提とされており、それはあくまでも自我の発達を重視する、日常的な意識に根差す理解だと筆者には思える。

プシケーとアフロディテという「対」の動きとともに暗闇がみずからのダイナミズムを実現してゆくという筆者

の理解に従ってプシケーの「神性化」ということについて考えてみるならば、その結末で神々の世界に迎え入れられるより先、プシケーがアフロディテのむき出しの怒りによって直接的に殴打される存在になっていたとき、既にそれは実現されている。その時点でプシケーは既に女神の本気に対峙しうる存在になっていたのだから。そしてさらには、その旅路の最後に小箱から暗闇を解放し、暗闇によって死を与えられたことそれ自体が、プシケーがみずからに課せられた仕事を全うしたことを証明するものであり、プシケーに与えられた最大の賛辞として受け止められるべき出来事である。

人間と神、あるいは暗闇と光の絶対的な区別や極端な切り離しには、常にどちらか一方を否定的に、他方を肯定的に捉えるという価値判断が伴う。線の端と端に切断された否定と肯定は、明確な目標地点の設定を確かに容易にする。しかしユングが錬金術を研究する中で繰り返し述べることは、あらゆるものがその対立物を内に含んでいるということである。たとえばユングは「暗闇の息子」(*GW*14, §125)(42)である「自我」について、次のように表現する。

> 太陽の光り輝く部分は自我と意識の領域である。「太陽とその影 sol et eius umbra」、つまり外側には光であり、内側には暗闇なのである。光の源には投影を生みだすに十分な暗闇が存在している。自我はこころの暗闇から生じるのだから。
>
> (ibid)

筆者が本章で取り組んできたことは、「アモールとプシケー」の物語をたどりながら暗闇が自由に動き、最終的にはみずからを世界全体へと解放する動きを捉えることであった。しかしそれは同時に「暗闇」という概念それ自体を自我の呪縛から解き放ち、暗闇と光の循環を回復させる試みでもあったのではないかと考えている。

注

一、本書で引用されている英文・独文の論文・著書については文献情報として和訳書が挙げられていない限り、筆者自身による訳出である。

一、ユング全集に収められている著作について、本書ではドイツ語版ユング全集（*GW*: Gesammelte Werke. EDITION C. G. JUNG, Ostfildern: Patmos Verlag.）を参照している。引用に際しては慣例にならって巻数とパラグラフ数（§）で本文中に示すこととし、該当論文および著書の各章の初出時にのみ注に出版年等を記載する。

◆はじめに

（1）C. G. Jung, „Die Psychologie der Übertragung," 1946. *GW*16, pp. 167–319.

（2）ユングの転移概念については、本書第六章でより詳細に論じている。

（3）「自閉症」という表現は現在、正式な精神疾患の診断名としては用いられておらず、代わって「自閉症スペクトラム障害（Autistic Spectrum Disorder: ASD）」とされることが通例である。しかしながら本書が自閉症を取り上げる際には、自閉症の診断基準やその社会制度的な側面ではなく、自閉という病態をいかに心理学的に理解し、描写するかという点に関心がある。そのため本書では、自閉症を最初に見出したカナー（L. Kanner）の名づけに従い「自閉症」という表現を用いることとする。（L. Kanner, "Autistic disturbances of affective contact". *Nervous Child*, **2**, 1943, pp. 217–250.）

（4）W. Giegerich, "The Leap Into the Solid Stone," In: Collected English Papers Volume IV The Soul always thinks, New Orleans; Spring Journal Books, 2010. pp. 165–172.

◆第一章

（1）D. A. Leeming with M. A. Leeming, *The Encyclopedia of Creation Myths*. ABC-Clio, 1994.　松浦俊輔・中西須美ほか訳『創造神話の事典』青土社、一九九八年、七頁。

（2）Hesiod, *Theogonia*.　廣川洋一訳『神統記』岩波書店、一九八四年、二一—二二頁。

（3）リーミングら（前掲書『創造神話の事典』、二七七—二七八頁）から、筆者による要約。

（4）M-L. von Franz, *Patterns of Creativity Mirrored in Creation Myths*. Texas: Spring Publications, 1972. p. 150.

（5） M-L. von Franz, ibid., cit., pp. 150–154.
（6） ユングはこのエピソードについて、その著書の中で何度か言及している。Cf: C. G. Jung, *Symbole der Wandlung*. *GW* 5, §151–154.
（7） M-L. von Franz, op（"Patterns of Creativity"）., cit., p. 14.
（8） E. Neumann, *Ursprungsgeschichte des Bewusstseins*. Walter-Verlag, 1971.　林道義訳『意識の起源史（改訂新装版）』、紀伊國屋書店、二〇〇六年、一五三頁。
（9） リーミングら、前掲書（『創造神話の事典』）、二七九―二八〇頁。
（10） E. Cassirer, *Die Philosophie der Symbolischen Formen Bd. II*. Das mythische Denken. 1925.　木田元訳『シンボル形式の哲学（二）』岩波書店、一九九一年。
（11） M-L. von Franz, op（"*Patterns of Creativity*"）., cit.
（12） ノイマン、前掲書（『意識の起源史』）。
（13） ノイマン、前掲書（『意識の起源史』）、一五〇頁。
（14） New Testament; John.　日本聖書協会『聖書　新共同訳（和英対照聖書）「ヨハネによる福音書」』、二〇〇四年、（新）二一五頁。
（15） フランシスコ会聖書研究所訳注『新約聖書』サンパウロ、一九七九／一九九六年、二九一頁。
（16） Old Testament; Genesis.　日本聖書協会『聖書　新共同訳（和英対照聖書）「旧約聖書　創世記」』、一九八七年／二〇〇四年、（旧）一頁。
（17） ノイマン、前掲書（『意識の起源史』）、一五八頁。
（18） C. G. Jung, *Psychologische Typen*. 1921. *GW*6.
（19） C. G. Jung, *Erinnerungen, Träume, Gedanken (Aufgezeichnet und herausgegeben von Aniela Jaffé)*. Düsseldorf: Patmos Verlag, 1961/2009, p. 71.
（20） C. G. Jung, „Versuch einer psychologischen Deutung des Trinitätsdogmas," 1940/1941, *GW*11, pp. 127–215.
（21） C. G. Jung, *Mysterium Coniunctionis*. 1955–56. *GW*14-I, II.
（22） C. G. Jung, op（„*Erinnerungen*"）., cit., p. 228.
（23） M. A. Crassellame, *La Lumière sortant par soi-même des ténèbres, Introduction et notes de Roger Bernard, Commentaires de Bruno de Lansac*. E. P. Denoël. 1971. 有田忠郎訳『闇よりおのずからほとばしる光（ヘルメス叢書新装版）』白水社、一九九四年、四七頁。
（24） C. G. Jung, *Psychologie und Alchemie*. 1944. *GW*12.
（25） W. Giegerich, "Closure and Setting Free or the Bottled Spirit of Alchemy and Psychology", *Spring*, **74**, pp. 31–62. 2006; p. 55.

◆第二章

（1）諸橋轍次・渡辺末吾・鎌田正・米山寅太郎『新漢和辞典（新装大型版）』大修館書店、二〇〇二年、四二〇頁。

（2）諸橋ら、前掲書、九二五—九二六頁。

（3）E. Lévinas, *De l'existence à l'existant*. 1947. 西谷修訳『実存から実存者へ』筑摩書房、二〇〇五年、一三四頁。

（4）鈴木睦夫『TATの世界—物語分析の実際』誠信書房、一九九七年、四二八頁。

（5）C. G. Jung, *Psychologie und Alchemie*. 1944. *GW*12.

（6）原田（慶澤）華「暗闇体験についての心理学的考察—暗闇に潜む物語」京都大学大学院教育学研究科臨床教育学専攻修士論文、一九九八年。

（7）原田（慶澤）華、前掲論文。

（8）「私」という認識については本書第四章にて改めて検討を加えている。

（9）S. Freud, „Das Unheimliche.“ 1919. Gesammelte Werke Band XII, p. 254.

（10）レヴィナス、前掲書（『実存から実存者へ』）、一二七頁。

（11）小此木啓吾「青年期の孤独」青年心理第一七巻、一九七九年、一六—二八頁。

（12）レヴィナス、前掲書（『実存から実存者へ』）、一四四頁。

（13）河合隼雄『影の現象学』思索社、一九七六年、一〇六頁。

（14）D. W. Winnicott, "The Capacity to be Alone." *International Journal of Psycho-Analysis*, **39**, 1958, pp. 416-420.

（15）S. Freud, „Drei Abhandlungen zur Sexualtheorie.“ 1905. Gesammelte Werke Band V, p. 125.

（16）木村敏「自己と他者」一九八三年。（『時間と他者／アンテ・フェストゥム論（木村敏著作集2）』弘文堂、二〇〇一年、三二六—三二七頁。）

（17）S. Freud, op（„Das Unheimliche“）, cit.

◆第三章

（1）E. H. Erikson, *Identity and the Life Cycle*. New York: W. W. Norton & Company, 1980. p. 109.

（2）岩宮恵子『フツーの子の思春期—心理療法の現場から』岩波書店、二〇〇九年、vii頁。

（3）鈴木光司『リング』角川書店、一九九一年。

（4）A. de Vries. *Dictionary of Symbols and Imagery*. North-Holland Publishing Company. 1974. 山下主一郎他訳『イメージ・シンボル事典』

大修館書店、一九八四年、六八一頁。

（５）J. Chevalier and A. Gheerbrant, “Dictionary of Symbols”（Trsl.: J. Buchanan-Brown）London: Penguin Books, 1969/1996. p. 1095.

（６）ド・フリース、前掲書（『イメージ・シンボル事典』）、六三四―六三五頁。

（７）C. G. Jung, *Psychologie und Alchemie*, 1944, *GW*12.

（８）ユングの次の論文を参照のこと。C. G. Jung, „Versuch einer psychologischen Deutung des Trinitätsdogmas“, 1940/41. *GW*11, pp. 127-215. „Antwort auf Hiob“, 1952, *GW*11, pp. 363-471.

（９）W. Giegerich, “The Patriarchal neglect of the Feminine principle : A psychological fallacy in Jungian theory.” *Harvest* **45**, 1990a, pp. 7-30. 河合俊雄・田中康裕訳「女性原理の父権的な見過ごし」（In：『神話と意識（ギーゲリッヒ論集３）』所収、六三―一〇四頁）日本評論社、二〇〇一年、九一頁。

（10）本章注８（„Versuch einer psychologischen Deutung des Trinitätsdogmas“）を参照。

（11）ド・フリース、前掲書（『イメージ・シンボル事典』）、七〇四頁。

（12）たとえば河合隼雄『ユング心理学入門』培風館、一九六七年、一八一―一八九頁を参照。

◆第四章

（１）本書五五頁。

（２）C. G. Jung, „Die Beziehungen zwischen dem Ich und dem Unbewussten“. 1928, *GW*7, pp. 127-247.

（３）C. G. Jung, *Mysterium Coniunctionis*. 1955-1956. *GW*14-I.

（４）C. G. Jung, *Erinnerungen, Träume, Gedanken*（*Aufgezeichnet und herausgegeben von Aniela Jaffé*）. Düsseldorf: Patmos Verlag, 1961/2009, p. 376.

（５）C. G. Jung, ibid., cit., p. 367.

（６）W. Giegerich, “Introduction: Psychology and the Other,”（In: Collected English Papers Volume III Soul-Violence, New Orleans: Spring Journal Books, 1994a/ 2008, pp. 1-41）, p. 13, n.13.

（７）W. Giegerich, ibid., cit.

（８）W. Giegerich, “Jung’s thought of the Self in the Light of its underlying Experience.”（Lecture in Kyoto, 1999）田中康裕・河合俊雄訳「ユングの自己についての思惟―その根底にあった体験に照らして」『神話と意識（ギーゲリッヒ論集３）』所収、日本評論社、二〇〇一年、一―二九頁。

(9) ギーゲリッヒ、前掲論文、二一一頁。
(10) W. Giegerich, *The Soul's Logical Life.* Frankfurt am Main: Peter Lang, 1998, p. 21.
(11) 赤坂憲雄『異人論序説』（砂子屋書店、一九八五年）ちくま学芸文庫、一九九二年、二四三頁。
(12) M. Eliade, *Le Chamanisme et les Techniques Archaiques de l'Extase.* Libraire Payot, 1951/1968. 堀一郎訳『シャーマニズム』（冬樹社、一九七四年）ちくま学芸文庫、二〇〇四年。
(13) 竹中菜苗「『失う』という主観的体験の検討—箱庭からアイテムがなくなる体験を通じて—」心理臨床学研究第二四巻三号、二〇〇六年、三〇一—三一一頁。
(14) 東山紘久『箱庭療法の世界』誠信書房、一九九四年、七—八頁。
(15) 三木アヤ・光元和憲・田中千穂子『体験箱庭療法—箱庭療法の基礎と実際』山王出版、一九九一年、一五頁。
(16) 河合隼雄編著『箱庭療法入門』誠信書房、一九六九年、四二頁。
(17) たとえば石原宏「箱庭制作者の主観的体験に関する研究—『ＰＡＣ分析』の応用と『一つのミニチュアを選び、置く』箱庭制作」（岡田康伸編『現代のエスプリ別冊　箱庭療法シリーズⅡ　箱庭療法の本質と周辺』所収）至文堂、五七—六九頁、片畑真由美「箱庭制作における制作者の「体験」についての考察—調査の枠内で見られた一事例から」（岡田康伸・皆藤章・田中康裕編『京大心理臨床シリーズ４　箱庭療法の事例と展開』所収）創元社、二〇〇七年、七〇—七九頁などが挙げられる。
(18) D. M. Kalff, *Sandpiel.* Zürich: Rascher Verlag, 1966. p. 15.
(19) 本書一〇七頁。
(20) S. Freud, „Trauer und Melancholie.“ 1917. Gesammelte Werke Band X, pp. 428–447.

◆第五章

(1) 本書における「自閉症」ということばの使用については「はじめに」注３を参照されたい。
(2) L. Kanner, "Autistic disturbances of affective contact". *Nervous Child*, **2**, 1943, pp. 217–250.
(3) M. Klein, "The Importance of Symbol-Formation in the Development of the Ego". *The International Journal of Psychoanalysis*, **11**, 1930, pp. 24–39.
(4) 高岡健『自閉症論の原点—定型発達者との分断線を超える』雲母書房、二〇〇七年、四六頁。
(5) B. Bettelheim, *The Empty Fortress --- Infantile Autism and the Birth of the Self.* New York: The Free Press, 1967. pp. 72–74.
(6) Cf: L. Kanner, op., cit., p. 250.

（7）石坂好樹『自閉症考現箚記』星和書店、二〇〇八年、一五一―一五二頁。

（8）M. Rutter, "Concepts of Autism." *Journal of Child Psychology and Psychiatry*, **9**, 1968, pp. 1–25.

（9）S. Baron-Cohen, A. M. Leslie & U. Frith, "Does the autistic child have a 'theory of mind'?" *Cognition*, **21**, 1985, pp. 37–46.

（10）P. Mundy, M. Sigman, J. Ungerer & T. Sherman "Defining the social deficits of autism: The contribution of non-verbal communication measures." *Journal of Child Psychology and Psychiatry*, **27**(5), 1986, pp. 657–669.

（11）たとえば十一元三「自閉症論の変遷―この六〇年を振り返って―」（こころの臨床アラカルト第二三巻二号、二〇〇四年、二六一―二六五頁）、橋本俊顕「自閉症の生物学的研究」（太田昌孝（編）『心の科学セレクション「発達障害」』日本評論社、二〇〇六年、七九―九四頁）などを参照のこと。

（12）鷲見聡「自閉症スペクトラムの原因論―人間の多様性のひとつとして捉える」そだちの科学第一一巻、二〇〇八年、一五―二〇頁。

（13）H. Asperger, „Die 'Autistischen Psychopathen' im Kindesalter." *Archiv für Psychiatrie und Nervenkrankenheiten*, **117**, 1944, pp. 76–136.

（14）L. Wing & J. Gould, "Severe Impairments of Social Interaction and Associated Abnormalities in Children: Epidemiology and Classification." *Journal of Autism and Developmental Disorders*, **9**(1), 1979, pp. 11–29.

（15）American Psychiatric Association, *Diagnostic and statistical manual of mental disorders third edition (DSM-III)*. Washington D.C., 1980.

（16）アメリカ精神医学会は二〇一三年にその診断基準の最新版となるＤＳＭ‐５を公表している。そこではＤＳＭ‐Ⅲ以降、ＤＳＭ‐Ⅳ‐ＴＲまで踏襲されてきた「広汎性発達障害」という診断名およびその下位分類が廃止され、「自閉症スペクトラム障害 Autistic Spectrum Disorder」に統合されるという形で、スペクトルとして自閉症を捉える方向性をさらに強めている。

（17）World Health Organization, *The ICD-10 Classification of Mental and Behavioural Disorders: Clinical descriptions and diagnostic guidelines*. Geneva: World Health Organization, 1992.

（18）F. Happé, *Autism: an introduction to psychological theory*. UCL Press, 1994. 石坂好樹・神尾陽子・田中浩一郎・幸田有史訳『自閉症の心の世界』星和書店、一九九七年、二頁。

（19）C. G. Jung, *Psychologische Typen*. 1921. *GW6*.（本書二八―二九頁も参照。）

（20）A. Augustinus, *De Civitate Dei*.　服部栄次郎・藤本雄三訳『神の国（第一一巻二六章）』岩波書店、一九八三年、六九頁。

（21）アウグスティヌス、前掲書。

（22）たとえばアリストテレス（Aristotle）『自然学 *Physics*』第二巻第一章を参照のこと。（出隆・岩崎允胤訳『自然学（アリストテレス全集３）』岩波書店、一九六八年。）

（23）F. Bacon, *Novum Organum*. 1620. 桂寿一訳『ノヴム・オルガヌム』岩波書店、一九七八年、六九―七〇頁。

（24）河合俊雄『心理臨床の理論［心理臨床の基礎2］』岩波書店、二〇〇〇年。

（25）C. G. Jung, *Erinnerungen, Träume, Gedanken*（*Aufgezeichnet und herausgegeben von Aniela Jaffé*）. Düsseldorf: Patmos Verlag, 1961/2009, p. 34.

（26）C. G. Jung, ibid., cit., pp. 291-293.

（27）W. Giegerich, „Die Erlösung aus dem Strom des Geschehens: Okeanos und der Blutkreislauf." *Gorgo*, **9**, 1985, pp. 35-55.　河合俊雄・北口雄一訳「オケアノスと血液循環―出来事の流れからの救済」（『魂と歴史性（ギーゲリッヒ論集1）』所収、四七―八五頁）日本評論社、二〇〇〇年、五七―六三頁。

（28）F. Tustin, *Autism and Childhood psychosis*. Hogarth Press, 1972.　齋藤久美子監修・平井正三監訳『自閉症と小児精神病』創元社、二〇〇五年、五八頁。

（29）M. S. Mahler, "Autism and Symbiosis, Two Extreme Disturbances of Identity." *International Journal of Psycho-Analysis*, **39**, 1958, pp. 77-82.

（30）F. Tustin, "The perpetuation of an error." *Journal of Child Psychotherapy*, **20**（1）, 1994, pp. 3-23.　木部則雄訳「誤謬の永続化」イマーゴ十巻、一九九六年、五〇頁。

（31）タスティン、前掲論文、五一頁。

（32）D. Meltzer, *Explorations in Autism*. London: Karnac, 1975.

（33）タスティン、前掲論文（「誤謬の永続化」）、五二頁。

（34）山中康裕「早期幼児自閉症の分裂病論およびその治療論への試み」（笠原嘉（編）『分裂病の精神病理5』所収、一四七―一九二頁）、東京大学出版会、一九七六年、一五〇頁。

（35）伊藤良子「自閉症児の〈見ること〉の意味―身体イメージ獲得による象徴形成に向けて」心理臨床学研究第一巻二号、一九八四年、四四―五六頁。

（36）L. Kanner, op（"Autistic disturbances of affective contact"）., cit.

（37）American Psychiatric Association, *Diagnostic and statistical manual of mental disorders. Fifth Edition, DSM-5*. Washington D.C., 2013.

（38）山中康裕、前掲論文（「早期幼児自閉症の分裂病論」）、一五一頁。

（39）タスティン、前掲書（『自閉症と小児精神病』）、九六頁。

（40）河合俊雄、前掲書（『心理臨床の理論』）、一二二頁。

（41）このことは、たとえばドナ・ウィリアムズがその手記において描き出している自閉症児の体験世界から推察することができる（D.

Williams, *Nobody Nowhere.* 1992. 河野万里子訳『自閉症だったわたしへ』新潮文庫、二〇〇〇年）。そこでは空気中の「丸」や壁紙やじゅうたんの模様に対する「同化したい」という思いが語られており（二六頁）、その無機質な、幾何学的なものへの親和性は神話的世界が描き出す世界観とは明らかに異なっている。

（42）前章までの議論をたどれば明らかだとは思うが、筆者がここで「暗闇」に否定的な意味を付与していないという点は念のために付け加えておきたい。あらゆるものの区別を覆い隠し、あたり一面に無制限に広がる世界という状態像においてのみ、それは「暗闇」と表現されている。

（43）酒木保・小山内實「心的固有空間〝ここ〟の成立と拡充—治療状況における、ここ、そこ、あそこの意味」心理臨床学研究第七巻三号、一九九〇年、二一—三一頁。

（44）伊藤良子、前掲論文（「自閉症児の〈見ること〉の意味」）。

（45）河合俊雄、前掲書（『心理臨床の理論』）、一一八頁。

◆第六章

（1）L. Wing, *The Autistic Spectrum.* Robinson Publishing. 1996. 久保紘章・佐々木正美・清水康夫（監訳）『自閉症スペクトル—親と専門家のためのガイドブック』東京書籍、一九九八年、二七九頁。

（2）V. M. Axline, *Play Therapy.* New York: Ballantine Books. 1969. pp. 73–74.

（3）平井正三「象徴化という視点からみた自閉症の心理療法」心理臨床学研究第二六巻一号、二〇〇八年、二四—三四頁。

（4）田中康裕「成人の発達障害の心理療法」（伊藤良子・角野善宏・大山泰宏（編）『京大心理臨床シリーズ7「発達障害」と心理臨床』所収）創元社、二〇〇九年、一八四—二〇〇頁。

（5）H. Ellenberger, *The Discovery of the Unconscious – The History and Evolution of Dynamic Psychiatry.* New York: Basic Books, 1970. p. 6.

（6）H. Ellenberger, ibid., cit., p. 12.

（7）S. Freud & J. Bleuer, „Über den psychischen Mechanismus hysterischer Phänomene“, 1893. Gesammelte Werke Band I, p. 82.

（8）S. Freud, ibid., cit., p. 85.

（9）S. Freud „Das Ich und das Es.“ 1923. Gesammelte Werke Band XIII, p. 286.

（10）S. Freud, „Studien über Hysterie.“ 1895. Gesammelte Werke Band I, pp. 75–314.

（11）H. Ellenberger, op（*The Discovery of the Unconscious.*）. cit., p. 490.

（12）S. Freud „Erinnern, Wiederholen und Durcharbeiten.“ 1914. Gesammelte Werke BandX, p. 134–135.

(13) C. G. Jung, „Die Psychologie der Übertragung," 1946. *GW*16, pp. 167–319.

(14) C. G. Jung, „Die Probleme der modernen Psychotherapie," 1929. *GW*16, pp. 64–85.

(15) C. G. Jung, „Zur gegenwärtigen Lage der Psychotherapie," 1934. *GW*10, pp. 181–199.

(16) C. G. Jung, op（„Die Psychologie der Übertragung"）, cit.

(17) 山中康裕「早期幼児自閉症の分裂病論およびその治療論への試み」（笠原嘉（編）『分裂病の精神病理5』所収、一四七―一九二頁）、東京大学出版会、一九七六年、一五〇頁。

(18) 山中康裕、前掲論文、一七〇―一七一頁。

(19) L. Kanner, "Autistic disturbances of affective contact". *Nervous Child*, **2**, 1943, pp. 217–250.

(20) 石坂好樹『自閉症考現箚記』星和書店、二〇〇八年、三二頁。

(21) J. Wing, "Kanner's Syndrome: A historical introduction." In: Lorna Wing (ed.). Early Childhood Autism—Clinical, Educational and Social Aspects（2nd Edition）. London: Pergamon Press. 1976, pp. 3–14; p. 5.

(22) J. Itard, *De l'Education d'un home Sauvage ou des premiers dévelopments physiques et moraux du jeune sauvage de l'Aveyron.* 1801. 中野善達・松田清訳「第一報告　野生人の教育について、あるいは、アヴェロンの野生児の身体的・精神的な初期発達について」（『新訳アヴェロンの野生児―ヴィクトールの発達と教育』所収）福村出版、一九七八年。

(23) J. Itard, *Rapport fait à son Excellence le Ministre de l'Intérieur, sur les nouveaux développements et l'état actuel du sauvage de l'Aveyron.* 1807. 中野善達・松田清訳「第二報告　アヴェロンの野生児の新しい発達および現状に関する内務大臣閣下への報告書」（『新訳アヴェロンの野生児―ヴィクトールの発達と教育』所収）福村出版、一九七八年。

(24) イタール、前掲書（「第一報告」）、三二―四四頁。

(25) I. Kant, „Beantwortung der Frage: Was Ist Aufklärung."（In: *Rechtslehre - Schriften zur Rechtsphilosophie.*）Berlin: Akademie–Verlag Berlin. 1784/1988, p. 215.

(26) J-J. Rousseau, *Discours sur l'Origine et les Fondements de l'Inégalité parmi les Hommes.* 1755. 中山元訳『人間不平等起源論』光文社、二〇〇八年、二二五―二二六頁。

(27) イタール、前掲書（「第二報告」）、九二頁。

(28) イタール、前掲書（「第二報告」）、一三九頁。

(29) I. Kant, op（„Beantwortung der Frage"）, cit., p. 215.

(30) イタール、前掲書（「第一報告」）、四五頁。

(31) 佐々木正美『自閉症のためのTEACCHハンドブック—改定新版自閉症療育ハンドブック』学習研究社、二〇〇八年、三八頁。

(32) 内山登紀夫『本当のTEACCH—自分が自分であるために』学研のヒューマンケアブックス、二〇〇六年、一七頁。

(33) 内山登紀夫、前掲書、一三二頁。

(34) 内山登紀夫、前掲書、一六頁。

(35) D. Stern, *The Interpersonal World of the Infant : A View from Psychoanalysis and Developmental Psychology.* Basic Books. 1985. 小此木啓吾・丸田俊彦監訳『乳児の対人世界—理論編』岩崎学術出版社、一九八九年。

(36) A. J. Sameroff & R. N. Emde, *Relationship disturbances in early childhood : a developmental approach.* Basic Books, 1989. 小此木啓吾監修『早期関係性障害—乳幼児期の成り立ちとその変遷を探る』岩崎学術出版社、二〇〇三年.

(37) 小林隆児『自閉症の関係障害臨床—母と子のあいだを治療する』ミネルヴァ書房、二〇〇〇年、五頁。

(38) C. Treverthen, K. Aitken, D. Papoudi & J. Robarts, *Children with Autism ; Diagnosis and Interventions to Meet Their Needs.* Jessica Kingsley, 1998. 中野茂・伊藤良子・近藤清美監訳『自閉症の子どもたち—間主観性の発達心理学からのアプローチ—』ミネルヴァ書房、二〇〇五年、二八一頁。

(39) 別府哲「自閉症児の愛着行動と他者の心の理解」心理学評論第四〇巻一号、一九九七年、一四五—一五七頁。

(40) イタール、前掲書（「第一報告」）、四七—四八頁。

(41) イタール、前掲書（「第一報告」）、四七頁。

(42) F. Tustin, *Autism and Childhood Psychosis.* Hogarth Press, 1972. 齋藤久美子監修・平井正三監訳・辻井正次他訳『自閉症と小児精神病』創元社、二〇〇五年、一七一頁。

(43) タスティン、前掲書、一七二頁。

(44) J. Lacan, "Fonction et champ de la parole et du langage en psychanalyse." 1953（In: Écrits, Éditions du Seuil, 1966.）竹内迪也訳「精神分析における言葉《パロール》と言語《ランガージュ》活動の機能と領野」（『エクリI』所収、三二一—四六六頁）弘文堂、一九七二年。

(45) C. G. Jung, *Mysterium Coniunctionis.* 1955–1956. *GW*14-I.

(46) 河合俊雄『心理臨床の理論［心理臨床の基礎2］』岩波書店、二〇〇〇年、一五頁。

(47) W. Giegerich, *The Soul's Logical Life.* Frankfurt am Main : Peter Lang, 1998, p. 136.

(48) W. Giegerich, ibid., cit.

(49) 伊藤良子『心理治療と転移—発話者としての〈私〉の生成の場』誠信書房、二〇〇一年。

◆終章

（1）本書三三頁。

（2）W. Giegerich, *The Soul's Logical Life.* Frankfurt am Main: Peter Lang. 1998, p. 17.

（3）H. Ellenberger, *The Discovery of the Unconscious – The History and Evolution of Dynamic Psychiatry.* New York: Basic Books, 1970.

（4）W. Giegerich, "The 'Patriarchal neglect of the Feminine principle': A psychological fallacy in Jungian theory." *Harvest*, **45**, 1999a, pp. 7–30. 田中康裕・河合俊雄訳「女性原理の父権的な見過ごし―ユング理論における心理学的誤謬」（『神話と意識（ギーゲリッヒ論集3）』所収、六三―一〇四頁）日本評論社、二〇〇一年、七七頁。

（5）田中康裕『魂のロジック』日本評論社、二〇〇一年、一一四頁。

（6）J. Chevalier and A. Gheerbrant, "Dictionary of Symbols"（Trsl.: J. Buchanan-Brown）London: Penguin Books, 1969/1996. p. 100.

（7）C. G. Jung, *Psychologie und Alchemie.*1944. *GW* 12.

（8）C. G. Jung, *Mysterium Coniunctionis.* 1955–1956. *GW*14-I.

（9）W. Giegerich, "Closure and Setting Free or the Bottled Spirit of Alchemy and Psychology". *Spring*, **74**, 2006, pp. 31–62.

（10）W. Giegerich, ibid., cit., p. 37.

（11）W. Giegerich, ibid., cit., p. 33.

（12）C. G. Jung, *Psychologische Typen.* 1921. *GW6.*

◆補章

（1）L. Apleius, *The Golden Ass.* 呉茂一訳『黄金のろば（上・下）』岩波書店、一九五七年。

（2）M. Grant, *Roman Literature.* Middlesex: Penguin Books, 1954/1958.

（3）M. Grant, J. Hazel, *Gods and Mortals in Classical Mythology.*（*Who's Who in Classical Mythology*）. G. & C. Merriam Company, 1973. 西田実・入江和生・木宮直仁・中道子・丹羽隆子訳（1988）『ギリシア・ローマ神話事典』大修館書店、一九八八年、四三五頁。

（4）B. Moon, *An Encyclopedia of Archetypal Symbolism.* 1991. 橋本槇矩訳者代表『元型と象徴の事典』青土社、一九九五年、三五九頁。

（5）山室静『ギリシャ神話―付北欧神話』社会思想社、一九八〇年、一八四頁。

（6）M. -L. von Franz, *A Psychological Interpretation of the Golden Ass of ApuLeius.* Spring Publications, 1970/1980. 松代洋一・高後美奈子訳『男性の誕生―「黄金のろば」の深層』ちくま学芸文庫、二〇〇〇年。

（7）J. Grimm & W. Grimm, *Kinder-und Hausmärchen.* 1857. 金田鬼一（1981）完訳 グリム童話集（三）岩波書店

（8）関敬吾『日本昔話集成―第二部　本格昔話1』角川書店、一九五三年。
（9）坂本太郎・家永三郎・井上光貞・大野晋校注『日本書紀（一）』岩波書店、一九九四年、四二―四六頁。
（10）関（前掲書）による分類番号。
（11）M. Grant, *Roman Readings*. Lincoln : Penguin Books. 1958.
（12）C. S. Lewis, *Till We Have Faces*. Geoffrey Bles. 1956.　中村妙子訳『顔を持つまで―王女プシュケーと姉オリュアルの愛の神話』平凡社、二〇〇六年。
（13）絵画作品であればフランソワ・ジェラール（F. Gerard）による「プシュケとアモール」（一七九八）やフランソワ＝エドゥアール・ピコ（F. -E. Picot）による「アモルとプシュケ」（一八一七）、彫刻ではアントニオ・カノーヴァ（A. Canova）の「アモルの接吻で蘇るプシュケ」（一七八七―一七九三）などの作品が有名である。
（14）C. G. Jung, „Instinkt und Unbewusstes," 1928. *GW* 8, pp. 149–160.
（15）M. -L. von Franz, *Interpretation of Fairy Tales—An Introduction to the Psychology of Fairy Tales*. Spring publications. 1970.　氏原寛訳『おとぎ話の心理学』創元社、一九七九年、四頁。
（16）フォン・フランツ、前掲書（『男性の誕生』）。
（17）E. Neumann, *Amor und Psyche*. Princeton University Press, 1952. 河合隼雄監修、玉谷直實・井上博嗣訳『アモールとプシケー』紀伊國屋書店、一九七三年。
（18）河合俊雄『心理臨床の理論［心理臨床の基礎2］』岩波書店、二〇〇〇年、一五五頁。
（19）ノイマン、前掲書（『アモールとプシケー』）、一二六頁。
（20）C. G. Jung, „Über die Archetypen des kollektiven Unbewussten," 1934. *GW* 9-I, pp. 11–51.
（21）J. Hillman, *ANIMA : An Anatomy of a Personified Notion*. Texas : Spring Publications. 1985.
（22）J. Hillman, *The Myths of Analysis : Three Essays in Archetypal Psychology*. Illinois : Northwestern University Press. 1972.
（23）W. Giegerich, "The Animus as Negation and as the Soul's Own Other : The Soul's Threefold Stance Toward its Experience of its Other."（In : *Collected English Papers Volume III Soul-Violence*. pp. 111–167.）New Orleans : Spring Journal Books, 1994b/2008. p. 112.
（24）W. Giegerich, ibid., cit., p. 128.
（25）以下、「アモールとプシケー」の物語の本文については、先に注1として挙げた呉の訳から引用し、かぎ括弧を付して記す。
（26）フォン・フランツ、前掲書（『男性の誕生』）、一二八―一二九頁。
（27）田中康裕『魂のロジック』日本評論社、二〇〇一年、一一八頁。

（28）K. Kerényi and C. G. Jung, *Einführung in das Wesen der Mythologie –Das göttliche Kind / Das göttliche Mädchen.* Zurich. 1951. 杉浦忠夫訳『神話学入門』晶文社、一九七五年、八二頁。
（29）ノイマン、前掲書（『アモールとプシケー』）、八一頁。
（30）ケレーニィ、前掲書（『神話学入門』）、一四八頁。
（31）J. Hillman, *Peaks and Vales : The soul/spirit distinctions as basis for the differences between psychotherapy and spiritual discipline.* 1979. 河合俊雄訳「頂上と谷」（『元型的心理学』所収、一〇三—一四六頁）青土社、一九九三年、一一五頁。
（32）ノイマン、前掲書（『アモールとプシケー』）、九〇頁。
（33）ノイマン、前掲書、一一三頁。
（34）ノイマン、前掲書、一二五頁。
（35）ノイマン、前掲書、一二三頁。
（36）B. G. Walker, *The Woman's Encyclopedia of Myths and Secrets.* Harper & Row Publishers. 1983. 山下主一郎主幹『神話・伝承事典—失われた女神たちの復権—』大修館書店、一九八八年、六二四頁。
（37）ケレーニィ、前掲書（『神話学入門』）、一五九頁。
（38）ケレーニィ、前掲書、一七二頁。
（39）W. Giegerich, "Closure and Setting Free or the Bottled Spirit of Alchemy and Psychology." *Spring*, **74** , 2006, p. 59.
（40）W. Giegerich, ibid., cit., p. 62.
（41）ノイマン、前掲書（『アモールとプシケー』）、一六六頁。
（42）C. G. Jung, *Mysterium Coniunctionis.* 1955–1956. *GW*14-I.

あとがき

本書の冒頭で「硬い石の内への跳躍」というギーゲリッヒの論文タイトルを引きながら、本書の試みが「暗闇への跳躍」であると述べた。本書をお読みいただいた方には一目瞭然、改めて告白するようなことでもないのかもしれないが、たとえば哲学者が硬い石を前に沈思黙考して何かしらの真理に到達できる人であるならば、あるいは詩人が行く手を阻む石の向こう側を美しい言葉で切り拓くことのできる人であるならば、私は硬い石を前に、まずは体当たりをすることしかできない人間なのだろうと、本書を通読して改めて思う。ここまで本書をお読みいただいて、果たして読者の方はどのような体験をされただろうか。暗闇の内へと跳躍し、その独特の論理に巻き込まれるような感覚を少しでも味わってもらうことができただろうか。もし読者の方の心に何かしらの動きを生み出すことができたとすれば、それは私にとってとても嬉しいことである。

さて、本書は二〇一〇年五月に京都大学博士（教育学）の学位を授与された博士論文「暗闇への探究—循環する「闇」と「光」の心理臨床学的研究—」を加筆修正したものである。提出から公刊に至るまで、六年という決して短くはない時間をかけてしまった。その当然の帰結だとは思うが、本書に収められたそれぞれの論考に没頭していた日々を今思い返してみると、正直なところ隔世の感がある。夢中で過ぎた濃密な、充実した時間だったことには違いなく、その記憶は今も鮮明である。ただ、幸か不幸か、暗闇というテーマにどうしようもなく惹きつけられていた感覚が、今はすっかり遠いものになっている。移り気な性格のせいだと言ってしまえばそれまでなのだが、この、すっかり憑き物が落ちたような感覚には、もう少し意味があるような気がしなくもない。それはつまり、学位論文から私が得た大切なものは、暗闇についての何かしら新しい発見や洞察ではなく、これらの論考を通じて模索し、それなりに身につけた物事への取り組み方や考え方それ自体だったのではないか、ということである。本書の試みは、暗闇というテーマそのものにおいてというよりも、それを通じて私に内在化された物事への「心理学的な」かかわり方として、今の私につながっているように感じるのである。まだまだ浅学の身であり、学ぶべきことの多さに圧倒されてばかりだが、私が今、日々の実践や研究に取り組む際の基本的な姿勢として、私にとっての暗闇への探究の一つの終着点はあったのかもしれない。

それでも少しだけ、今はすっかり遠いものになってしまった暗闇への関心の発端を最後にもう一度思い出し、本書の取り組みについて振り返っておこう。

本書の中でも繰り返し述べているが、暗闇は否定的なものと結びつけられやすく、つい、そこに光を当てて闇を追い払い、見えることの安心感を確保したくなる。日常的な感覚としては確かにそうである。しかしそうした価値観から自由になったとき、暗闇とは何なのかという純粋な疑問が本書の開始点にはあった。もう一歩踏み込んで言えば、存在するはずなのだけれども見たことのないもの、あるいは逆に、実際そこには存在しないはずなのに体験したような気がするものとして、暗闇は私を惹きつけて止まなかった。その関心を無視することができず、それが研究対象としてはあまりに捕らえがたいものであることは承知の上で、卒業論文より暗闇への探究へと乗り出すことになった。その第一歩、まったくの手探りで進められた研究が、本書第二章に収められた、我ながらあきれるほどに直接的な、暗闇体験の調査である。そこで着手した研究が、その後様々にアプローチを変えながらも一冊の書籍として上梓するまでになるのだから、驚くばかりである。

それでも考えてみれば、暗闇に対する私の関心の向け方は、カウンセリングの実践の場でのセラピストのそれと決して無縁ではないと思う。たとえば夢の分析を想像してみてもらえば良いかもしれない。日常的な思考は、躊躇なく夢に対してナンセンスだとかまったく現実離れしているといった判断を下し、それをあっさり忘却の彼方に追いやってしまいがちである。それに対してカウンセリングの場では、その荒唐無稽さに踏みとどまる力が要請される。夢のイメージやストーリー展開をそのまま真摯に受け止め、読み解いていく作業を進めた先に、より深い理解を開くことこそが私たちの仕事だからである。けれども日常的な意識、あるいは自我の論理的思考を保留にし、一見したところナンセンスな、異なる論理の支配する世界へと参入することは決して容易なことではない。怖いと感じることや拒否感、正誤の判断が先立ちそうになることもある。加えてカウンセラーの、そして研究者の視点や思考もどこかでは維持され続ける必要があるために、それは決してシンプルな作業にはなりえない。本書の試みを進めていく際には、自分の思考が暗闇に軸足を置いたものであり続けているか、日常的な倫理観に引きずられてはいないかと常に自問せねばならず、そうした緊張感の中にあってユングやギーゲリッヒの著作には何度も助けられた。特にギーゲリッヒの論文を読むと、すっかり迷路に迷い込み、身動きの取れないような状態になったときでも、不思議と思考が再び動き出すということが何度もあった。本当に大きな支えになってくれていたと思う。ただしその支え方が、強固な防具を与えて武装を手伝ってくれるといった類のものではまったくなく、むしろ「いいから飛び込んでみろ！」と背中を蹴飛ばされるような種類のものであったということは、なんとなく付言しておきたい気もする。

本書では心理臨床事例も取り上げているが、決してオーソドックスな事例検討法の形にのっとって事例を検討しているわけではない。クライエント自身よりもそこで動いていた暗闇に焦点が当てられており、心理臨床学を専門とする方には、その点について違和感を覚えられることもあるかもしれない。本書で試みている事例検討の方法が心理臨床の基本的態度にそぐわないように思われることもあるのではないかという一抹の不安がある。しかしながら、必ずしもそうとは言えないというのが私の考えである。カウンセリングに訪れる人たちは、いかんともしがたい現実に直面し、それまで当然としてきた自分なりの考え方、感じ方を再考せざるを得ない状況に追い込まれている。そこにあって、クライエント中心でも、もちろんセラピスト中心でもなく、二人の間にある、あるいは二人を包むものを中心に据え、そちらから逆にクライエントやセラピストの動きを捉えるという視点の転換は、クライエントやセラピストの自我の相対化を可能にし、そこに新たな展開を生み出しうるものだと考えている。もちろん視点の転換は、たとえば面接中に語られた一つの印象的な夢や言葉、一枚の描画、それらのどこからでも起こりうるだろう。本書での試みは、私の関心にしたがって「暗闇」であったというまでのことである。見出されたテーマに取り組む姿勢さえ間違わなければ、そのどこからでも、私たちは心理学的な作業を開始することができるのだと思う。本書が心理臨床に携わる人たちから臨床的な論考だと思っていただけることを切に願っている。

また、議論を展開するうえで門外漢ながら哲学的な思索や思想史にいくらか足を踏み入れている個所がある。専門とされる方の目にはまったく未熟な理解に映ることと恥じ入るばかりである。心理臨床学は学問としての歴史がまだ浅く、その専門性がどこに位置づけられるべきなのかという点について、同じ領域内でさえもどこまで共通認識があるのか疑わしいようなところがある。目で見ることのできない心を扱いながらも臨床的事実に根差さなくてはならないというその特徴も、恐らくは起因しているのだろう。対象に取り組む態度や解釈の仕方にこそ心理学の眼目があると理解するならば、あらゆる現象が心理臨床学にとってのフィールドになりえ、その対象もまた、多岐に渡ることになる。ユングが精神病理的関心に始まって宗教や錬金術、占星術、文化人類学など、多様な方面に関心を向けたことは、まさにそうした事実を反映していると言えよう。本書が様々な専門性を有する人々の目に触れ、ご批判やご意見をいただきながら新たな対象を見出す契機となれば幸いである。

最後になったが、卒業論文執筆時より長きに渡ってご指導いただいた京都大学大学院教育学研究科桑原知子教授、皆藤章教授に、この場を借りて謝意を表したい。また、学位論文としてまとめる段階では京都大学こころの未来研究センター河合俊雄教授、京都大学大学院教育学研究科田中康裕准教授から多くの貴重な示唆をいただいた。お二人にも、心からの感謝を伝えたく思う。

なお、本書の出版は平成二七年度大阪大学教員出版支援制度による助成を受けて実現したものである。学生時代から長きを過ごした京都を離れ、新たな場所でこのような形で過去からの架け橋が実現したことを心から嬉しく思うと同時に、出版に向けてご尽力いただいた大阪大学出版会の川上展代さんにも、ここに記して感謝を申し上げたい。

竹中菜苗

二〇一六年一〇月

［初出一覧］

第二章・第三章

「暗闇への探究─そこで失われるものともたらされるもの─」京都大学大学院教育学研究科紀要第五十二号、二〇〇─二一二頁、二〇〇六年。

第四章

「「失う」という主観的体験の検討─箱庭からアイテムがなくなる体験を通じて─」心理臨床学研究第二十四巻三号、三〇一─三一一頁、二〇〇六年。

第五章

「自閉症児の心理療法における「〈私〉の生成」」心理臨床学研究第二五巻五号、五八二─五九二頁。二〇〇七年。

「児童期自閉症児の心理療法における分離と融合」（伊藤良子・角野善宏・大山泰宏編著『京大心理臨床シリーズ7　「発達障害」と心理臨床』所収）創元社、九三─一〇二頁、二〇〇九年。

1・・・あてはまらない　2・・・あまりあてはまらない　3・・・どちらともいえない
4・・・少しあてはまる　5・・・あてはまる

26. 落ち着く.	1	2	3	4	5
27. 精神統一が出来そう.	1	2	3	4	5
28. 興味や好奇心が湧いてくる.	1	2	3	4	5
29. 時間の経過を遅く感じる.	1	2	3	4	5
30. 光があれば救われるように思う.	1	2	3	4	5
31. 日常的なことが思い浮かぶ.	1	2	3	4	5
32. 逃げ出したくなる.	1	2	3	4	5
33. 楽しいことを考える.	1	2	3	4	5
34. 考えがネガティブな方向に進んでゆく.	1	2	3	4	5
35. 自分の存在があやふやに思える.	1	2	3	4	5
36. 静か.	1	2	3	4	5
37. 暗闇がどこまでも広がっているように感じる.	1	2	3	4	5
38. 信頼できる人に一緒にいて欲しい.	1	2	3	4	5
39. いなかのことを思い浮かべる.	1	2	3	4	5
40. 時間が止まってしまったようだ.	1	2	3	4	5

添付資料　暗闇体験に関する質問紙

1・・・あてはまらない　2・・・あまりあてはまらない　3・・・どちらともいえない 4・・・少しあてはまる　5・・・あてはまる

1. 体を動かしてみようと思う.	1	2	3	4	5
2. 暗闇に吸い込まれてしまいそうで怖い.	1	2	3	4	5
3. ありのままの自分でいられるように思う.	1	2	3	4	5
4. 視覚以外の感覚が鋭くなる.	1	2	3	4	5
5. 宇宙のことを思い浮かべる.	1	2	3	4	5
6. 息苦しくなる.	1	2	3	4	5
7. 何も存在していないようだ.	1	2	3	4	5
8. 何かに触れていたいと思う.	1	2	3	4	5
9. 平衡感覚や方向感覚を失う.	1	2	3	4	5
10. 何の希望もなく絶望的だと感じる.	1	2	3	4	5
11. 自分の内面について考える.	1	2	3	4	5
12. 何かが潜んでいそうで怖い.	1	2	3	4	5
13. どこか懐かしいような感じがする.	1	2	3	4	5
14. 時間に対する感覚がなくなる.	1	2	3	4	5
15. 一人ぼっちでさびしいと感じる.	1	2	3	4	5
16. 優しく包み込まれているような感じ.	1	2	3	4	5
17. 何かで音をたててみたくなる.	1	2	3	4	5
18. 自分の身体の境界線がうまく把握できない.	1	2	3	4	5
19. 日常的な世界から遠ざかったように感じる.	1	2	3	4	5
20. 探究心が起こる.	1	2	3	4	5
21. じっくりと何かを考えられそうに思う.	1	2	3	4	5
22. 一人になれてほっとする.	1	2	3	4	5
23. わくわくする.	1	2	3	4	5
24. 邪悪なものがこもっていそうに思える.	1	2	3	4	5
25. 思考の統制が取れず、断片的になる.	1	2	3	4	5

Tustin F（1994）The perpetuation of an error. *Journal of Child Psychotherapie*, **20**(1), 3-23. 木部則雄訳（1996）誤謬の永続化．imago **10**, 41-57．青土社．
内山登紀夫（2006）本当の TEACCH －自分が自分であるために．学研のヒューマンケアブックス．
von Franz M-L（1970a）*A Psychological Interpretation of the Golden Ass of ApuLeius*. Spring Publications, 1980. 松代洋一・高後美奈子訳（2000）男性の誕生－「黄金のろば」の深層．ちくま学芸文庫．
von Franz M-L（1970b）*Interpretation of Fairy Tales—An Introduction to the Psychology of Fairy Tales*. Spring publications. 氏原寛訳（1979）おとぎ話の心理学．創元社．
von Franz M-L（1972）*Patterns of Creativity Mirrored in Creation Myths.* Texas: Spring Publications.
鷲見聡（2008）自閉症スペクトラムの原因論—人間の多様性のひとつとして捉える．そだちの科学 **11**, 15-20.
Walker B G（1983）*The Woman's Encyclopedia of Myths and Secrets.* Harper & Row Publishers. 山下主一郎主幹（1988）神話・伝承事典—失われた女神たちの復権—．大修館書店．
Williams D（1992）Nobody Nowhere. 河野万里子訳（2000）自閉症だったわたしへ．新潮文庫．
Wing J（1976）Kanner's Syndrome: A historical introduction. In: Lorna Wing（ed.）. *Early Childhood Autism—Clinical, Educational and Social Aspects*（*2nd Edition*）. Pergamon Press. 3-14.
Wing L & Gould J（1979）Severe Impairments of Social Interaction and Associated Abnormalities in children: Epidemiology and Classification. *Journal of Autism and Developmental Disorders*, **9**(1), 11-29.
Wing L（1996）*The Autistic Spectrum*. Robinson Publishing. 久保紘章・佐々木正美・清水康夫 監訳（1998）自閉症スペクトル－親と専門家のためのガイドブック．東京書籍．
Winnicott D W（1958）The Capacity to be Alone. *International Journal of Psycho—Analysis*, **39**, 416-420.
World Health Organization（1992）*The ICD-10 Classification of Mental and Behavioural Disorders: Clinical descriptions and diagnostic guidelines*, World Health Organization. Geneva.
山室静（1980）ギリシャ神話—付北欧神話．社会思想社．
山中康裕（1976）早期幼児自閉症の分裂病論およびその治療論への試み．In：笠原嘉（編）分裂病の精神病理 5．東京大学出版会．147-192.

（1973）アモールとプシケー．紀伊國屋書店．
Neumann E（1971）*Ursprungsgeschichte des Bewusstseins*. Walter–Verlag. 林道義訳（2006）意識の起源史（改訂新装版）．紀伊國屋書店．
New Testament; John.　日本聖書協会（1987）聖書 新共同訳（和英対照聖書）「ヨハネによる福音書」．2004.
日本書紀　坂本太郎・家永三郎・井上光貞・大野晋校注（1994）日本書紀（一）．岩波書店．
小此木啓吾（1979）青年期の孤独．青年心理 **17**, 16–28.
Old Testament; Genesis.　日本聖書協会（1987）聖書 新共同訳（和英対照聖書）「旧約聖書　創世記」．2004.
Rousseau J–J（1755）*Discours sur l'Origine et les Fondements de l'Inégalité parmi les Hommes*.　中山元訳（2008）人間不平等起源論．光文社．
Rutter M（1968）Concepts of Autism. *Journal of Child Psychology and Psychiatry*, **9**, 1–25.
酒木保・小山内實（1990）心的固有空間“ここ”の成立と拡充—治療状況における、ここ、そこ、あそこの意味．心理臨床学研究 **7**(3), 21–31.
Sameroff A J & Emde R N（1989）*Relationship disturbances in early childhood: a developmental approach*. New York: Basic Books. 小此木啓吾監修（2003）早期関係性障害－乳幼児期の成り立ちとその変遷を探る．岩崎学術出版社．
佐々木正美（2008）自閉症のための TEACCH ハンドブック—改定新版自閉症療育ハンドブック．学習研究社．
関敬吾（1953）日本昔話集成—第二部　本格昔話 1．角川書店．
Stern D（1985）*The Interpersonal World of the Infant: A View from Psychoanalysis and Developmental Psychology*. Basic Books. 小此木啓吾・丸田俊彦監訳（1989）乳児の対人世界－理論編．岩崎学術出版社．
鈴木光司（1991）リング．角川書店．
鈴木睦夫（1997）TAT の世界—物語分析の実際．誠信書房．
高岡健（2007）自閉症論の原点－定型発達者との分断線を超える．雲母書房．
竹中菜苗（2006）「失う」という主観的体験の検討—箱庭からアイテムがなくなる体験を通じて—．心理臨床学研究 **24**(3), 301–311.
田中康裕（2001）魂のロジック．日本評論社．
田中康裕（2009）成人の発達障害の心理療法．In：伊藤良子・角野善宏・大山泰宏（編）京大心理臨床シリーズ 7「発達障害」と心理臨床．創元社．184–200.
十一元三（2004）自閉症論の変遷—この 60 年を振り返って—．こころの臨床 á–la–carte **23**(3), 261–265.
Treverthen C, Aitken K, Papoudi D & Robarts J（1998）*Children with Autism; Diagnosis and Interventions to Meet Their Needs*. 中野茂・伊藤良子・近藤清美監訳（2005）自閉症の子どもたち—間主観性の発達心理学からのアプローチ—．ミネルヴァ書房．
Tustin F（1972）*Autism and childhood psychosis*. Hogarth Press.　齋藤久美子監修・平井正三監訳（2005）自閉症と小児精神病．創元社．

Jung C G（1955/1956）*Mysterium Coniunctionis.* GW14.

Jung C G（1961/2009）*Erinnerungen, Träume, Gedanken*（Aufgezeichnet und herausgegeben von Aniela Jaffé）. Düsseldorf: Patmos Verlag.

Kalff D M（1966）*Sandpiel.* Zürich: Rascher Verlag.

Kanner L（1943）Autistic disturbances of affective contact. *Nervous Child*, **2**, 217-250.

Kant I（1784/1988）Beantwortung der Frage: Was Ist Aufklärung. In: *Rechtslehre - Schriften zur Rechtsphilosophie.* Berlin: Akademie-Verlag Berlin.

片畑真由美（2007）箱庭制作における制作者の「体験」についての考察—調査の枠内で見られた一事例から. In：岡田康伸・皆藤章・田中康裕編. 京大心理臨床シリーズ 4「箱庭療法の事例と展開」. 創元社. 70-79.

河合隼雄（1976）影の現象学. 思索社.

河合隼雄編著（1969）箱庭療法入門. 誠信書房.

河合俊雄（2000）心理臨床の理論［心理臨床の基礎 2］. 岩波書店.

Kerényi K and Jung C G（1951）*Einführung in das Wesen der Mythologie –Das göttliche Kind / Das göttliche Mädchen*. 杉浦忠夫訳（1975）神話学入門. 晶文社.

木村敏（1983）自己と他者. In：時間と他者／アンテ・フェストゥム論（木村敏著作集 2）. 弘文堂. 2001. 323-360.

Klein M（1930）The Importance of Symbol-Formation in the Development of the Ego. *The International Journal of Psychoanalysis*, **11**, 24-39.

小林隆児（2000） 自閉症の関係障害臨床－母と子のあいだを治療する. ミネルヴァ書房.

Lacan J（1953）Fonction et champ de la parole et du langage en psychanalyse. In: *Écrits*, Éditions du Seuil, 1966. 竹内迪也訳（1972）精神分析における言葉《パロール》と言語《ランガージュ》活動の機能と領野. In：エクリ I. 弘文堂. 321-466.

Leeming D A with Leeming M A（1994）*The Encyclopedia of Creation Myths.* ABC-Clio. 松浦俊輔・中西須美ほか訳（1998）創造神話の事典. 青土社.

Lévinas E（1947）*De l'existence à l'existant.* 西谷修訳（2005）実存から実存者へ. 筑摩書房.

Lewis C S（1956）*Till We Have Faces*. Geoffrey Bles. 中村妙子訳（2006）顔を持つまで—王女プシュケーと姉オリュアルの愛の神話. 平凡社.

Mahler M S（1958）Autism and Symbiosis, Two Extreme Disturbances of Identity. *International Journal of Psycho-Analysis*, **39**, 77-82.

Meltzer D（1975）*Explorations in Autism*. London: Karnac.

三木アヤ・光元和憲・田中千穂子（1991）体験箱庭療法－箱庭療法の基礎と実際. 山王出版.

Moon B（1991） An Encyclopedia of Archetypal Symbolism. 橋本槇矩訳者代表（1995）元型と象徴の事典. 青土社.

諸橋轍次・渡辺末吾・鎌田正・米山寅太郎（2002）新漢和辞典（新装大型版）. 大修館書店.

Mundy P, Sigman M, Ungerer J & Sherman T（1986）Defining the social deficits of autism: The contribution of non-verbal communication measures. *Journal of Child Psychology and Psychiatry*, **27**（5）, 657-669.

Neumann E（1952）*Amor and Psyche*. Princeton University Press. 河合隼雄監修、玉谷直實・井上博嗣訳

橋本俊顕（2006）自閉症の生物学的研究．In：太田昌孝（編）心の科学セレクション「発達障害」．日本評論社．79-94.

Hesiod *Theogonia.* 廣川洋一訳（1984）神統記．岩波書店．

東山紘久（1994）箱庭療法の世界．誠信書房．

Hillman J（1972）*The Myths of Analysis: Three Essays in Archetypal Psychology.* Illinois: Northwestern University Press.

Hillman J（1979）*Peaks and Vales: The soul/spirit distinctions as basis for the differences between psychotherapy and spiritual discipline.* 河合俊雄訳（1993）頂上と谷．In：「元型的心理学」．青土社．103-146.

Hillman J（1985）*ANIMA: An Anatomy of a Personified Notion.* Texas: Spring Publications.

平井正三（2008）象徴化という視点からみた自閉症の心理療法．心理臨床学研究 **26**(1), 24-34.

石原宏(2002）箱庭制作者の主観的体験に関する研究―『PAC 分析』の応用と『一つのミニチュアを選び、置く』箱庭制作．In：岡田康伸編．現代のエスプリ別冊「箱庭療法シリーズⅡ　箱庭療法の本質と周辺」．至文堂．57-69.

石坂好樹（2008）自閉症考現箚記．星和書店．

Itard J（1801）*De l'Education d'un home Sauvage ou des premiers dévelopments physiques et moraux du jeune sauvage de l'Aveyron.* 中野善達・松田清訳（1978）第一報告　野生人の教育について、あるいは、アヴェロンの野生児の身体的・精神的な初期発達について．In：新訳アヴェロンの野生児―ヴィクトールの発達と教育．福村出版．

Itard J（1807）*Rapport fait à son Excellence le Ministre de l'Intérieur, sur les nouveaux développements et l'état actuel du sauvage de l'Aveyron.* 中野善達・松田清訳（1978）第二報告　アヴェロンの野生児の新しい発達および現状に関する内務大臣閣下への報告書．In：新訳アヴェロンの野生児―ヴィクトールの発達と教育．福村出版．

伊藤良子（1984）自閉症児の〈見ること〉の意味－身体イメージ獲得による象徴形成に向けて．心理臨床学研究 **1**(2), 44-56.

伊藤良子(2001）心理治療と転移―発話者としての〈私〉の生成の場．誠信書房．

岩宮恵子(2009）フツーの子の思春期―心理療法の現場から．岩波書店．

Jung C G（1912/1952）*Symbole der Wandlung.* GW5.

Jung C G（1921）*Psychologische Typen.* GW6.

Jung C G（1928a）Die Beziehung zwischen dem Ich und dem Unbewussten. GW7.

Jung C G（1928b）Instinkt und Unbewusstes. GW8.

Jung C G（1929）Die Probleme der modernen Psychotherapie. GW16.

Jung C G（1934a）Über die Archetypen des kollektiven Unbewussten. GW9-i.

Jung C G（1934b）Zur gegenwärtigen Lage der Psychotherapie. GW10.

Jung C G（1940/1941）Versuch einer psychologischen Deutung des Trinitätsdogmas. GW11.

Jung C G（1944）*Psychologie und Alchemie.* GW12.

Jung C G（1946）Psychologie der Übertragung. GW16.

Jung C G（1952）Antwort auf Job. GW 11.

Freud S & Bleuer J（1893） Über den psychischen Mechanismus hysterischer Phänomene. Gesammelte Werke Bd. I.

Freud S（1895） Studien über Hysterie. Gesammelte Werke Bd. I.

Freud S（1905） Drei Abhandlungen zur Sexualtheorie. Gesammelte Werke Bd. V.

Freud S（1914） Erinnern, Wiederholen und Durcharbeiten. Gesammelte Werke Bd. X.

Freud S（1917） Trauer und Melancholie. Gesammelte Werke Bd. X.

Freud S（1919） Das Unheimliche. Gesammelte Werke Bd. XII.

Freud S（1923） Das Ich und das Es. Gesammelte Werke Bd. XIII.

Giegerich W（1985） Die Erlösung aus dem Strom des Geschehens: Okeanos und der Blutkreislauf. *Gorgo*, **9**. 河合俊雄・北口雄一訳（2000） オケアノスと血液循環－出来事の流れからの救済. In：魂と歴史性（ギーゲリッヒ論集 1）. 日本評論社. 47-85.

Giegerich W（1994a） Introduction: Psychology and the Other. In: Collected English Papers Vol. III *Soul-Violence*. New Orleans: Spring Journal Books, 2008. 1-41.

Giegerich W（1994b） The Animus as Negation and as the Soul's Own Other: The Soul's Threefold Stance Toward its Experience of its Other. In: Collected English Papers Vol. III *Soul-Violence*. New Orleans: Spring Journal Books, 2008, 111-167.

Giegerich W（1998） *The Soul's Logical Life*. Frankfurt am Main: Peter Lang.

Giegerich W（1999a） The patriarchal neglect of the feminine principle: A psychological fallacy in Jungian theory. *Harvest* **45**, 7-30. 河合俊雄・田中康裕訳（2001） 女性原理の父権的な見過ごし. In：神話と意識（ギーゲリッヒ論集 3）. 日本評論社. 63-104.

Giegerich W（1999b） Jung's thought of the Self in the light of its underlying experience. （Lecture in Kyoto.） 田中康裕・河合俊雄訳（2001） ユングの自己についての思惟―その根底にあった体験に照らして. In：神話と意識（ギーゲリッヒ論集 3）. 日本評論社. 1-29.

Giegerich W（2006） Closure and Setting Free or the Bottled Spirit of Alchemy and Psychology. *Spring*, **74**. 31-62.

Giegerich W（2010） The Leap Into the Solid Stone. In: Collected English Papers Vol. IV The Soul Always Thinks. New Orleans: Spring Journal Books. 165-172.

Grant M（1954/1958） *Roman Literature*. Middlesex: Penguin Books.

Grant M（1958） *Roman Readings*. Lincoln: Penguin Books.

Grant M, Hazel J（1973） *Gods and Mortals in Classical Mythology.*（*Who's Who in Classical Mythology.*） 西田実・入江和生・木宮直仁・中道子・丹羽隆子訳（1988） ギリシア・ローマ神話事典. 大修館書店.

Grimm J & Grimm W（1857） *Kinder-und Hausmärchen*. 金田鬼一（1981） 完訳　グリム童話集（三）. 岩波書店.

Happé F（1994） *Autism: an introduction to psychological theory*. UCL Press. 石坂好樹・神尾陽子・田中浩一郎・幸田有史訳（1997） 自閉症の心の世界. 星和書店.

原田（慶澤）華（1998） 暗闇体験についての心理学的考察―暗闇に潜む物語. 京都大学大学院教育学研究科臨床教育学専攻修士論文.

文献一覧

赤坂憲雄（1985）異人論序説．砂子屋書店．（ちくま学芸文庫．1992）

American Psychiatric Association（1980）*Diagnostic and statistical manual of mental disorders, 3rd Edition*（*DSM-III*）. Washington D.C.

American Psychiatric Association（2013）*Diagnostic and statistical manual of mental disorders. Fifth Edition, DSM-5*. Washington D.C.

Apleius L *The Golden Ass*. 呉茂一訳（1957）黄金のろば（上・下）．岩波書店．

Aristotle *Physics*. 出隆・岩崎允胤訳（1968）自然学（アリストテレス全集 3）．岩波書店．

Asperger H（1944）Die 'Autistischen Psychopathen' im Kindesalter. *Archiv für Psychiatrie und Nervenkrankenheiten*, **117**, 76-136.

Augustinus A *De Civitate Dei*. 服部栄次郎・藤本雄三訳（1983）神の国（第 11 巻 26 章）．岩波書店．

Axline V M（1969）*Play Therapy*. New York: Ballantine Books.

Bacon F（1620）*Novum Organum*. 桂寿一訳（1978）ノヴム・オルガヌム．岩波書店．

Baron-Cohen S, Leslie A M & Frith U（1985）Does the autistic child have a 'theory of mind'? *Cognition*, **21**, 37-46.

別府哲（1997）自閉症児の愛着行動と他者の心の理解．心理学評論 **40**(1), 145-157.

Bettelheim B（1967）*The Empty Fortress --- Infantile Autism and the Birth of the Self*. New York: The Free Press.

Cassirer E（1925）*Die Philosophie der Symbolischen Formen Bd. II*. Das mythische Denken. 木田元訳(1991) シンボル形式の哲学（二）．岩波書店．

Chevalier J and Gheerbrant A（1969/1996）*Dictionary of Symbols*.（Trsl.: Buchanan-Brown J）London: Penguin Books.

Crassellame M -A（1971）*La Lumière sortant par soi-même des ténèbres, Introduction et notes de Roger Bernard, Commentaires de Bruno de Lansac*. E. P. Denoël. 有田忠郎訳（1979）闇よりおのずからほとばしる光．白水社．（ヘルメス叢書新装版、1994.）

de Vries Ad（1974）*Dictionary of Symbols and Imagery*. North-Holland Publishing Company. 山下主一郎主幹（1984）イメージ・シンボル事典．大修館書店．

Eliade M（1951/1968）*Le Chamanisme et les Techniques Archaiques de l'Extase*. Libraire Payot. 堀一郎訳（1974）シャーマニズム．冬樹社．（ちくま学芸文庫．2004.）

Ellenberger H F（1970）*The Discovery of the Unconscious – The History and Evolution of Dynamic Psychiatry*. New York: Basic Books.

Erikson E H（1980）*Identity and the Life Cycle*. New York: W. W. Norton & Company.

フランシスコ会聖書研究所訳注（1996/1979）新約聖書．サンパウロ．

た行

な行

は行

や行

ら行

わ行

人名索引

あ行

か行

さ行

た行

な行

は行

ま行

や行

ら行

索　引

事項索引

A〜Z

あ行

か行

さ行

《著者紹介》

竹中菜苗（たけなか ななえ）

京都大学大学院教育学研究科博士課程研究指導認定退学。京都大学博士（教育学）。臨床心理士。専門は臨床心理学、心理療法。2007 年～2010 年、京都大学大学院教育学研究科 JSPS 助教。現在、大阪大学保健センター助教、大阪大学大学院人間科学研究科助教（兼任）。共著『発達障害への心理療法的アプローチ』（創元社、2010 年）、論文 “The realization of absolute beauty: an interpretation of the fairytale Snow White.”、“Psychological marriage seen in a Japanese fairytale ‘The Story of Aoyagi’.” など。

暗闇への探究

—循環する闇と光の心理臨床学的研究—

2017 年 1 月 11 日　初版第 1 刷発行　［検印廃止］

著　者　竹中菜苗

発行所　大阪大学出版会
代表者　三成　賢次

〒565-0871　大阪府吹田市山田丘 2-7
大阪大学ウエストフロント
TEL　06-6877-1614
FAX　06-6877-1617
URL：http://www.osaka-up.or.jp

印刷・製本　尼崎印刷株式会社

ISBN 978-4-87259-572-7　C3011